邓英淘 著

为了多数人的现代化

——邓英淘经济改革文选

生活·讀書·新知 三联书店

图书在版编目（CIP）数据

为了多数人的现代化：邓英淘经济改革文选 / 邓英淘著．— 北京：生活 · 读书 · 新知三联书店，2013.12
ISBN 978-7-108-04726-7

Ⅰ．①为… Ⅱ．①邓… Ⅲ．①中国经济 – 文集 Ⅳ．① F12-53

中国版本图书馆 CIP 数据核字 (2013) 第 229549 号

责任编辑 李学军 韩 冰
装帧设计 康 健
责任印制 徐 方
出版发行 生活 · 讀書 · 新知 三联书店
（北京市东城区美术馆东街 22 号）
邮　　编 100010
网　　址 www.sdxjpc.com
经　　销 新华书店
印　　刷 北京隆昌伟业印刷有限公司
版　　次 2013 年 12 月北京第 1 版
2013 年 12 月北京第 1 次印刷
开　　本 635 毫米 × 965 毫米 1/16 印张 21
字　　数 280 千字
印　　数 0,001 – 5,000 册
定　　价 40.00 元
（印装查询：01064002715；邮购查询：01084010542）

序

王 梅

青青子衿，悠悠我心……

青青子佩，悠悠我思……

姗姗来迟的《邓英淘经济改革文选》，终于可以和读者见面了。

英淘病中，在王小强博士的倾力帮助，以及香港大风出版社同仁的共同努力下，先后从英淘平生著作当中，选编出版了三本书。受此启发，清华大学崔之元教授遂与内地多家出版社联系，准备为英淘出一本选集，以虽经发表但尚未编纂成书的文章为主，希望能较为全面地反映英淘的思想及学术主张。收录的文章均得到英淘首肯。书未成，英淘竟匆匆去了，再也无法编排和校改自己的作品，令人扼腕唏嘘。他走后，冥冥中似乎有股力量，督促着我在思念和惋惜中将他毕生的著述陆续进行整理。恰值崔教授再次提议编辑出版文选，遂将书稿奉出以飨读者。

英淘自二十多岁起投身于农村的改革和发展事业，关注粮食、棉花、畜牧业、住宅、农村基层组织、经济生产方式、经济结构和流程，以及各种自然科学新技术的前沿进展等。他是一个既脚踏实地，又努力攀登科学高峰的实践者和研究者，始终立足中国实际，注重结合西方经济学理论和西方经济社会发展现状，结合各种自然科学新技术的前沿进展，灵活运用各种科学前沿理论和概念，乃至数学推导和求证，唯真求实，深入研究和分析中国变革所面临的诸多问题。这在当今社会可以说是凤毛麟角，难能可贵。

上世纪80年代中期，英淘率先在中国提出“新发展方式和中国未来”的理念和构想，并持之不渝地充实其思想、内涵、技术路线和发展政策方针。如大农业观、新兴产业、新型城市化道路、黑陶太阳能等各种配套的新技术经济，以及国土资源的重新配置与大西线调水（包括西部开发）等等，均为其主要内容。本书所辑，部分地反映了他这一思想的重要内涵，其中不乏精辟和闪光的论述。并且他的所思、所究、所议，其境界、其视野、其方法和角度等等，细考究去，行止见识，读者或可感悟其中，各有所得。孟子曰：“君子深造之以道，欲其自得之也。自得之，则居之安；居之安，则资之深；资之深，则取之左右逢其原。故君子欲其自得之也。”

本书的这些思想和内容绝不是纯粹空幻的、概念性的“ideas”，也不是如有些人所谓“有到来之可能”那样完全没有行动意义的、可望不可即的书斋产品。它是植根现实对可见未来的一种投射。借用毛泽东的话说：“它是站在海岸遥望海中已经看得见桅杆尖头了的一艘航船，它是立于高山之巅远看东方已见光芒四射喷薄欲出的一轮朝日。”用英淘自己的话说：“看来，坚冰已经打破，航道正在开启，扬帆远行，此其时也。”

对我来说，为英淘的文选作序，实在是勉为其难！因为我既无好文笔，也不甚懂他的诸多学问，仅仅是在相濡以沫的共同生活中，闻之，观之，受教之，对他的学养主张有所认识，有所共鸣；对他的治学态度、社会理想感佩至深。总觉得他的著述是一笔有利于国计民生的精神财富，整理出来能够对社会有所裨益，方不负已逝斯人。

为方便读者阅读，入读便知路径，特在文前做一导读。试将英淘思想的要旨和脉络，取其原文，以经解经，提纲挈领，略作勾勒。疏谬之处，英淘谅之，读者恕之。好在有正文，读者如别有会解，愿拜闻。

是为序。

导 读

我国经济发展正面临着前所未有的**大变局**。随着经济高速发展，经济总量大幅度提高，经济结构内部正发生着本质性的变化；消费结构处于从量变到质变的过程，供给结构的变化却相对滞后。这种变化过程的差异是由目前我国的经济发展方式所引致的。**而农业、农村和农民正处于经济结构转变过程不同步的焦点处**。

农业作为国民经济发展的基础和重要组成部分，在我国经济发展中起到了独特并不可替代的作用。随着国民收入增长和近 10 年来城市化快速发展，引致我国农产品需求结构发生了从未有过的巨大变局。其突出表现就是，在 20 世纪 90 年代中期，居民直接粮食消费从增长转变为下降，而与畜牧业直接相关的饲料粮消费则仍然保持快速增长的趋势。在未来 10 到 20 年，饲料粮消费量将超过居民直接粮食消费量，成为粮食消费中最大的组成部分。

农产品消费结构变化带来的需求约束，和生物能源对农业生产需求的变化叠加在一起，将根本性地改变我国农产品的供给结构和生产方式。

概言之，我国正处于交叠的三重大变局（城乡经济大变局、生产方式大变局和全球经济大变局）之中，为数千年之未有，不可不深察之。

1. 新型畜牧业发展模式

为了应对粮食需求结构的变化趋势，我国农业生产应该改变粮食生产为主的生产结构，而开始向畜牧业主导的生产结构调整，并且实施奶业优先的发展战略。

与欧美主要畜牧业发达国家畜牧业产值比重超过 50% 相比较，中国的畜牧业在农业生产结构中仍然处于从属地位，在畜牧业结构中，料肉比较高的养猪业的比重仍然太高，在目前人畜同粮的饲料养殖模式下，我国的畜牧业仍然是一种耗粮型的结构。

肉禽蛋奶及水产品需求的增加并不必然导致饲料用粮的等比例增加。饲料除了粮食以外，还有其他可以选择的替代品，这是农业生产结构向畜牧渔业主导转变过程中首要考虑的问题。如可加大草食畜牧产品的供应量、加大饲料转化率高的畜牧产品供应量，尤其是加大牛奶的生产供给量。

在转变过程中，面临着畜牧业发展途径的多种选择，而途径的选择则关系到土地资源、水利资源等重要战略资源的规划与配置。根据我国耕地、资金、技术和劳动力的状况，完全照搬欧美发达国家畜牧业模式是不可能的。应首先依据全生物量利用最大化和物能级配准则为基础，在育种、防疫、服务及机械化、设备化生产组织等方面，借鉴欧美的先进经验，而在饲料生产和牲畜粪便处理上，必须走中国独特的道路。

畜牧业发展在国民经济发展中的作用，不仅表现为对第一产业中的产值增长的巨大推动作用，还表现为它在第二、第三产业的增值空间要远远大于种植业产品。

2. 大农业的发展道路

2003 年以来粮食供需不平衡的格局，主要由于饲料粮短缺所导致。而饲料粮的短缺，则是因为在“人畜同粮”生产方式下，耕地的利用是粮食、经济作物的二元种植结构。**在“人畜不同粮”的新生产方式下，**

耕地的利用应该向粮食、经济作物、饲料的三元种植结构转化；亩均产粮多少的农业效率概念，将会被亩均生物产量多少的大农业效率概念所取代。

无论从现实还是未来，我国将长期面临生物能源快速增长的需求以及畜产品需求不断增长的双重压力；而对于清洁能源的长期需求趋势，将使得以广义农产品为原料的生物能源的生产成为一种极具潜力的发展方向。随着科学技术的飞速发展，以粮、草、秸秆等大农业产品为原料的新能源、新化工正在蓬勃兴起，为大农业的发展提供了更广阔的前景。

这里所提出的大农业，其外延和内涵都更进一步扩展了农、林、牧、渔全面发展的概念，而将农业生产看作是一种广义的资源的获得。在以石油为代表的化石能源资源减少，价格高涨的状况下，为保持可持续发展，将使得以广义农产品为资源的能源、化工生产从理想、实验成为现实。

大农业的观念，使得农业生产的目的，从满足全社会食物需求扩展到为全社会的生活和生产提供资源，农业生产的范围也从20亿亩耕地扩展到包括60亿亩草场和20亿亩林地。大农业产品的加工业以及相关的产业将有可能成为农村地区经济增长的新动力。它也使得我们可以有更开阔的视野来分析和观察我们所面对的三农问题，以寻求符合我国经济发展规律的解决办法。

3. 新兴产业

在我国新型畜牧业发展模式为主导，大农业生产方式变革的前提下，由此产生我们所探讨的新兴产业（1.5次产业或1.8次产业）。它并不是和国民经济三次产业完全相对应的，具有以下特征：第一，以第一产业为基础，以农作物秸秆、牲畜粪便为主要原料，要求生物质最大化利用（在以畜牧业为主导的种植业模式下，在不同的地区、不同的条件下，全生物量最大化利用的方式应该是多种多样的）；第二，主要以乡村或城郊为生产基地；第三，不以规模获取经济性，而是主要以范围获得经济性；第四，其产出主要是为农业提供能源、饲料、肥料，为乡村居民（不限于此）提供能源。因此，这是一类**分布式、具有范围经济性、遍布于广大乡村、城郊的产业，在农业生产、农村居民生活之间形成独特的经济循环。**

在农村广大的区域采用分布式的生产结构，不仅在农业生产内部形成能源供给和需求的良性循环，并可以为第二产业和第三产业提供能源和原材料；进而完成自身资源的循环供给。这种农村新型的分布式、劳动密集型产业组织，在范围经济的生产组织形式下，将成为我国城镇化过程中的新产业支撑。

4. 新的经济主导循环流程

我国以往所处的发展阶段，在消费方面，以农副产品和轻工产品为主；在投资方面，以建立完整的工业体系的内部供求循环为主。在今后的发展阶段里，上述两个特征将发生根本的变化：在消费方面，将以能源、重化工、高加工度化产品及其支撑的相关服务为主；在投资方面，要为满足能源、重化工、高加工度化消费资料及其相关服务的生产，提供生产资料。

也就是说，**我们要在新的发展阶段重建新的产业和就业平衡，其核心是要形成一个新的经济主导循环流程**。在这个过程中，城市住宅产业及相关产业，居于核心地位。

在未来 50 年，我国住宅产业将成为国民经济发展的第一支柱产业，其增长对国民经济（或 GDP）增长的贡献份额将达到 30% 至 40%（其中直接贡献份额为 20%）。住宅建设的产前、产中和产后诸部门可吸纳 8000 万到 1 亿劳动力。城镇住宅建设将成为全国住宅建设的主体，所占比重约在 80% 至 90%；城镇住宅市场的需求主体是由农村迁入城镇的人口和劳动力，所占市场份额约为 70% 左右。

目前我国的房价收入比居高不下，明显抑制了大多数人的住宅消费需求，阻遏了住宅及其相关产业在带动经济增长和吸纳就业方面的巨大潜力；其根本原因在于现行房价形成机制不合理，它把很多不该进入、或不应一次性进入房价的成分混杂其中。

通过实行住宅建设和开发的招投标制度，建立土地使用税和房屋不动产税等措施，理顺房价形成机制，分离、分流其中的混杂成分，可使我国的房价总水平下浮 40% 左右。如此，才能使大多数人消费得起，从而充分发挥住宅及其相关产业的巨大增长和就业效能，保证就业和收入总水平的持续增长，税源和税基的不断产生和扩大，使城市变成不断增值的财富源泉。

下阶段我国国民经济增长的主要支柱产业，除与城市居民住宅相关的产业外，还有与城市居民用能相关的城市公用产业。住宅产业的发展主要是依靠金融部门的支出一偿还流程来实现；而城市公用事业的发展将不可能主要通过上述流程来实现，也不太可能通过现有的财政支出一偿还流程来实现。必须重构其支出一偿还流程。城市建设债券可能是其中的一种选择。

5. 城市化

以城市化带动经济社会的全面发展，是中国经济发展内在需要和国际经济环境变化的历史性选择。**没有城乡关系的大转换，我国农业实现历史性的转折就难以实现**。

“人畜同粮”的农业旧格局，与城乡旧格局，是一件事情。农民从进城到定居的过程，是从“食物用粮、生活用柴、居住在乡”向“食物用畜、生活用能、居住在城”的一种全方位的大转变。从进城到定居是就业、消费、居住流程的一个转变过程。只有农民真正融入城市高收入流程，真正完成从农村居民到城市居民的转换，才能形成新的农牧产品消费格局；从而富裕农民，解决“三农”问题。

在城市化模式的选择上，应尊重农民的选择。要重点突破、加速提高县及县级市的人口规模，使其达到城市规模经济的水平，形成其自主循环的城市经济，由此消除县级经济（财政）对农民税费的依赖。把工业小区的规划、设计与新城市体制的建立、新城市建设结合起来，逐步将乡镇企业分期分批向新城市集中，彻底改变乡镇企业布局分散、外部不经济和规模效益低下的特征。

农民进城，将从外出打工就业和定居分离的迁移模式，逐步改变为举家迁入城镇定居的模式。但城镇住宅市场价格持续上涨的态势，对于我国城市化进程来说绝对有害。这将严重损害我国经济发展过程的潜能发挥和质量提升，应该切实消除附加在农民身份上的一切不公平的限制。

在这一转化过程中，城镇房地产市场价格是制约城市化速度和质量的主要因素。重构我国城市公用产业支出一偿还流程，是启动我国城市化加速过程的关键。新的城镇人口将是城镇住宅产业和畜牧业产品需求增加的最主要人群。城市化带动经济的策略，就是适应随着经济发展而变化的城市需求结构，即“食品用畜、居住在城、生活用能”，着力发展能源工业、城市住宅及相关产业集群、城市公用产业及相关产业集群。

6. 基层经济组织与制度创新

我国农村发展与变革进入了一个相对困难、相对漫长的时期。其理由有四：第一，解决今后中国农村发展问题的政策与手段大大超出了我们已有的亲身经验的范围；第二，借鉴国际上各种有益的经验和教训，需要与我国的具体实践相结合，而这种结合必定要经历反复的实验和比较，乃至挫折和失败；第三，组织和制度创新的识别、成形以及推广需要很长的时间；第四，如何处理和消化历史遗留问题，一方面使今后的发展过程不致出现令人难以接受的震荡，另一方面又能逐步减轻前进中的负担，减少失误的累积性影响，难度很大。

应做好“持久战”的准备，逐步积小胜为大胜，避免急于求成、希望出现戏剧性变化的心理。没有冷静的头脑、全局的眼光、长期的打算、认真的态度和韧性的工作，绝对无法处理好今后的复杂问题。只有善良的愿望无济于事。如果它与发热的头脑、狭隘的眼光、短浅的打算、浮躁的态度及马虎的工作相结合，则会导致灾难性的后果。

新的发展模式，有赖于新的技术、新的企业组织形式。现有的经济组织，在现行的负盈不负亏体制下，难以协调政策性目标与盈利性目标之间的尖锐冲突。组织内部的这种冲突造成了当今一系列行为畸变。要想消除这些后果，必须从体制的进一步变革和组织的功能分解入手，逐步对现行的具有多种冲突功能的国家经济组织进行功能分解，使其独立化和专业化，相互冲突的不同功能由不同的组织来承担。

执行政策性功能的国家经济组织中，对于制度金融（或政策金融）——农业银行，应把它的营利性功能分离出去，然后一分为三：其一是农业银行，专管农业中的长期投资，使用无息、低息、贴息等政策性手段进行政策导向，全面改善农业的基础生产条件；其二是农村中小企业银行，对农村中小企业的中长期设备更新和技术改造等项目进行融资；其三是不发达地区开发银行，有针对性地对一些落后地区的开发项目，分期分批有重点地进行扶持。

信用社也可一分为三：其一是并入国家的上述三种制度金融组织；其二是与农村合作金融组织合并；其三是独立成区域内的合作金融组织或地区性的金融组织。

从现行的国家商业和供销组织中分离出一种专门履行政策购销、具有稳定市场功能的组织。它盯住几种基本生活资料的市场变化（切忌将更多的产品的市场价格纳入这种组织的管理范围），以低购高销、吞吐库存的方式将市场价格的波动控制在一定幅度之内。控制目标与所需资金由国家下达和拨付。用票据作为识别信息的载体和功能分解的工具，实施特殊购销，以控制货币投放的途径。只要民间的商业组织（如农合商业组织）尚未发育起来，这种特殊的购销组织就有必要一直存在下去。

在推动农业和农村下一步变革与发展的过程中，执行政策性功能的国家经济组织的作用是无可替代的。

执行营利性功能的国家经济组织中，改造和建立一些专业化程度很高的国营营利性贸易公司，使其成为高品质、多层次、专业化的市场形成过程中的自组织核心。进而形成具有层次化配置的商业体系：个体运销、联营合作运销、大型的国家商业（营利性）组织。

同时，在现有的农业银行、信用社等金融机构中，除了分离出政策性的部分、合作性的机构外，考虑建立营利性的国家金融机构。特别是在农村非农产业的活动领域中，有着大量的盈利机会，而民间的金融机构在近中期内很难为实现这种机会提供广泛的规范化的服务。

完全自负盈亏的营利性国家金融组织，可以和营利性的国家商业组织相互配合，成为农村商品经济发展过程中的自组织核心。

日本与农村经济有关的金融机构类型就有近十种。我国只有农行和信用社（在某种意义上它们是一家），机构内部组织层次的发育上也不可比。要尽快改变农村金融机构单一的局面，加强农村金融纵向分工体系的建设，并使同一机构内部的组织层次完备化。

7. 新技术经济与“技术拼盘”

技术进步的速度越来越快，各种技术层出不穷，其相互间的融合渗透趋势愈益明显，不同技术的组合所形成的空间日益广阔。**如果技术和技术组合选择发生错误，则一定的科学技术不仅不是生产力，甚至可能导**

致负的生产力。在与发达国家进行激烈的全球前沿技术的竞争中，如何找到一条适合自身情况的技术进步道路，是实现后发优势、后来居上的关键所在。在这方面，我国空军某试验基地科研群体的“拼盘”思路，提供了一个完整而又杰出的范例。

所谓“拼盘”，即用新思想、新技术，对新老装备进行拼装、组合和嫁接，让老装备重新焕发青春，使新技术发挥最大效能（花钱少、起点高、整体建设水平先进）。按此思路，他们只购买了20%的新设备，同时各路精兵强将集中攻关，独立自主开发，直至把原有设备的功能全部挖掘出来，使基地成为世界上少数几个既能进行航空武器装备试验，又能进行航空武器装备研制的现代化靶场之一。成功“拼盘”的关键在于，他们深知基地的技术现状，抓住了其薄弱环节和主要矛盾——“神经和大脑”，对症下药，点石成金，化“腐朽”为神奇。

为构建和探讨我国的新发展模式，作者不断追踪，并从技术经济角度研究了各种新技术及其“拼盘”。如瑞典力推沼气奔向无油国家；美国密苏里大学和中西部研究所的专家以玉米棒芯为初始原料，制成一种新型“碳砖”，进而大幅提高天然气存储能力；用秸秆大规模生产甲烷，用玉米进行燃料乙醇的生产，柴油车改装成CNg/柴油双燃料车，以及陶瓷太阳能板发电——抽水蓄能联产淡水棉谷，“光热复合太阳能住宅”等等。在此基础上描绘了一幅未来新型城市的图景。

家庭住宅不仅是生活消费资料，而且成为生产和投资资料（住宅太阳能、“水耕栽培法”等现代技术在房顶暖房中实施，网络购物和买卖，网络教育等）。在四口之家的两个劳动力中，有一人在家依托这种生活、生产资料，从事上述工作；子女从10岁起即可辅助家长做些力所能及的工作（如照管房顶的“菜园”），边劳动边学习。这样，现代化的生产一生活型家庭的一半收入（即支出）可来自家庭内部，从而实现了充分自主就业。货币和商品运作的范围将缩至以往领域的一半左右。

实现固体垃圾和生活污水的资源化处理、自主循环和回收利用的小区。在社区内，具有不同专长的居民可以“劳动券”的方式核算，直接互惠式地交换彼此的劳动（克兰机制）。例如，有人可以教授他人的孩子弹琴，有人则为其他家庭提供家电维修或医疗服务。由若干小区组成的社区，设有一座或几座商品展示中心（节省了商业用地），供居民实地观察商品的实际使用功能，并根据用户的要求送货上门（多半为大型耐用消费品）。

不同小区建有公共绿地、水面（由原来的商业用地节省出来的土地），用居民义务劳动的形式进行管护。每个社区内还设有若干个教育、医疗、娱乐和咨询中心，为居民提供较为专门的服务。

市区内建有高等教育中心、医疗中心、体育场及市政管理服务中心，还设有能源中心，用太阳能、风能或水能生产氢燃料，供公共交通体系和出租汽车之用。

市郊区建有多年生作物体系，利用微生物和酶反应及微电脑控制的小型高效生物化工厂，生产食品、衣料、建材和饲料，饲养牲畜，并把有关的废弃物回收资源化，或作为周围的生态体系的补充投入（如工业用水或生活用水经处理后，可再次作为生态体系的水源供给）。

这样，在这个后现代的城乡复合体内，再也不会有失业发生。因为任何一种新的需求，都可通过市区内不可耗竭的能源、生物质能材料、专门技能和智能生化制造系统予以供给。同时，这种城乡复合体再也不会与自然循环发生不可调和的冲突，因为它本质上是从加强自然循环中获利的。

荀子曰：“君子生非异也，善假于物也。”充分利用当今世界的各项先进技术，巧妙弥补大自然原有格局对于人类发展的制约，便可成就“天之道，损有余而补不足”的可持续发展方式。

目 录

食物消费结构变化与大农业

住宅经济与新的经济主导循环流程

新技术经济与“技术拼盘”

改革的经济理论分析

食物消费结构变化与大农业

解决“三农”问题的关键在哪里？

我国农业劳动生产率低、农村生产力落后、农民的生活明显低于城镇居民，这是我国“三农”（农业、农村、农民）的基本状况。近几年来，“三农”问题已成为中央、政府工作的重点，提出要更多地关注农村，关心农民，支持农业。[1]学术界也对“三农”问题投入了前所未有的广泛关注，“农民真苦、农村真穷、农业真危险”，已成为对“三农”问题的共识。

尽管近几年来世界经济增长乏力，我国经济仍保持高速增长的态势，为什么“三农”问题在此阶段的中国显得如此的突出？其根源何在？解决“三农”问题的关键在哪里？

本文试图在我国国民经济发展的框架内，从经济发展阶段和发展流程的角度，剖析上述问题。

我们认为，我国的经济发展正面临着一个前所未有的大变局。随着经济二十多年来的高速发展，我国的经济总量得以大幅度的提高，经济结构内部正发生着本质性的变化，尤其是消费结构的变化正面临着从量变到质变的过程之中，而同时供给结构的变化却相对滞后，这种变化过程的差异是由目前我国的经济发展方式所引致的。而农业、农村和农民正处于经济结构转变过程不同步的焦点处，这是为什么“三农”问题在现阶段显得十分突出的经济根源。

“三农”问题在我国的经济生活中一直存在，只是在近阶段显现得尤为突出。关于“三农”问题产生的原因，温铁军做过一定的分析，认为两大基本矛盾是制约“三农”问题的核心，其一是人地关系高度紧张的基本国情矛盾；其二是城乡二元经济结构的基本体制矛盾。[2]从目前我国经济的发展模式来看，这种总结是有一定道理的。但应该指出的是，从我国可利用资源的状况看，人地关系高度紧张受制于人水关系的高度紧张，后者才是我国的基本国情矛盾。

在现有的经济发展方式中分析我国的“三农”问题，受制于制约“三农”问题的两大基本矛盾，由此推论“三农”问题只能缓解而难以解决，并不是一个过于消极的结论。解决“三农”问题，关键是要正确认识我国经济发展方式面临的前所未有的变化格局，把握我国经济结构中正在发生的本质性变化，实现我国经济发展方式的跃迁。在经济发展方式跃迁的过程中解决（而不仅仅是缓解）“三农”问题。

一、“三农”面临的困局

“三农”问题的核心是农民问题，在经济层面上主要体现为农民收入的增长缓慢，以及城乡居民收入与消费差距的不断扩大。

1. 现实的图景

农民的收入问题体现在四个层面[3]：第一，农民收入的增长幅度明显下降，1997 年至 2000 年连续四年收入的增幅持续下降，这是自 1978 年经济体制改革以来从未出现过的严峻局面；第二，农民来自农业的纯收入的绝对额在 1997 年达到最高值后开始下降，即使到 2002 年也未恢复到 1997 年的水平；第三，城乡居民收入的差距在扩大，2002 年第一次突破 3∶1 的警戒线；第四，城乡居民的消费差距比收入差距更为悬殊。

图 1 和图 2 给出了农村居民家庭人均纯收入和城乡居民收入增长对比的现实图景。在图 1 中，可以十分清楚地看到，农村居民家庭人均纯收入的绝对量（不考虑价格因素）的增长曲线在 1996 年产生了拐点，由高速增长转为平缓增长。其主要原因是纯收入中来自农业的部分在

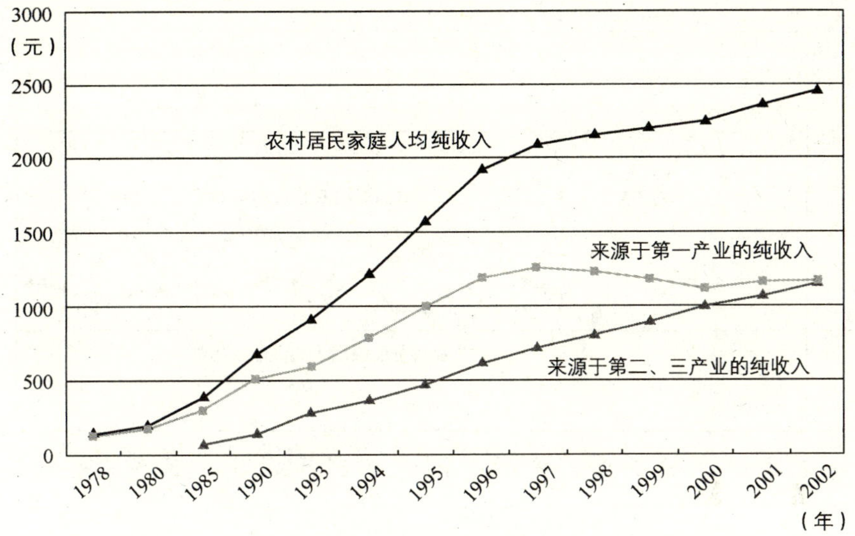

图 1　农民家庭人均纯收入的变化及来源结构的变化

数据来源：1996—2002 年《中国统计年鉴》,《2003 年中国统计摘要》

1997 年达到最高点后开始下降，虽然 2001 年和 2002 年有所反弹，但仍然未能恢复到 1996 年的水平；1997 年后农民家庭人均纯收入中来源于第二和第三产业的份额是主导纯收入增长趋势的唯一力量；而 1997 年前主导农民家庭人均纯收入增长的第一产业纯收入突然失去了增长的动力。

从城乡居民收入增长对比的角度上，图 2 给出的图景表明，从 1997 年开始，趋势的对比明显不利于农民家庭，是“三农”问题在这一阶段显得尤其突出的原因之一。1979 年至 1989 年期间，城乡居民家庭收入增长的主要趋势保持一致，表现为初期超高速增长后的逐步下降，农民家庭收入增长率大多数年份高于城市家庭。1990 年至 1997 年期间，两者的变化趋势基本保持一致，表现为 1988 年和 1989 年分别负增长后的恢复性增长，但在大多数年份城市家庭收入的增长率高于农村家庭，趋势已经开始朝不利于农民的方向发展。趋势的对比在 1997 年

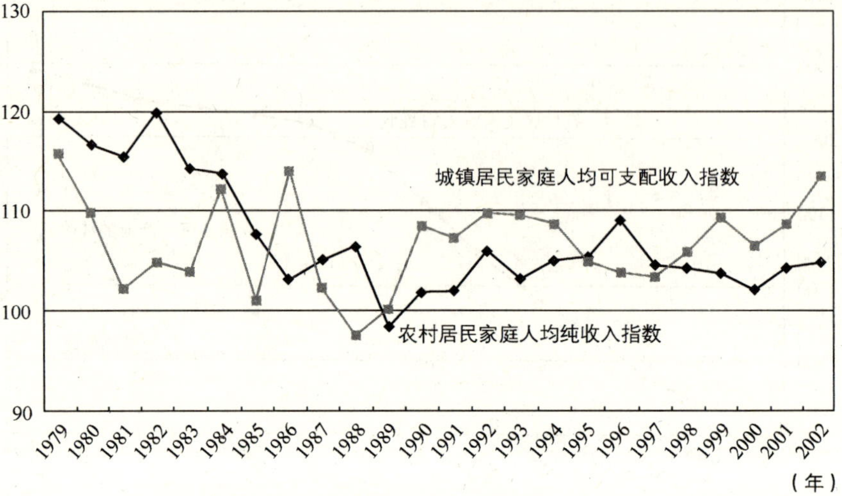

图 2　城乡居民人均收入指数的比较（上年 =100）

数据来源：《2003 年中国统计摘要》

后发生了前所未有的变化，城市家庭收入的增长率表现为主要的上升趋势，且增长率的绝对值已经超过了 1978 年以来的平均水平；而同时，农民家庭的收入增长率则反向运行，表现为持续四年回落后的恢复性增长，且增长率的绝对值仍低于 1978 年以来的平均水平。此外，除 1997 年外，城市家庭收入的增长率均高于农村家庭，差距在逐步扩大。

2. 收入流程的三个阶段

分析农民家庭纯收入来源变化的流程，有助于对“三农”问题（特别是农民家庭收入问题）所面临的困局的理解，也有助于观察我们正面临的一个全新的格局。从农民家庭收入增长来源的角度划分，1978 年以来，农民家庭收入流程的变化经历了三个阶段。

第一阶段始自 1978 年的经济体制改革。农村家庭联产承包责任制的实行，使农民被体制约束的劳动生产积极性极大地迸发了出来，劳动生产率大幅度提高，随着承包责任制在全国农村的推广，到 1985 年，农业生产体制改革所带来的体制效应在全国农村基本实现。在这一阶段，农业增产、农民增收，来自农业的收入是农民收入增长的主要动力源；由于当时我国仍处于农产品供给短缺的阶段，所以农业生产不存在需求的边界约束，农业增产和农民增收基本上是同步的。

第二阶段开始于1985—1986年，在1997年左右基本结束。在这一阶段，农民收入增加的主要动力由单一的农业收入转变为农业收入和乡镇企业收入两极。

经由1978—1985年农业劳动生产率的大幅度提高，农民通过农业生产提高收入水平的努力受到了土地规模的约束和农业生产资料价格因素的制约，农业劳动力出现剩余。在此阶段，农民通过农业生产获得收入的增加，一方面来自农产品产出的增加，更主要的是依赖农产品价格的提高。但是，经过上世纪90年代中期几次大幅度提高农产品的价格，我国的农产品价格水平已接近、有些品种已超过了世界农产品价格水平，这就使得依靠农产品价格提高实现农民农业增收的模式失去了增长的动力。

从农产品的需求上讲，随着收入的增加，我国居民家庭的恩格尔系数几乎是逐年下降并呈加速态势。城市居民家庭的恩格尔系数由1978年的57.5%下降到1993年的50.1%用了16年的时间，而下降到2000年的39.2%仅用了7年的时间；在此期间，农民家庭的恩格尔系数也下降了基本相同的18.6个百分点。这是随经济发展和收入提高的一个必然结果。随着恩格尔系数的下降，收入对农产品需求的弹性系数也随之下降。因此，农产品生产不仅面临着世界农产品价格的约束，同时也面临着消费需求的约束。共同作用的结果是，在1997年达到最高值后，来自农业收入的增长戛然而止。

乡镇企业的兴起是农业生产承包责任制后农民的又一个创举。在这一阶段，乡镇企业在原乡村企业的基础上快速发展，从“三分天下有其一”到占有“半壁江山”，吸纳了大量的农业剩余劳动力，成为了此阶段农民收入增长的另一主要动力。但是，其就业人员数在1996年达到13508.3万后开始下滑[4]，2002年仍未恢复到1996年的水平，这就使得在1997年前后农民收入失去了另一增长的动力。

乡镇企业发展乏力的原因有几个方面，一方面的原因是，在上世纪90年代中期，随着我国经济发展和经济格局的转变，受制于需求的约束，经济发展由低水平的数量扩张转向更注重环境的发展方式，期间实行了环境治理，大力治理压缩五小企业等措施，乡镇企业的发展受到了经济发展环境的制约，其发展的空间被大大压缩了。以原煤生产为例，在乡镇企业发展的高峰期，国家、地方和乡镇煤炭生产的比例达到了2∶2∶6，经过治理整顿，现在的比例为6∶2∶2。

另一方面的原因更不容忽视[5]，1994年乡镇企业高速增长的停止和1997年乡镇企业就业人数的下降，与国际需求的变化密切相关。1994年机电产品替代了劳动密集型的轻纺产品（乡镇企业的主要产品）成为我国出口创汇的第一大产品；为应对欧盟而成立的北美自由贸易区，使墨西哥替代中国（包括香港、台湾）成为美国纺织品的第一大供应国；以劳动密集型产品为主导的中国乡镇企业的外部需求拉力消失了，其高速增长的动力也就消失了。

第三阶段是在上世纪90年代中期，伴随着农业和乡镇企业逐渐失去增长的动力而展开的，其特征是数以百万计的农民以极大的热情拥向城市，特别是东南沿海经济发达地区，寻求新的收入增长源。“民工潮”是当时媒体铺天盖地报道的焦点。虽然没有准确的统计数据，但现在每年有8000万到9000万农民外出务工经商是官方和研究人员认可的数量范围。现在，农民外出务工经商的收入已成为农民收入增量的主要来源，我们在湖南省的调查表明，农民外出的劳务收入对农民人均纯收入增长的贡献率2001年达到了50%，2002年更是高达75%[6]。我们在中西部其他几省的调查也有类似的结果。

二、现有政策措施的有效性

应对“三农”问题面临的困局，当前的政策思路是在“统筹城乡经济社会发展”的框架内，实施三类基本的政策措施：一是土地承包政策，二是减轻农民负担，三是农业和农村经济的结构性调整。

土地承包政策的核心是“三十年不变”。在此基础上，强调农民的土地权益、农民生活的基本保障以及作为生产要素的优化配置。对于土地承包政策功能的认识，许多学者强调的是土地的社会保障功能和生存保障功能[7]，“在这种以土地为中心的财产制度的创新中，政府在放弃对农村土地和其他资产控制的同时，也放弃了对占中国人口70%左右的农村人口的社会保障”，这也是此项政策开始实施过程中的现实。但现实的状况是，有关的农户调查显示[7][8]，上世纪90年代末至本世纪初，连续几年出现了农业劳动力和资金的投入产出是负值；最近两年我们在多数中西部省份的调查也表明，这种现象持续发生，地方官员将这种现象称为种地是“花钱锻炼身体”。当对土地的投入变为负效益成为普遍的常态时，土地的社会保障和生存保障功能何以实现？因此，在当前的状况下，秦晖教授的研究有一定道理[9]，即当前土地政策的主导方向应是保障农民的土地权益。土地政策的现实有效性体现在“最低权利保障”上。

减轻农民负担的具体措施是在农村实行税费体制改革，其政策空间是约300亿到400亿的农民负担。税费改革是历朝、历代政府面临的难题，当前的税费改革需要实现两个基本前提，一是基层政府建设问题，二是基层公共财政体制建设问题。简单地说，就是解决现有基层公务人员的出路和吃饭问题，尤其是要解决700万乡村教师的吃饭问题，以保证在税费改革的过程中，乡村教育不受太大的冲击。因此，税费改革是一个过程，在这个以减轻农民负担为中心的过程中，农民无疑是会受益的。但这只是一个一次性的过程，当这个过程完成后，对农民的生产与生活而言，它就变为了一个常态。税费改革的现实有效性在于它对缓解“三农”问题严重程度的积极意义，但难以解决“三农”问题的根本问题，因为它并未解决农民增收的问题。

农业和农村经济的结构调整的基本思路是，在现在农业和农村经济的范围内，从生产、加工、地域方面，在种植业中进行品种的优化，在种植业、畜牧业、水产养殖业中进行调整，在农村内部进行产业的调整，并通过推进城镇化来转移农村人口。其实，近若干年来，我们一直在通过市场来进行农业内部的调整。实践的经验表明，这种调整在局部往往是有效的，而其对在全局意义上解决“三农”问题的有效性尚未有有力的证据。大力发展农村第二产业的国内外经济环境已经发生了巨变，这一点在“三农面临的困局”中已有叙述；而在农村大力发展第三产业一方面受到农民家庭收入增长缓慢的限制，另一方面也受到第三产业发展特性的约束。在现有农业和农村内部解决“三农”问题的出路已经十分狭窄，当然这并不意味着我们应该放弃现在在农村的工作，以上的政策措施在缓解“三农”问题的严重性上都具有积极的意义，可以为寻求解决“三农”问题的途径和手段提供时间和空间。

“三农”问题已不仅仅是农业和农村的事情，它是关乎中国经济发展的一个全局性的关键问题，是中国实现小康社会、实现现代化的关键性问题。协调城乡经济社会发展关系，是解决“三农”问题的根本出路。但关键的问题是如何正确认识中国经济结构和经济发展环境正在发生的根本性变化，发现影响城乡经济协调发展的关键因素，寻找协调城乡经济发展的有效途径，在发展中解决中国所面临的“三农”问题的困境。

概言之，我们现行的农村政策必须从农村人均二亩地的小农思想的局限中解脱出来，由此，才能为根治“三农”问题开辟出一个全新的天地。这里顺便说一句，现在被炒作得很厉害的“黄宗羲定律”，实际上只是古代小农社会的一个现象，对于现代社会，这个定律早已过时，没有什么价值。

三、变化的大格局

中国经济正面临着一个前所未有过的大变局。[10]一方面，消费结构已经和正在向中等发达国家的消费结构跃迁，供给结构和就业结构也正在做相应的转变；另一方面，国际经济环境的变化和随着中国经济总量在世界经济总量中份额的提高，以无限供给廉价劳动力为竞争优势、以大进大出的加工制造业主导的高速增长方式，正面临向以巨大的国内市场需求拉动增长模式的转变。**这一转变过程中的焦点是“三农”问题，即中国农业的出路在哪里？农民在哪里就业？其收入增长的来源是什么？**

我们认为，中国经济正面临着一个历史性的转折，即从工业主导的高速增长转向以加速城市化为轴心，从出口导向转向国内市场需求拉动，从而带动我国经济社会的全面现代化进程；在实现这一过程中，我们现在所面临的“三农困局”也将得以彻底解决。

1. 中国农业大变局

我国农业产品的供给越来越多地受到了需求的约束，一方面，需求的约束来自恩格尔效应，即随着恩格尔系数的下降，收入增长对食品需求的拉动作用在降低，而我国城乡居民家庭的恩格尔系数逐年降低并呈加速的态势；另一方面，**农产品消费结构变化带来的需求约束，则将根本性地改变我国农产品的供给结构和生产方式，这是我们必须直面的农业大变局**。

我国粮食直接消费量的变化过程在上世纪 90 年代初期发生了根本性的变化，由上升趋势转为持续的下降过程，这一趋势在 1996—1997 年左右得以加强，并在本世纪开始加速（见图 3）。在这一转变过程中，表现出几个根本性的变化特征：（1）全国粮食直接消费量在 1990 年达到最高值的 2600 亿公斤后，经过 1991—1993 年的反复后开始持续下降；（2）更为关键的是，农村粮食直接消费量在 1993 年达到最高值

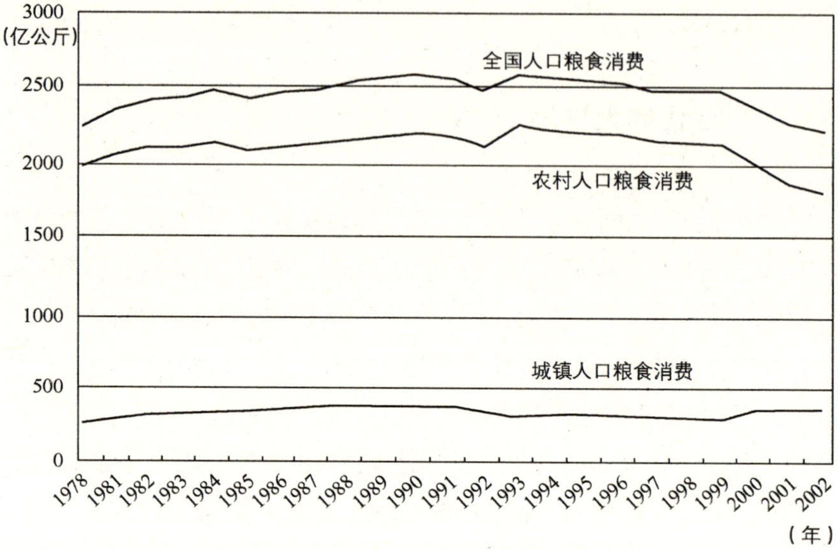

图3　我国粮食消费中直接食用部分的变化

直接食用量不包括工业用粮、加工食品用粮等。图中数据根据历年《中国统计年鉴》、《2003 年中国统计摘要》中城镇居民家庭平均每人全年购买的粮食数量、农村居民家庭平均每人消费的粮食数量及市镇人口、乡村人口计算所得。

2266 亿公斤后，开始持续下降；（3）全国粮食直接消费量同农村粮食直接消费量的变化高度相关，因为城市粮食直接消费量同农村粮食直接消费量相差一个数量级。

与此同时，我国人口直接食用的肉禽蛋却从 1978 年的 88 亿公斤一路攀升，1998 年就达到了 310 亿公斤的水平，相当于 1978 年的 3.5 倍，年实际增长率为 6.5%。

我国农产品的这种需求结构的变化表明，我国几千年来以种植一年生粮食作物为主的农业面临着一个大变局，即“人畜不同粮”和畜牧业为主的新格局即将来临。从需求变化的趋势上讲，2030 年前后，我国人口总量将达到 16 亿左右，如果全国平均每人每年直接食用粮为 100 公斤（1998 年为 200 公斤），全国口粮直接消费总量在 1600 亿公斤左右，比

1998 年的水平要减少 900 亿公斤；如每人每年直接消费肉禽蛋达到 80 公斤，总量将达到 1280 亿公斤，若仍沿用“人畜同粮”的旧格局来应对，以平均 3.5 : 1 的粮肉（含禽蛋）比估算，需新增粮食产量 3400 亿公斤；增减相抵，需新增加 2500 亿公斤的粮食产量。以现有格局的农业供给方式来应对需求结构的变化，将使得在现有 20 亿亩耕地上的人地紧张关系更加恶化，同时我国加速推进城市化进程的努力将受到来自土地供给方面的较强约束。

从资源的角度讲，我国农用土地中，草地比重最大，面积约 60 亿亩，占世界草地总面积的 15%（高出我国现有耕地相应比例一倍以上）。而且值得注意的是，随着粮食直接消费的减少和肉禽蛋消费的增加，我国耗粮较多的猪肉占肉类的比重，已经由 1978 年的 90% 下降到上世纪 90 年代中期的 70%，1998 年再降为 66.5%。新增肉食的大部分，是可以用饲草喂养的牛羊肉。这种农用土地资源结构和变化着的人民食物结构表明，中国农业生产结构的历史性转折就是要充分利用我国的优势土地资源来满足不断变化的人民食物结构的需求。可以充分利用广阔的草地资源提供充足的饲草，直接喂养食草牲畜；而不需要先种粮食，后加工成饲料，再去喂养高耗粮的肉猪。我国是一个农业大国，要想在 2030 年左右成为农业强国，一个重要的结构性指标就是畜牧业产值占农业总产值的比例要达到 50% 以上。从近二十多年的趋势看，这一点是可以实现的。

从地域分布上看，我国的天然草场大部分分布在西北地区，其目前产能有限的根本原因，在于历史上由于人粮关系紧张导致的不当开发。虽然现在状况开始有所改观，但要达到其潜在的生产能力必须解决西北地区面临的水资源短缺的约束。从这个意义上讲，我国人地关系紧张的根源是人水关系的紧张，是水资源地域分布的不均衡。我国的西北部地区可以利用的低海拔平原国土资源，要远远大于我国目前人口最为集中的、主要分布在东部的 100 万平方公里江河冲积平原，且其平坦程度、光热资源、风能资源都大大优于东部平原，但其开发利用受到水资源短缺的限制。在那里，相对于有限的水资源，土地（含耕地）供给是无限的。因此，更广义地讲，**人水关系的紧张、水资源地域分布的不均衡才是我国的基本国情矛盾**。

引西南富裕之水造西北塞上江南，早已是众多有识之士的共识。[11]如此，将彻底解决我国人地关系紧张的局面，同时也将解决东部发达地区加速城市化进程所面临的土地资源紧张的约束。而城市化进程又是我国农业实现历史性转折的必要条件。

2. 城乡关系大转换

没有城乡关系的大转换，我国农业实现历史性的转折就难以实现。换句话说，在旧的城乡格局之中，大多数人住在乡村里、挤在农业上，这个农业大变局是不可能实现的。实际上，“人畜同粮”的农业旧格局与上述的城乡旧格局，根本就是一件事情。

不实现城乡关系的转换，前面所述的食品需求的新格局就难以形成，农业供给的新格局也就无法确立起来、并保持下去。这里有两层含义：其一，从供给的角度上，大宗农产品的商品化率决定着生产者的现金收益水平（在生产者可以接受的价格水平上）和其持续发展的基础。我国的粮食商品化率常年保持在 30%—40% 的水平，这同我国的城市化率基本相当，对于粮食这种特殊的农产品而言，在如此低的商品化率下尚能维持生产的根本原因，是因占全国 60% 以上的农村人口吃饭之所需。而对于肉禽蛋等高收入弹性食品而言，其持续发展的基础如果仍然依靠生产者自用来支撑显然是不可能的，它必须依靠不断增长的城市人口的需求来拉动。否则，在城乡关系依旧的前提下，大力发展节粮型畜牧业的举措，必将导致我国农畜产品市场的过度竞争进一步加剧。其二，从需求的角度，提高城镇人口的比例，是快速提高对收入增长反应敏感的肉禽蛋农产品消费需求的关键。以 2000 年为例[12]，城镇人均肉禽蛋消费量为 39.3 公斤（加上水产品为 51 公斤），农民人均肉禽蛋消费量为22公斤（加上水产品为25.9公斤），这就是说，每减少一个农村人口，增加一个城镇人口，肉禽蛋和水产品的直接消费量增长近100%，提高17.3—25.1公斤。

由此可见，实现农业格局的大转折不仅仅是农业内部的事情，而是“三农”问题的核心——农民问题；实现农业格局的大转换，也绝不是使现有多数人口仍旧滞留在农村，让他们拥有更多的农牧产品供给潜力。只有通过城乡关系的大转换，大幅度转移农村人口进城，使其进入新的高收入流程，才能打破低收入水平下形成的农牧产品的需求制约，也才能从根本上解决农民问题和“三农”问题。

3. 新格局下发展的动力

大幅度转移农村人口进城，就必须加速城市化的进程，在这个进程中，我们面临着两个基本的问题：其一，加速城市化的动力是什么？其二，大量新增加的城市人口的就业机会在哪里（尤其是我们已经面临着沉重的城市就业压力的前提下）？

我们认为，解决上述问题的根本出路在于逐步调整我国目前的经济增长模式，**由出口导向，向内需拉动转变，由加工制造业主导向城市化进程带动转变**。中国经济发展格局的这种改变，不仅仅是我国经济发展的内在要求，也是中国经济总量在世界经济中影响力增加、世界经济发展环境变化的必然结果。

首先，以出口导向的中国经济增长方式，面临着越来越严峻的国际经济环境的制约。北美自由贸易区的建立大大压缩了我国劳动力密集型乡镇企业的生存发展空间，如果欧盟也通过东扩将其垂直分工体系从亚洲搬回欧洲，就很可能对中国经济产生类似的负面影响[13]。随着中国经济总量在世界经济中影响的增加，要求人民币升值的压力也在不断增加，这对我国出口经济的负面影响不言而喻。第二，国内需求的主体是城市消费人群。以1996年至2000年全国社会消费品零售总额分类比较看[14]，县以下乡村社会商品零售总额所占的比重仅为25.8%—26.4%，且仍然处于下降的趋势之中，这一比例与城乡人口比例呈明显倒挂状态。如果计及在住房、能源、交通、通信、教育及其他服务业上的消费，城乡消费需求的差距会更大。第三，轻型出口加工工业本身具有三个互为因果的排斥城市化的产业特征：即流动不定的民工潮、农村工业化和第三产业不发展[15]。

由此可见，**以城市化带动我国经济社会的全面发展，是中国经济发展内在需要和国际经济环境变化的历史性选择**[16]。大规模的城市化和高水平的城市生活，将为内需发展型的资源工业提供巨大的发展机遇，后者将为前者的水、电、气、热、冷等物质需求提供坚实的基础；资源开发工业将替代出口导向的轻型加工制造业，成为内需拉动型发展方式下工业发展的主角，而资源开发工业与城市化两者本质上就是不可分割、相辅相成的。第三产业的发展与城市化进程有着天然的、密不可分的联系，第三产业将成为吸纳大量新城市人口就业的主体。

四、新流程分析

城市化的加速必然伴随着大量农民的进城（这一趋势已经发生），但这仅仅意味着就业地点的变化，进城并不意味着定居。**从进城到定居是一个过程，是就业、消费、居住流程的一个转变过程，只有农民真正融入城市高收入流程，才能真正完成从农村居民到城市居民的转换，才能形成新的农牧产品消费格局；也只有如此，才能达到减少农民，并通过农业生产的大变局，提高从事农业生产居民的收入，从而解决“三农”问题**。

自1978年我国经济体制改革以来，农民自发的经济行为给我国的经济发展带来了深刻的变化，土地承包责任制的兴起、乡镇企业的蓬勃发展对于解决我国的吃饭问题和农村经济发展所起的作用不言而喻。近十年来，农民又以极大的热情涌向城市，这又给我们什么样的启示？从经济意义上讲，农民的这些自发行为都是在一定社会经济环境下寻求收入提高途径的选择，而这一次的选择又将对我国的社会经济发展产生什么样的作用呢？

1. **特征产品分析**

从经济发展的普遍意义上说，一个国家的发展状况可以用其国民基本生活消费品的状况来衡量。下面我们从国际比较的角度，分析随着经济的发展，我国在吃、用、住特征产品上的发展趋势和发展空间，以及其在生产、消费上的城乡分布。

食物用畜　这一趋势在前文已经进行了分析。美国目前人均年消费64公斤粮食、113公斤肉、251公斤奶和18公斤蛋，而目前我国人均年消费粮食近200公斤，人均占有40公斤肉、6公斤奶和17公斤蛋。从人均消费量的比较来看，其发展空间十分巨大。从畜产品生产、消费的主要部分看，是生产在乡、消费在城。畜牧业的发展水平，取决于城市化的规模和水平。

生活用能　日本目前人均能源消耗为4吨标准煤（美国为10吨），人均电力消耗为8000度（美国为12000度左右）；而目前我国人均能源消耗为1吨标准煤，人均电力消耗为1000度左右。目前，我国电力消耗的主体是工业生产用电，今后居民生活和商业用电将与工业生产用电并驾齐驱。就能源产品的主体而言，是生产在城、消费在城。生活用能的水平与城市化紧密相关，而电网和电力供应也只有在城市中才能获得足够的规模经济。

居住在城　到2030年，我国将有50%—60%的人口居住在城镇，其人均住房建筑面积也将达25平方米左右，而且供水、供电、供热、供冷、供气、有线电视、通信在城镇中也将得到较高水平的全面普及。就城镇住宅产品而言，也是生产在城、消费在城。

进行特征产品分析的意义在于，如同食品用畜趋势的形成和发展将带来我国农业生产的大变局一样，生活用能和居住在城消费趋势的形成和发展，表明以加速城市化为特征的内需拉动型经济增长方式下，经济增长的动力在那里。另一方面，也意味着，农民从进城到定居的过程，是从“食物用粮、生活用柴、居住在乡”向“食物用畜、生活用能、居住在城”的一种全方位的大转变。

2. **产值就业份额定律：在哪里就业？**

配第—克拉克法则反映了国民经济三大产业产值与就业关系推移的规律，它表明随着人均收入的提高，产业的增加值和就业人员在第一、二、三产业间的转移。产值就业份额逼近定律实际上是配第—克拉克法则的极限形式，这一定律表明，随着经济发展阶段进入发达水平之后，国民经济三大产业各自的产值份额和就业份额趋于相等[17]。我们还可以得到这样的推论，**即随着人均收入的提高，产值和就业份额在国民经济三大产业间的转移是逼近配第—克拉克极限形式的一个过程**。同时，配第—克拉克法则得以产生作用的隐含前提是，在产业结构由低向高的变化过程中，必须伴有相应的城市化进展。

比较我国1980—1999年经济发展过程的结构数据和国际参照系数据表明[18]，当我国人均GDP从低收入国家进入到中下等收入国家时，城市化进程的滞后程度，不仅没有随着经济的高速增长而缩小，反而由1980年的11.8%扩大到1999年的36.9%，呈现不断扩大的态势，平均每年扩大一个百分点。其带来的直接影响是产值就业结构的偏差，在产值份额偏差中直接体现为第二产业的产值份额持续明显偏高（1999年偏高44.5%），第三产业产值份额持续明显偏低（1999年偏低50.8%）；在就业份额偏差中最主要的是体现在第三产业就业份额明显偏低（1999年偏低22%）。以1999年我国第三产业年底实际就业人数18987万人计算，第三产业少吸纳就业4177万人。

根据产值就业份额定律及其推论，以及我国目前产值就业份额的偏差状况，可以清楚地看到，随着我国经济的发展和城市化的加速，产值就业份额偏差最为突出的第三产业向其正常份额回归的动力最大。尤其是从就业的角度而言，第三产业将成为吸纳新增城市人口就业的主体，或者说，进城的农民在其向城市居民转换的过程中，将会更多地寻求在第三产业中就业。

更应该提出的是，根据前文对特征产品的分析，第三产业中最具有发展动力的是为用能、居住提供服务的供水、供电、供热、供气、物业、社区服务等行业，以及为提高城市生活质量提供服务的道路、交通、通信等城市公共服务业。这是因为，从消费需求的年支出费用比较，即使以保守的算法，目前城市中等收入家庭在用能（水、电、气、暖）和通信上的消费年支出也要比以家用电器为代表的“几大件”的年平均支出高一个数量级。[19]

3. 产业—空间对称性定律：谁给谁发工资？

任何产业都要有自己的空间载体，即产业的空间实现方式。没有产业空间载体的变换，就不可能有产业结构的全局高度变化。以此而言，经济发展是由收入增长、产业结构演化和产业空间载体变换这三个方面统一组成的。配第—克拉克定律只反映了前两个方面的相互关系，后两个方面的关系则是由埃—查条件[20]给出的。

必要条件：相对于土地而言，采用大量的非土地投入也能生产；即在城市中产业的投入要素是非土地密集型的，与农业正好相反。

充分条件 1：在生产中存在着规模经济的作用。

充分条件 2：在流通中存在着不可忽视的流通费用。

埃—查条件刻画了产业的要素特征与空间载体的相互关系，从而说明了第二、三产业的生产和消费何以会出现在人口稠密的城市地区，以及当产业结构向第二、三产业推移时，必须伴有城市化相应进展的根源。更应该注意的是，第三产业的发展与城市化有着更天然的、密不可分的联系。这是因为，从生产上看，与第二产业相比，第三产业的生产要素具有更强的人力密集特征；从消费上看，服务这种商品不像物质商品那样可以很容易地运输到产地外去消费，更宜于在产地消费（即其运输成本可近似地看为无穷大）。所以，第三产业的发展比第二产业更依赖于城市化进程的状况。

我国目前存在的产值就业结构偏差与上述产业发展和空间载体的相互关系密切相关。第二产业产值份额持续偏高表明，第二产业的高速增长并不仅仅依赖于城市化进程；而第三产业产值和就业份额的持续偏低则充分表明，城市化滞后程度不断加剧的直接后果，是第三产业的长期发展不足。

配第—克拉克定律反映了产值就业份额结构相互逼近的经济发展规律，而埃—查条件则刻画了上述逼近过程的空间实现形式。**产业—空间对称性定律是配第—克拉克定律和埃—查条件的一个推论：即当经济发展进入发达水平（特别是第三产业份额占到50%以上时），非农业人口比例与城镇人口比例趋于一致**。

产业—空间对称性定律对于理解在目前状况下解决我国“三农”问题的途径尤其重要。通过对产值就业份额定律的分析，我们提出从土地中转移出来的农民将会主要在第三产业中就业；而产业—空间对称性定律则表明，农民从土地中转移出来的过程，将会主要通过城市第三产业的发展、农民在城市第三产业中的就业、也就是在城市化过程中完成。

在关于城市化的讨论中，常常会遇到这样的困惑，即支撑城市经济发展的动力在哪里？城市经济的内部循环是如何完成的？谁来给谁发工资？

首先，我们来分析当进入高收入阶段（人均6000美元左右，1980年美元）时，国民经济三大产业之间的交换关系，在前文引用的国际参考系中，此阶段三大产业的生产结构为12%： 37%： 51%。根据产值就业份额逼近定律，假设三大产业的产值份额和就业份额达到一致；再假设社会所有人口消费同样单位的各种商品和劳务。在这种结构和假设的情况中，经过计算得出的三大产业之间相互交换关系的主要特点表现为，第三产业自身消费本部门产出的26.01个单位（或说自身产出的

51%），第二产业和第三产业之间的交换为37.74个单位，占三大产业部门间交换总值的64.11%，第二、三产业内部交换和相互交换的增加值占全部增加值的77.44%。因此，可以得到这样的结论，全部增加值中超过四分之一的部分是在第三产业提供的相互服务中实现的，80%左右的增加值是在城市内部循环中实现的。

但是，从现有的经济结构向上述经济结构的过渡并不能一蹴而就。根据消费结构升级的趋势，我们认为与城市居民用能相关的城市公用产业，以及与城市居民住宅相关的产业[21]，将成为下一阶段我国国民经济增长的主要支柱产业。住宅产业的发展主要是依靠金融部门的支出—偿还流程来实现；而城市公用事业的发展将不可能主要通过上述流程来实现，也不太可能通过现有的财政支出—偿还流程来实现，必须重构其支出—偿还流程，城市建设债券有可能是其中的一种选择。

如果不能成功构建城市公用产业的建设支出—偿还流程的话，将有可能使我国的城市化进程延迟，而与此密切相关的、构建解决我国“三农”问题良性循环的实现也就会被延迟。

4. 就业、消费、居住流程：农民进城四步曲

农民从进城到定居，是一个全方位的转变，从特征产品的分析上看，就是要完成**从“食品用粮、居住在乡、生活用柴”生活模式向“食品用畜、居住在城、生活用能”模式的转换**，这个转换过程难以一步跨越。如同农村土地承包责任制和乡镇企业的创举一样，农民在实践上述转换过程中，是沿着一条阻力最小、成本最低的道路实现着其合理的经济行为。我们应该发现和总结农民实践的经济合理性，创造有利于上述转换过程的条件和经济环境。

我们认为，农民完成从进城到定居的全方位转变，要经历四个阶段，现在正处于过程的第三阶段[22]。第一阶段是农民大规模进城前“食品用粮、居住在乡、生活用柴”的生活模式，其特征是“本地务农、消费在乡、居住在村”；第二阶段是农民大规模进城的初始阶段，其特征是“外出务工经商，消费主要在乡，居住在村”；第三阶段的主要特征是“外出务工经商、本地城镇居住”，这是近几年来所发展起来的新趋势；第四阶段将是农民完成从农村居民到城市居民的全方位转换，实现完全城市化的“食品用粮、居住在城、生活用能”的生活模式。

“外出务工经商，消费主要在乡，居住在村”是农民尝试进城阶段的主要模式。在这一阶段，外出劳务者具有明显的兼业性和“候鸟型”特点，靠近大中城市、交通比较发达地区的农民外出兼业的较多，农忙时种地，农闲时外出做工经商；而到外省发达地区务工的农民则主要属于“候鸟型”，即每年大部分时间在外打工，春节或农忙时回乡。在这种务工生活模式中，轻壮年外出务工，老人孩子农村居住，外出务工劳务收入的主要投资和消费地是本地农村，调查表明，带回、汇回的劳务收入中有三分之一是投在农业生产资料上。

“外出务工经商、本地城镇居住”的生活模式，是近几年出现的新趋势。即农村外出务工经商人员将家中的老人和孩子定居于城镇（主要是县级的区域经济中心或较发达的中心镇），以使得孩子能获得更良好的教育，而轻壮年仍外出务工经商；或就地在务工经商的城市居住。根据我们在四川、湖南（农民外出务工经商人数最多的几个省中的两个）的调查，目前，在出省的外出务工经商农村人口中，有15%—20%在外省就地定居（主要是经商人口），30%在省内城镇定居；在省内的外出务工经商人口中，有40%—50%在省内城镇定居。

这一趋势形成与延续的动力来自东南沿海发达地区出口导向的加工制造业的发展，但是，根据前文的论述，这种模式已经开始遭遇越来越严峻的外部制约，沿海出口加工业吸纳就业的能力已逐渐趋于饱和，并在今后10年左右的时间面临着衰减。因此，虽然沿海出口加工业仍能容纳中西部地区务工经商者中20%—30%成功人口定居，但其中70%—80%的务工经商者回归中西部地区定居是一个必然的趋势。

以城市化带动的内需拉动型增长模式，在中西部发展起来的能源工业、住宅及相关产业集群以及公用事业集群将形成新的就业吸纳机制。如此，在中西部城市化大发展的过程中才能完成农民进城四步曲中最华丽的乐章——农民举家进城、完成农村居民向城市居民的转换。

5. 拟城市化阶段和完全的城市化

根据目前农民进城在就业、消费、居住上的特征，我们认为现在的农民进城仍处于拟城市化阶段，或者说进城的农民主要处于拟城市化状态，体现在异地城镇就业和非定居式居住，他们在非居住方面的消费（尤其是对城市公用事业的水、电、气、暖等的消费上）较大程度低于居住地城镇居民的平均消费水平，在居住方面的消费水平差距则更大。

尽管大量“拟城市化人口”的存在和持续增长有利于我国城镇化比例的外延扩张，但在相当程度上降低了我国城镇化的水平和质量。事实上，这种“拟城市化人口”形态的农村人口转移模式，不仅降低了城市化的质量，而且也减缓了城市化进程应有的速度。因为在这种模式下，进城的主要是农村人口中的劳动力，他们不会把子女、更不会将老人带入城镇。

许多有关农民进城障碍的观点认为，城乡分割的户籍制度是最主要的因素，但是，当许多地方放开户籍管制时，却并没有引发大规模的农民进城定居潮，这应该引起我们的思考。一方面的原因是，开放户籍制度的改革不彻底，户籍制度背后隐含的对农民身份的歧视仍未消除；另一方面，进城定居的成本是进行经济分析中要首先考量的。

从农民进城定居所形成的趋势分析，就近进城将成为主要趋势。本文并不涉及就近进城的人文因素的分析，这种选择确实具有经济上的合理性。与大中城市住宅价格动辄平均每平方米建筑面积2000—3000元（北京更是高达平均4500元左右）相比，中西部地区县城及县级市600—800元每平方米建筑面积的住宅价格，使得农民进入县城及县级市的成本大大降低。

在加速城市化进程的模式选择上，主要有优先发展大城市和优先发展小城镇的分歧。从农民进城发展的趋势和农民进城成本上思考，我们的观点是，应重点突破、加速提高和发挥县级及县级以上区域经济中心的聚集度和辐射力。[23]它不同于优先发展小城镇的观点，相反，我们认为应合并不能形成城市经济规模的小城镇。从世界城市化发展的历史分析，当城市发展至20万—50万人口规模时，前文论述的城市经济的内部发展机制开始形成，城市的规模效应开始显现，规模增大开始产生进一步的分工，第三产业开始加速发展，将为劳动力提供更多的就业机会。

我国目前有县及县级市2074个（2000年底数），县城人口平均规模约5万人。扣除因经济自然因素不能形成城市规模的县和已经达到城市规模的县，以保守的计算，若在15—20年的时间内，有60%的县及县级市的县城（市）人口规模提高到形成城市规模经济要求的最低值——20万人，仅此一项就可以吸纳新城市人口近2亿人，那么现有的“拟城市化人口”进城问题将得以全部解决。[24]同时，城市化的县城形成内部可以自我循环的城市规模经济，还可以直接解决县城经济规模不能形成自我循环时，县级经济（财政）对农民税费的依赖。

可以说，拟城市化阶段结束的标志是现有“拟城市化人口”实现完全的城市化。

农民的这种对进城模式的选择，是农民作为一个整体的合理化经济行为的体现。舒尔茨说过一句话：“农民贫穷，但绝不愚昧。”在经济体制改革的过程中，我国农民以土地承包责任制解决了我国的吃饭问题，并以乡镇企业的大发展带动了农村经济的辉煌，现在他们对进城模式的选择，也很可能成为我国经济发展的基本选择。我们应该顺应这种形势，用一种全新的政策框架加速、并优化这一进程。

五、结语

解决“三农”问题的关键是减少农民，从而富裕农民。

减少农民的途径是实现我国经济增长模式的转变，使其从出口导向、加工制造业主导的经济增长模式，逐渐向内需拉动、城市化主导的经济增长模式转变。

城市化带动经济的策略，就是适应随着经济发展而变化的城市需求结构，即“食品用畜、居住在城、生活用能”，着力发展能源工业、城市住宅及相关产业集群、城市公用产业及相关产业集群。在这一发展战略中，中西部经济的发展将起着至关重要的作用。

解决西北部地区的水资源短缺，是彻底解决我国人地关系紧张基本国情的根本，同时也是实现我国农业从“人畜同粮”到“人畜不同粮”的千年生产模式大变局的重要条件。

重构我国城市公用产业支出一偿还流程，是启动我国城市化加速过程的关键。

在城市化模式的选择上，尊重农民对进城模式的选择，重点突破、加速提高县及县级市的人口规模，使其达到城市规模经济的水平，形成其自主循环的城市经济，以此消除县级经济（财政）对农民税费的依赖。这也是使现在处于拟城市化状态的进城农民实现完全城市化的可能途径。

因此，现在解决“三农”问题的政策取向应有利于上述转变过程的实现，并切实消除附加在农民身份上的一切不公平的限制。

推波助澜，此其时也！一万年太久，只争朝夕。

2003 年 10 月 10 日

注释:

[1] 中央农村工作会议:《"三农"问题为全党工作重中之重》,中新网,2003年1月8日。

[2] 温铁军:《制约三农问题的核心是两大基本矛盾》,中国宏观经济信息网,2001年7月31日。

[3] 陈锡文:《新世纪的"三农"问题》,载《求是》,2003年第13期。

[4] 乡镇企业年末从业人员数据来源于:1997、1998、1999年的《中国统计年鉴》以及《2003年中国统计摘要》,中华人民共和国国家统计局编,中国统计出版社出版。

[5] 王建:《"三农"问题原因何在?》,中国宏观经济信息网,2001年7月31日。

[6] 薛玉炜:《湖南考察观感》,载《调查研究通讯》No. 2003-7,中国社会科学院经济文化中心编印,2003年7月28日。

[7] 温铁军:《"三农"问题的认识误区》,中国宏观经济信息网,2001年7月31日。

[8] 温铁军:《三农问题之证伪》,中国宏观经济信息网,2001年7月31日。

[9] 秦晖著:《农民中国:历史反思与现实的选择》,河南人民出版社,2003年6月。

[10] 邓英淘、王小强、崔鹤鸣著:《再造中国续篇:西部大开发方略》,文汇出版社,2001年1月出版。该书从西部大开发的战略意义出发,全面论述了中国整体实现现代化所面临的严峻挑战和应对措施,本文"变化的格局"一节直接引用了本文作者之一在此书第三、四、五章中的部分成果。

[11] 邓英淘、王小强、崔鹤鸣著:《再造中国》,文汇出版社,1997年出版。该书详细论述了调西南之水进西北的研究历史,《再造中国续篇:西部大开发方略》则全面研究了调水及西部大开发对我国现代化进程的全面影响和关键性作用,本文不再展开论述。

[12] 中华人民共和国国家统计局编:《2003年中国统计摘要》,中国统计出版社,2003年5月。

[13] 王建:《城市化:解决三农问题的出路》,中国宏观经济信息网,2001年7月31日。

[14] 中华人民共和国国家统计局编:《中国统计年鉴2001》,中国统计出版社,2001年9月。

[15] 邓英淘、王小强、崔鹤鸣著:《再造中国续篇:西部大开发方略》,文汇出版社,2001年1月出版,第五章。

[16] 关于我国城市化滞后于经济发展的历史成因已有大量研究文章,本文不再赘述。

[17] 经济文化研究中心“国民经济研究组”：《历史性转折：加速城市化进程》，载《调查研究通讯》No. 2000 -3，中国社会科学院经济文化中心编，2000 年 4 月 12 日。在此文附表 1 计算的国际参照系中，给出了从人均 300 美元（1980 年美元，下同）增长到 6000 美元以上时的经济结构变化，产值就业份额逼近过程十分明显。

[18] 同［15］。

[19] 柯堤（邓英淘）：《山西考察观感》，载《调查研究通讯》No. 2002 -6，中国社会科学院经济文化研究中心编，2002 年 5 月 18 日。

[20] 同［15］。

[21] 柯堤（邓英淘）：《住宅经济概观——市场前景与形态特征》，载《调查研究通讯》No. 2002 -17，中国社会科学院经济文化研究中心编，2002 年 10 月 18 日。

[22]［23］同［6］。

[24] 根据［21］对我国第五次人口普查数据的估算，拟城市化人口的近似值为 6000 万人，以每一拟城市化人口进城定居将带入一个老人和一个孩子计算，现有拟城市化人口进城定居带动的规模约为 1 亿 8 千万人。

关于“三农”问题的几点再思考

在完成《解决“三农”问题的关键在哪里?》[1]一文后，我们在2004年又对三个农业大省河南、吉林和河北进行了调研考察，通过与工作在基层的干部群众的座谈交流进一步加深了对“三农”问题的认识。观察现在农村、农业正在发生着的深刻变化，总结农民在这一变化过程中的创造，并由此来进一步思考我们所面临的“三农”问题，尤其是要探讨目前困扰解决“三农”问题思路的几个关键问题——这就是本文的出发点。

一、“三农”问题的基本框架

我们在《解决“三农”问题的关键在哪里?》一文中，对“三农”问题进行了系统的分析。建立基本分析框架，有利于深入分析“三农”所面临的具体问题。

我们认为，中国经济发展正面临着一个前所未有的大变局，而农业、农村和农民正是这个变局的焦点。因为这个大变局主要体现在与“三农”相关的两个层面，一是中国农业的大变局，二是城乡关系的大转换。温铁军在分析“三农”问题时提出[2]，制约“三农”问题的核心是两大基本矛盾：(1) 人地关系高度紧张；(2) 城乡差别。而目前经济所面临的变局使得这两个基本的限制因素朝着有利于解决“三农”问题的方向转化，顺应这种变化，并及时加以总结和引导是解决“三农”问题的关键。

中国农业的大变局体现在，我国几千年来以种植一年生粮食作物为主的农业将发生巨大的变化[3]，畜牧业将成为农业的主导，并且“人畜同粮”的畜牧业生产方式将被“人畜不同粮”的生产方式所取代，多年生的饲料作物的种植将会取得较快发展，这将彻底改变我国的食物生产方式。再进一步说，随着科学技术的飞速发展，以粮、草、秸秆等大农业产品为原料的新能源、新化工正在蓬勃兴起，为大农业的发展提供更广阔的前景[4][5][6]。

城乡关系的转换意味着农民向城市的大幅度转移。**没有城乡关系的大转换，我国农业实现历史性的转折就难以实现**。这是因为，在旧的城乡格局之中，大多数人住在乡村里、挤在农业上，以畜牧业产品为主导的食品消费新格局就难以真正形成。“人畜同粮”的农业旧格局与城乡关系的旧格局，其实就是一个硬币的两面。没有城乡关系的大转换，“三农”问题就难以得到根本的解决，换句话说，“三农”问题的解决，是同农民进城并且成为新的城市居民联系在一起的。

二、农业变局下的粮食生产：食物安全

2003 年 9 月以来，中国粮食市场价格出现了全面上涨，并成为延续至今的消费物价指数上涨的主要原因。2004 年农民出售三种主要粮食的综合平均价格也达到了 1995 年和 1996 年的水平[7]。2004 年，农业再次成为中央一号文件的主题。农业，尤其是“粮食”，又成为最受关注的“三农”问题[8]。粮价的大幅度上涨使得农民种粮的效益有了明显提升，因此农民对土地的回归被看作目前提高农民收入，从而解决“三农”问题的主要手段之一。同时，由于粮食价格的大幅度上升，又使人们想起了当年由美国人布朗的文章《谁来养活中国?》引起的关于粮食安全的讨论。

粮食价格的快速大幅度上涨是否意味着我国的粮食供给出现了安全问题？或者从另一个角度说，我国目前的耕地产出是否难以满足我国人民的食物需求？

这两个看起来十分类似的问题，实际上存在着巨大的差别。前者是以粮为纲的农业观，它是千百年来“人畜同粮”的农产品生产方式的宏观表现；后者则强调了食物需求的满足或安全，它与农业大变局下“人畜不同粮”的农产品生产方式相一致。从这一新的农产品生产方式来分析，全社会对农业的需求不再是单一的强调粮食安全，而是强调食物的安全。关于粮食安全和食物安全的概念上的差异及内容，已经有学者进行了国情分析[9]，我们不再做进一步的详细探讨。

从全社会经济需求的角度讲，我国的农业生产要基本满足我国人民的食物需求，这是同我国农业正面临的大变局相关联的，是由我国的食物构成所发生的历史性变化所引致的[10]。从我国粮食需求结构的变化上，我们可以清楚地看到这一点。表1中，食用粮（城乡居民直接食用粮）从1990年到2001年的十多年间几乎没有随着人口增长而增长，主要是因为人均食用粮大幅度减少抵消了由于人口增长所带来的需求的增长，同时城市化进程的加速也是主要原因之一（城市居民人均食用粮大大低于农村居民）；而总需求的增加量主要反映在饲料粮的增加上，食用粮在总需求中下降的份额几乎与饲料粮上升的份额相当。数据基本表明了我国食物结构所发生的历史性变化，即人均谷物消费量的大幅度减少，同时肉、蛋、奶等动物性产品的消费量大幅度上升。

可以说，从2003年以来粮食供需不平衡的格局主要是由于饲料粮的短缺所导致的。而饲料粮的短缺则是因为“人畜同粮”生产方式下，种植结构的不合理所造成的。在这种生产方式下，耕地的利用是一种粮食、经济作物的二元种植结构。在“人畜不同粮”的新生产方式下，耕地的利用应该向粮食、经济作物、饲料三元种植结构转化。

下面的一个案例表明：以饲草代替谷物作为饲料，发展食草动物为主导的畜牧业，不仅从营养效率、土地利用率和经济效率上都具有很大的优势；而且也大大拓广了耕地的概念，因为从面积上说，我国的草原面积约60亿亩，而耕地不过20亿亩。

表1　国内粮食消费明细表

	1987年		1990年		2001年	
	总量（万吨）	人均（公斤）	总量（万吨）	人均（公斤）	总量（万吨）	人均（公斤）
粮食产量	40298	368.69	44624	393.1	45263.7	354.65
总消费量	41189	376.84	45413	397.2	48830	382.60
食用粮	26647	243.8	27575	241.18	27650	216.7
工业用粮	2053		2567		3820	
饲料粮	9228	84.43	11517	100.73	14260	111.73
国内消费	100%		100%		100%	
食用粮	64.70%		60.70%		56.60%	
饲料粮	22.40%		25.37%		29.20%	

注：表中1987年和1990年的数据来源于[11]的表22，2001年的数据根据[12]整理，表中的数字均是指原粮。

案例：以饲草代替饲料粮[13]

由山西省农科院高粱研究所培育出的饲草高粱——晋草1号，是圈养牛羊的好饲料，对于退耕还草、发展畜牧业具有重要意义。已经山西省农作物品种审定委员会审定通过，并准予推广。晋草1号是由高粱与苏丹草杂交而成，这二者均起源于干旱、炎热、土壤贫瘠的非洲大陆，其抗逆性强，适应范围广，耐旱涝、耐高温，在热带、温带、亚寒带均可种植。因为它是由远缘杂交而成，杂交优势十分显著，其生产速度快，生物产量高。在我国江淮流域一年可刈割4次，在北方地区一年也可刈割2至3次，一般亩产鲜茎叶15000斤至30000斤，是目前生物产量最高的饲草之一。晋草1号的粗蛋白含量为15.3%，与青刈黑麦、串叶松香草相近，仅次于紫花苜蓿。因其物产量高，粗蛋白亩产量可达300公斤，又高于紫花苜蓿、串叶松香草等优良牧草，是最具优势的饲料作物，而亩产吨粮的蛋白含量仅90公斤。

每亩水浇地种植饲草高粱，采用青饲、青贮相结合（不需加精饲料），可喂养10只羊或一头牛，出栏率高于放牧的一倍，年收入可达2000多元，是单纯粮食生产的3至4倍。例如，山西晋中市榆次区源涡村村民杨二小2002年种了10亩晋草1号，养了60多只羊，当年收入约万元；2003年，他又种了30亩晋草1号，养羊164只，出栏70多只，收入2万多元。这种宜于作圈养牲畜饲料的饲草高粱还有一个优点，即由于它是一年生，生产速度快，60天就可刈割鲜草6000多斤。在一年一季有余、两季不足或两季有余、三季不足的农作区，粮草复种可实现一年两作或两年三作，可以大大提高土地利用率，增加农民收入。饲草高粱通过加工，可制作成干草、草饼、草粉，实现商品化。目前日韩及东南亚等国家每年从美澳等国进口500万吨干草，而晋草1号优于美国牧草，出口前景看好。

另外有资料表明，目前我国大约利用2亿多吨农作物秸秆作饲料，折算成饲料粮可达6000多万吨[14]。上述案例和资料都表明，当我们跨越“人畜同粮”的农业生产定式时，以生产粮食（谷物）为主的食物供给方式，可以由在现有耕地＋草地上实现的谷物＋饲料的食物供给方式所取代，有着巨大的潜力。

三、大农业的发展道路：突破小农思维定式下的限制

在解决“三农”问题上，人地关系高度紧张，被认为是难以逾越

的基本国情。当我国农业的生产方式是以粮食生产为主导时，这种观点是对“三农”问题的深刻认识。但是以发展的眼光，从目前我国农业正在发生的变化来看，其历史局限性便显现了出来。

长期发展的观点

即使是在原有的生产方式下，人地关系紧张也主要受制于人水关系紧张，以及我国水、地资源匹配的不均衡[15]。

我国西北部地区可以利用的低海拔平原国土资源，要远远大于我国目前人口最为集中的、主要分布在东部的100万平方公里江河冲积平原，且其平坦程度、光热资源、风能资源都大大优于东部平原，但其开发利用受到水资源短缺的限制。在那里，相对于有限的水资源，土地（含耕地）供给是无限的。虽然从短期看，这部分土地资源还难以在我国解决“三农”问题中发挥其作用，但从长期发展的角度上讲，这部分土地资源的再开发和利用是可以期待的，这将从根本上改变人地高度紧张的基本国情。

“人畜不同粮”生产方式带来的土地资源的突破

人地关系高度紧张，主要是指在20亿亩耕地（现在的状况可能更为严峻）上进行的以粮食为主的农产品生产。但是，随着农业生产方式发生变化，畜牧业（特别是食草牲畜）将成为农业生产的主导，以饲草代替饲料粮的三元种植方式将取代目前的二元种植方式，这就大大拓广了耕地的概念，因为从面积上说，我国的草原面积约60亿亩，是20亿亩耕地（可能高估）的3倍。

更为重要的是，当我们逐渐摆脱“人畜同粮”农业生产方式的束缚时，就可以以满足全社会的食物需求为主要目标，在现有的耕地上，调整种植结构，使其向三元种植结构过渡，以达到充分利用土地和水资源的协调关系，并达到产出的最优化。下面以对河北省种植结构优化调整的可能性分析作为一个案例。

案例：调整粮食用地　扩大饲草用地[16]

河北约有1亿亩耕地，其中小麦面积约4000万亩；全省农业用水约165亿方（地表水和地下水），其中小麦用水占60%左右，总量约100亿方。小麦是我国北方的主要口粮，在口粮短缺的年代，这种用水和用地结构是必要的。

在我国北方，6至9月份的降水大体占全年的70%以上，而冬小麦的全生育期基本处于干旱少雨的季节，为了维持其正常生长，不得不大量耗用非常稀缺的地表水和地下水进行灌溉。在上世纪70年代以前，华北地区普遍实行的是两年三熟制，而70年代以后至今，已全面转向了两年四熟制，主要是增加了一季小麦，这样仅河北省年用地表水和地下水就增加了50亿方左右。也就是说，耕作制度上的这种变化恐怕是华北地区水资源全面紧张的重要根源之一。

随着口粮短缺的年代成为过去，畜牧产品在人们食品消费中的比例日渐提高，增产优质高产饲料将成为农业发展的中心，这就产生了再次调整耕作制度的要求。从河北的情况看，小麦面积可由以往的4000万亩逐步调至2700万亩，如亩产小麦370公斤，则总产量为1000万吨，可以满足未来8000万人的口粮需求（800万吨）。

调减下来的1300万亩原冬小麦用地可用来种多年生豆科饲草——紫花苜蓿。河北多年平均降水536mm，比紫花苜蓿对降水量要求的上限（600mm）稍低；据我们的调查，在这些原来的水浇地上种植的苜蓿亩产可达1吨左右（干物），总产1300万吨。在一般地力条件下，优质牧草平均亩产蛋白质200公斤左右；而在优等土地上，精耕细作才能实现年亩产吨粮，且其蛋白质产量仅为90公斤。也就是说，对于食草牲畜而言，一亩优质牧草相当于双吨“粮”。由此可见，随着食品消费需求结构的变化，食品生产供给结构调整的潜力有多大。从农民收入的角度看，种植优质牧草所获纯收入大体是一年两季庄稼的两倍。另外，将牧草加工成草粉后，还可在猪、禽（非食草动物）配合饲料中添加10%以代替饲粮，因为优质豆科牧草草粉中的蛋白质含量高达20%，还有丰富的维生素，可更好地促进猪禽的生长。

河北多年平均降水量536mm，亩均土壤水357.3方，以1亿亩耕地计算，其总量为357.3亿方，仅这个量就比目前全省农业用水（地表水和地下水）165亿方高出一倍以上，这就提示我们注意：如能通过调整耕作制度、种植惯例，以高效地利用土壤水，就可在农业用水（地表水和地下水）零增长甚至有所下降的基础上，大幅度提高农牧作物的有效生物产量，充分保障畜牧业快速发展的饲料要求。

大农业的发展道路：为农业生产开辟更广阔的天地

当强调以三元种植结构代替二元种植结构，以及畜牧业将成为农业生产的主导时，其实我们强调的是以满足全社会食物需求为目的的农、林、牧、渔全面发展。在其中，为适应现代食物需求结构的变化，农业的生产方式也从只强调粮食生产向强调以畜牧业为主导的生产方式转变。

观察我国经济发展方式正在发生的变化，我们这里所提出的大农业，其外延和内涵都更进一步扩展了农、林、牧、渔全面发展的概念，而将农业生产看作是一种广义的资源的获得[17]。尤其是以石油为代表的化石能源价格高涨的状况，以及为保持人类可持续发展的《京都议定书》的实施，都使得以广义农产品为资源的能源、化工生产从理想、实验成为现实。

从目前国内国际科技、工业发展的状况看，农产品已经广泛地成为了能源、化工生产的原料。与我们生活密切相关的燃料乙醇的生产和推广使用就是其中一个很好的例子。**种能源、种塑料已成为大工业生产的现实，秸草灌木将俱成神奇**[18]。特别要指出的是，在不太久的将来，亩均产粮多少的农业效率概念将会被亩均生物产量多少的大农业效率概念所取代[19]。

大农业的观念，使得农业生产的目的从满足全社会食物需求扩展到了为全社会的生活和生产提供资源，农业生产的范围也从20亿亩耕地扩展到包括60亿亩草场和20亿亩林地。**从大农业的观点出发，大农产品加工业以及相关的产业将有可能成为农村地区经济增长的新动力**。**它也使得我们可以有更开阔的视野来分析和观察我们所面对的“三农”问题，以寻求符合我国经济发展规律的解决办法**。

四、农民完全城市化的道路：解决“三农”问题的标志

大多数农民的完全城市化，是彻底解决“三农”问题的充分而必要的条件。这里的完全城市化是指，进城的农民以购买或租赁一定标准住房的形式在城市中定居，定居的形态表明他（她）们已经融入到城市高收入流程循环过程，完成了从农民到城市居民的转化。但现实的状况是，根据前文[20]的分析，目前农民进城在就业、消费、居住上的特征分析表明，进城的农民现在主要处于一种拟城市化状态，体现在非定居式的居住方式以及与此相匹配的消费水平和方式。

虽然，拟城市化的进城农民的存在和持续增长有利于我国城镇化比例的外延扩张，但在相当程度上降低了城镇化的水平和质量。并且，由于拟城市化人口并未进入城市高收入循环流程，其消费模式同城市的消费模式具有显著差异，这些又反过来影响农业大变局的实现和“三农”问题的解决。根据对我国第五次人口普查数据的估算，“拟城市化人口”的近似值为6000万人，以每一个“拟城市化人口”进城定居将带

入一个老人和一个孩子估算，现有“拟城市化人口”进城定居带动的规模约为1亿8千万人。拟城市化向完全城市化的转变是一个连续的过程，并不是说现有“拟城市化人口”完全城市化就全部消除了“拟城市化人口”，而是说拟城市化是一个长期的过程，“拟城市化人口”不断城市化，而又有新的农民加入到拟城市化过程中，直到城市化过程的基本完成。

我们在前文中，从就业、消费、居住流程分析，总结了农民进城四步曲。以农民进城居住模式的变化为分析对象，同样有一个四步曲。这是我们在同邯郸市建设局座谈时，邯郸市建设局通过调查得到的结果——

案例：农民进城定居四步曲

通过1000例的抽样调查，基本情况可分成四种类型或四步曲。首先是候鸟式的，即在城镇打工，住工棚等；但回本地乡村盖房，改善农村居住条件。其次是鸳鸯型的，即年轻人两口子结婚后在异地城镇打工，在城镇里租房，比住集体宿舍或工棚有所改善。再次是小康型的，即有了小孩之后，虽在外地城镇打工，但开始在本地城镇买二手房或以一定的方式自建住房，把老人接到城里来照顾小孩。最后是团圆型的，即买新房把老人也接到城里一起住，合家团圆，彻底离开农村，这时多半已是就业和居住都在同一城镇里。这四种类型在农村外出务工人口中同时并存，又在某个家庭上呈现出一定的先后次序。这种次序的推移与需求结构变化有明显的关系，即先是婚嫁，然后是子女上学（城里的学校好）、老人就医（城里的医疗条件好）以及城镇生活方式的吸引；这种需求的变化就使得农村外出务工人员的住宅需求发生了上述相应的变化，这也可以说是农村人口对城镇化需求的变化。在这个过程里，他们对原有农村承包地的关系也发生相应的调整，先是年轻人或中年人出去打工，老人在家种地；然后是老人接到城里后，把承包地有偿转让，只种点口粮田；再次是把全部承包地都有偿转让出去，最后也有放弃承包地的。

可见，农民进城的不同形态对宏观需求格局有着巨大的差别。我们认为，以十年左右的时间，使得现有规模的“拟城市化人口”实现完全的城市化，是“三农”问题得到基本解决的标志。

2005 年 2 月 28 日

注释：

[1] 邓英淘、薛玉炜：《解决“三农”问题的关键在哪里?》，《调查研究通讯》No. 2003 -12，中国社会科学院经济文化研究中心编，2003 年 10 月 10 日。

[2] 温铁军：《制约三农问题的核心是两大基本矛盾》，中国宏观经济信息网，2001 年 7 月 31 日。

[3] 同 [1]。

[4] 薛玉炜：《河南考察观感》，《调查研究通讯》No. 2004 -14，中国社会科学院经济文化研究中心编，2004 年 7 月 24 日。

[5] 邓英淘：《吉林考察观感》，《调查研究通讯》No. 2004 -20，中国社会科学院经济文化研究中心编，2004 年 12 月 24 日。

[6] 邓英淘：《河北考察观感》，《调查研究通讯》No. 2005 -1，中国社会科学院经济文化研究中心编，2005 年 1 月 26 日。

[7] 朱希刚：《中国粮食供需平衡分析》，《农业经济问题》，2004 年 12 月。

[8] 陈锡文：《中国农村的五大问题》，经济观察报，2004 年 7 月 26 日。

[9] 肖俊彦：《“粮食安全”还是“食物安全”——兼评中国食物安全问题》，国研网，2005 年 1 月 5 日。

[10] 同 [1]。

[11]（澳）郜若素、马国南著：《中国粮食研究报告》，北京农业大学出版社，1993 年 8 月。

[12] 刘笑然：《中国粮食安全、供求平衡与宏观调控的思考》，南京粮食信息网，2003 年 4 月。

[13] 同 [5]。

[14] 张其中：《饲料粮变化趋势与对策》，《中国牧业通讯》，No. 2，2004。

[15] 同 [1]。

[16] 同 [6]。

[17] 同 [4]。

[18] 同 [4] [5] [6]。

[19] 关于本文中提及的大农业的系统概念，以及相关的大农业加工业，我们将另文做专门的研究。

[20] 同 [1]。

从居民粮食消费结构变化看我国农业生产结构调整的方向

随着我国经济的快速发展，2007 年人均国民生产总值已经超过了 2500 美元[1]，以此衡量，我国已经迈入中等收入国家的门槛。在人均国内生产总值跨过 1000 美元之后，城乡居民的食品消费结构发生了根本性变化，人均直接粮食消费量呈下降趋势，同时肉禽蛋奶等间接粮食消费量则呈上升趋势。近 10 年也是我国城市化发展最快的阶段，大量的农村人口逐渐融入城镇，其生活消费方式也开始向城镇家庭生活消费模式转化。这两种力量的共同作用，使得我国粮食需求结构呈现直接粮食消费相对稳定、而饲料用粮的间接需求逐年上升的趋势。进入新世纪之后，中国、印度、巴西、俄罗斯等新兴经济实体经济快速发展，对能源、基础原材料的需求剧增，国际化石能源价格暴涨。作为应对措施，以美国、巴西为代表，大力发展生物乙醇，打通了能源与粮食之间的通道，使得粮食和农业的供给结构出现了前所未有的变化。农业的生产不再是仅仅主要为人类提供食品，同时还要承担满足人类能源需求的重任。

对我国而言，食品需求结构的变化以及生物能源对农业生产需求的变化叠加在了一起，使得我国农业生产供给结构处于一个历史上前所未有的大变局时代。未雨绸缪，方能从容应对。我们将用系列研究的方式，分析新的历史条件下中国农业生产结构变化的方向、资源的布局、产业链的发展、相适应的生产组织方式以及可能的政策取向。

本文主要分析从1985年到2006年我国居民食品需求结构的变化，在进行国际比较的基础上提出农业生产结构变化的方向。

一、居民食品消费结构变化

1. 总体变化

从1985年到2006年城乡居民人均食品消费中粮食直接消费及肉禽蛋奶类间接消费的变化状况看（图1、图2、图3），具有明显的趋势[2]。

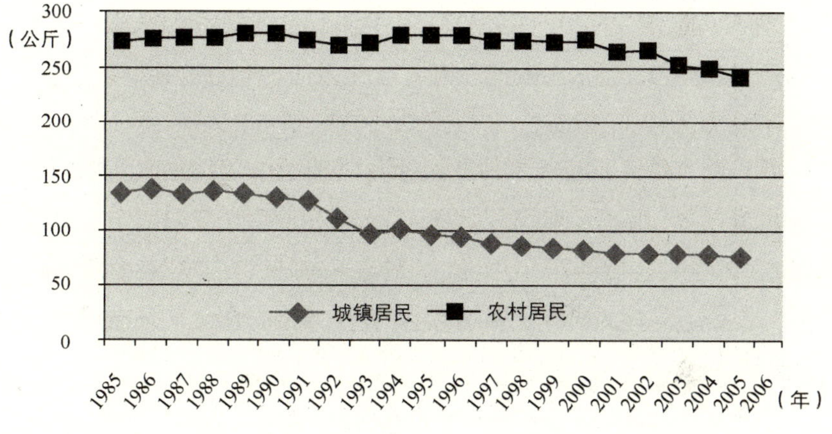

图1　1985—2006年城乡居民人均直接粮食消费量变化图

粮食直接消费呈明显的下降趋势，但城镇和乡村的趋势变化时点则具有明显差异。城镇居民人均直接粮食消费从1992年开始快速下降，经过5年左右快速下降后转入平稳的下降趋势；而农村居民人均粮食直接消费量从2001年开始才进入快速下降期，也是经过5年左右的快速下降期后转入较为平稳的下降趋势。城乡居民人均粮食直接消费量趋势变化之间具有10年左右的时滞，这种时滞基本上可以反映城乡居民收入差距对粮食消费习惯的影响，也可以说明城乡居民收入变化上的

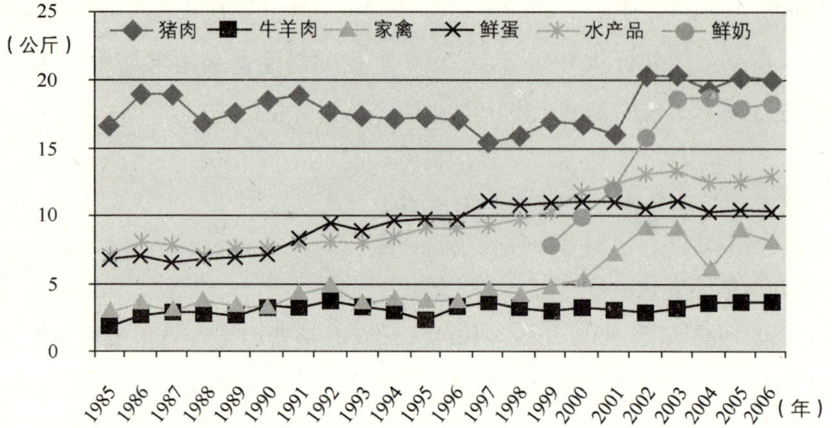

图 2　1985—2006 年城镇居民家庭人均肉禽蛋奶购买量

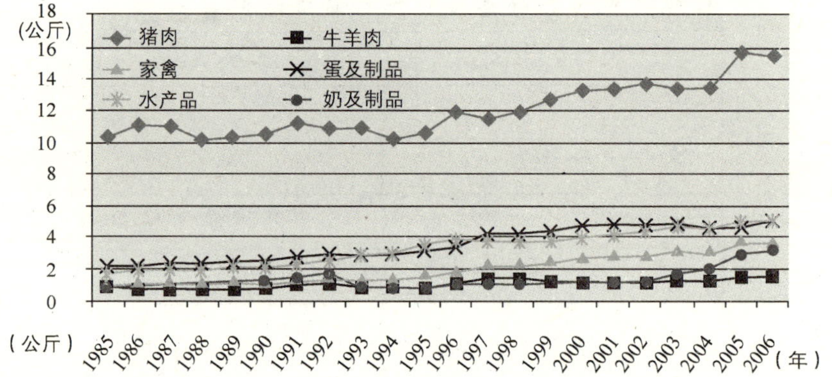

图 3　1985—2006 年农民家庭人均肉禽蛋奶消费量

时滞。

城乡居民在肉禽蛋奶的消费上则呈现明显的上升趋势，但在消费品种和水平上具有明显差异。城镇居民在消费品种上具有多元性的选择，表现在各个消费品种的消费量上较为接近，分布较为平衡；而农村居民对肉禽蛋奶的消费则主要是体现在猪肉的消费上。城乡居民肉禽蛋奶的粮食间接消费品种中，城镇居民人均鲜奶购买量和农村居民奶及制品消费变化趋势最为明显，城镇居民鲜奶购买量从 90 年代末出现了爆发性的增长，经过4—5年快速增长之后，在近几年保持相对较高消费水平；农村居民人均奶及制品消费量是除猪肉消费量之外增长最为迅速的品种。

2. 城乡居民人均粮食消费结构的比较

比较城乡居民人均粮食消费结构的差异，可以使我们更好地分析在我国目前城市化加速发展阶段，农村居民不断转化成城镇居民，特别是生活消费习惯真正转化为城镇居民消费习惯，对于我国粮食总体消费结构变化及变化趋势的影响。

城乡居民人均粮食直接消费的差异是十分明显并且可以直接比较的[3]，2006年农村人均粮食消费量是城镇居民的3倍多。虽然城乡肉禽蛋奶体现的粮食间接消费的差异也十分明显，即城镇居民肉禽蛋奶的消费量大大高于农村居民的消费量，但是差异的比较并不是可以直接计算的。其中有两类参数需要确定，其一，统计数据中城镇居民的肉禽蛋奶消费量并不是人均总消费量，而是购买量，而农村居民统计的则是总消费量，中间的差异是没有计入城镇居民人均在外消费量；其二，由于是多品种比较，没有一个统一的计量指标。因此，为了比较城乡居民粮食消费结构的差异，我们首先将估算城镇居民肉禽蛋奶的消费量，然后将城乡居民肉禽蛋奶的消费量转换为对饲料的粮食间接需求量，以此作为城乡居民粮食间接消费的度量指标。

我们假设城镇居民肉禽蛋奶的购买量为其在家消费量，总消费量与在家消费量之间的缺口用城镇居民在外饮食消费支出占其食品消费支出的比重来衡量，计算的结果见表1[4]。

表1　城乡居民人均肉禽蛋奶消费量之比

年份	城镇居民人均在外饮食消费占食品消费支出比重（%）	猪肉	牛羊肉	家禽	鲜蛋	水产品	鲜奶
1985	5.4	1.71	3.07	3.41	3.43	4.66	
1986	5.7	1.81	3.99	3.57	3.56	4.54	

续表

年份	城镇居民人均在外饮食消费占食品消费支出比重（%）	猪肉	牛羊肉	家禽	鲜蛋	水产品	鲜奶
1987	6	1.82	4.62	3.00	3.02	4.18	
1988	6.3	1.78	4.27	3.27	3.18	3.96	
1989	6.5	1.81	4.15	2.99	3.13	3.86	
1990	7	1.88	4.39	2.81	3.23	3.92	4.59
1991	7.5	1.81	3.59	3.64	3.29	3.92	
1992	7.95	1.75	4.00	3.66	3.52	3.84	
1993	7.5	1.72	4.52	2.49	3.28	3.08	
1994	8.43	1.82	4.20	2.80	3.50	3.08	
1995	10	1.79	3.83	2.43	3.35	2.98	7.94
1996	11	1.59	3.32	2.32	3.15	2.78	
1997	12	1.49	3.19	2.31	3.04	2.74	
1998	13	1.51	2.90	2.28	2.97	3.01	
1999	14	1.52	2.94	2.24	2.90	3.10	
2000	15	1.45	3.39	2.23	2.70	3.44	10.78
2001	16.22	1.39	3.23	2.96	2.73	3.47	11.53
2002	18.25	1.75	3.03	3.74	2.69	3.58	15.62
2003	18.18	1.80	3.10	3.40	2.75	3.41	12.87
2004	19.72	1.71	3.37	2.44	2.70	3.33	11.39
2005	20.88	1.56	3.05	2.95	2.67	3.07	7.57
2006	22.26	1.58	3.02	2.90	2.54	3.18	7.10

表1中肉禽蛋奶项下的数据是按照上述衡量方法计算出城镇居民人均消费量之后，与农村居民人均消费量之比。可以看出，城乡居民肉禽蛋奶的粮食间接消费上的差距十分巨大。城乡居民在肉禽蛋奶的消费量上，差别最小的是猪肉的消费量，2006年城镇居民人均猪肉消费量是农村居民的1.58倍；差别最大的是奶及制品的消费量，2006年的差距

是7.1倍。当农村居民食品消费习惯完全转变为城镇居民的消费习惯时，2006年的数据显示其猪肉、牛羊肉、家禽、鲜蛋、水产品和奶制品的消费量将分别提高1.58、3.02、2.9、2.54、3.18和7.1倍。另一方面，从表中数据的变化上看，城乡居民在肉禽蛋奶消费上的差距一直呈现缩小的趋势，变异比较大的唯一品种是奶制品的消费差异。2002年以前，城乡居民人均奶制品的消费差距急剧扩大，从1990年的4.59倍一直扩大到了2002年的15.62倍，这个期间主要是城镇居民人均消费量的急剧增加。2002年之后，这个差距开始急剧缩小，2006年已经回落到了1995年之前的差距水平，这个期间主要是城镇居民人均消费量停滞不前，而农村居民人均消费量则快速增长。变化的趋势表示在图4中。

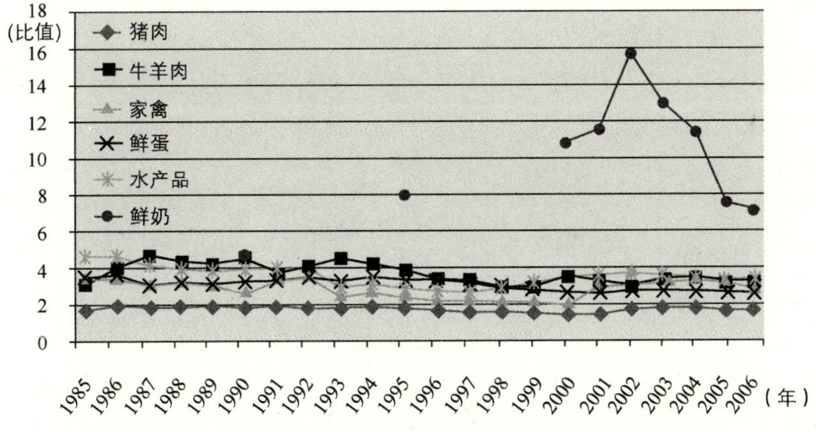

图4　城乡居民人均肉禽蛋奶消费量之比的变化趋势

由于城乡居民人均肉禽蛋奶消费量的巨大差异，饲料的转化率就成为影响城乡居民人均粮食间接消费量比较的重要因素。关于饲料转化率的研究很多，但在使用上差异性很大，直接影响到对于饲料用粮的估算。张利庠等对其中部分品种进行了国际比较研究[5]，鲜祖德等使用的则是计委成本调查的单位产品消耗粮食数据[6]，刘晓俊所使用的转化率则是目前大多数研究者使用的数值[7]，比较详细的研究是部若素、马国南在《中国粮食研究报告》中进行的比较研究[8]。上述研究、使用结果见表2和表3。

表2　我国与发达国家饲料转化率水平比较

分类	国际先进水平	国内先进水平	国内平均水平
肉鸡	1.6 ：1	1.9 ：1	2.0 ：1
蛋鸡	2.0 ：1	2.3 ：1	2.5 ：1
猪肉	2.6 ：1	3.1 ：1	4.0 ：1

表3　饲料转换效率的比较研究[9]

	鲜祖德等	刘晓俊	部若素等	张利庠
猪肉	2.45	4	4	3.5
牛肉	0.6	2	2	2.5
羊肉	0.5	2	2	2.5
禽肉	2.7	2	2	2
禽蛋	1.562	2	2.5	2.5
牛奶	0.376		0.333	0.3
水产养殖（鱼）	0.77	1	1	2

比较表2和表3中的数据，可以看出鲜祖德等所使用的数据除禽蛋饲料转换率外均明显偏低，而禽蛋饲料转换率的数值又明显偏高，差异性最大；刘晓俊和部若素等的数值除禽蛋饲料转换率有所差别外均为一致；张利庠的数据在猪肉、牛奶饲料转化率上较低，而其他较高，数据的变异性最大，其数据取自饲料工业发展报告，代表了饲料工业的利益取向。另外，也有研究认为“由于技术的快速发展，饲养水平的不断提高，国外各种先进饲养技术的不断引进，大大加速了畜产品商品化和畜牧业经营专业化的进程，因此饲料报酬有了很大的提高。2002年与1980年相比，猪肉料比由1：5.85提高到1：(3.5—4)，禽蛋料比由

1∶3.69提高到1∶2.5”。更有研究认为目前我国猪肉的饲料转换率已经达到了2.8∶1。

综合上面的比较结果，可以看出，其一，饲料转换效率是一个动态变化的序列，如果在一个较长的时期采用固定的数值会导致前期饲料用粮的低估和近期饲料用粮的高估；其二，由于猪肉在我国居民动物性产品消费中占有十分重要的地位，有必要对其饲料转换率采用动态数据系列，而出于计算的便利性，其他品种采用固定的转换率。本文将取下列转换率进行饲料用粮的计算，猪肉按4.5→3.5数据序列计算1986年至2006年的饲料用粮，并按每年0.05递减，牛羊肉按2计算、禽肉按2计算、禽蛋按2.5计算、牛奶按0.35计算、水产品按1计算。

表4列出了计算结果。结果表明在1986年至2006年的21年间，城镇居民的粮食间接消费量基本稳定在农村居民粮食间接消费量的2倍左右，而农村居民粮食直接消费量与城镇居民粮食直接消费量之比则从上世纪80年代中期的2倍迅速上升到90年代中期的3倍；进入本世纪以来，基本稳定在3倍以上，但呈现下降的趋势。而城乡居民粮食消费总量的差距在1993年急剧上升，并在1997—2000年到达顶峰后开始下降，近年已经下降到了80年代末期至90年代初期的水平。图5显示了这种变化过程。

上述计算结果，可以使我们得出明确的结论：**即目前我国快速的城市化过程，将对我国的粮食需求及其结构产生重要的影响。当农村人口进入城镇，并完成从“拟城市化人口”向“城市化人口”的转变之后，其粮食消费中间接粮食消费将增加一倍，而直接口粮消费则会减少2/3。以2006年的数据计算，如果1000万的新增城市人口完成从“拟城市化人口”向“城市化人口”的转变，则会增加6.5亿公斤的粮食间接消费，同时减少16.3亿公斤的直接粮食消费，两者相抵，粮食消费的净减少量约为10亿公斤。**

表 4　城乡居民人均间接粮食消费量　　单位：公斤

年份	城镇居民人均间接粮食消费	农村居民人均间接粮食消费	城镇居民人均直接粮食消费	农村居民人均直接粮食消费	城镇居民人均粮食消费	农村居民人均粮食消费	城乡居民人均粮食消费差距
1986	96. 91	44. 92	137. 88	275. 07	234. 79	319. 98	85. 19
1987	94. 96	44. 77	133. 87	275. 70	228. 83	320. 47	91. 64
1988	88. 42	41. 51	137. 17	276. 34	225. 59	317. 84	92. 26
1989	90. 04	42. 11	133. 94	279. 85	223. 98	321. 96	97. 98
1990	95. 19	42. 79	130. 72	280. 15	225. 91	322. 95	97. 04
1991	98. 88	45. 56	127. 93	273. 99	226. 81	319. 55	92. 74
1992	98. 84	45. 02	111. 50	269. 31	210. 34	314. 33	103. 99
1993	92. 68	44. 68	97. 78	271. 48	190. 46	316. 16	125. 70
1994	94. 19	42. 44	101. 67	278. 52	195. 86	320. 96	125. 10
1995	95. 90	44. 07	97. 00	277. 68	192. 90	321. 75	128. 85
1996	95. 41	48. 90	94. 68	278. 31	190. 09	327. 21	137. 12
1997	95. 31	49. 73	88. 59	273. 61	183. 90	323. 35	139. 45
1998	95. 87	50. 24	86. 72	272. 92	182. 59	323. 15	140. 56
1999	102. 52	52. 43	84. 91	272. 46	187. 43	324. 89	137. 46
2000	105. 83	55. 17	82. 30	274. 34	188. 13	329. 52	141. 39
2001	107. 69	55. 09	79. 70	263. 89	187. 39	318. 98	131. 59
2002	126. 63	55. 70	78. 50	265. 35	205. 13	321. 06	115. 93
2003	128. 89	55. 52	79. 50	251. 80	208. 39	307. 32	98. 94
2004	118. 79	54. 74	78. 20	249. 39	196. 99	304. 13	107. 13
2005	126. 77	61. 75	77. 00	240. 66	203. 77	302. 41	98. 65
2006	126. 30	61. 27	75. 90	239. 07	202. 20	300. 34	98. 14

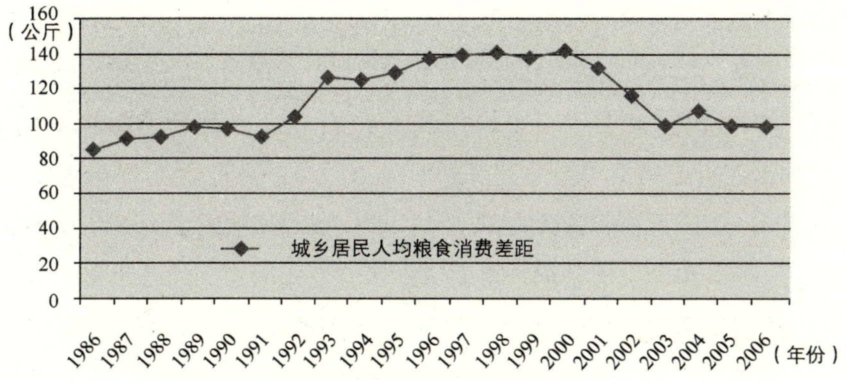

图5　城乡居民人均粮食消费差距

二、人均食品消费结构的国际比较

与世界上不同地区、不同生活消费习惯、不同收入水平的国家进行食品消费结构的比较，并结合我国目前的经济发展状况，可以明确我国粮食消费结构变化的方向，并确定我国农业生产结构发展的方向。

谷物　我国的人均谷物消费水平仍然处于较高的水平，同本地区高收入的日本相比仍有相当的下降空间，与发达的欧洲国家相比较，下降的空间更大。我国目前处于高速城市化的过程，农村人口的城市化，将会极大地降低粮食直接消费的数量，谷物消费量下降的过程将会由城市化进程来完成。

肉类　我国人均肉类消费水平已经处于本地区较高的水平，不仅高于收入较低的印度，而且还高于高收入的日本和韩国，即使同发达的西方国家相比较，达到西方国家肉类消费水平，向上也只有 30% 的空间。

禽蛋　我国的人均禽蛋消费量已经达到世界较高的水平，并已经超过了西方发达国家。

奶类 人均奶类消费量是同世界消费水平差距最大的品种，2004 年我国的消费水平仅是美国的 6.4% 和法国的 5.4% ，即使同本地区的国家相比，人均奶类消费水平不到印度的 1/4，是日本人均消费量的 21.3% 和韩国人均消费量的 36.9% 。要达到本地区国家的人均消费水平，还有 3 倍的发展空间，而要达到西方发达国家的消费水平，会有 10 倍以上的发展空间。

鱼类 除了日本和韩国作为岛国对鱼类消费的特别偏好外，我国的鱼类消费已经处在国际上一个较高的水平。

表 5 人均食品消费量的国际比较[10]

国家	人均每天食品消费量（2004 年） 单位：克					人均国民总收入（美元）
	谷物	肉类	禽蛋	奶类	鱼类	
中国	465.43	155.46	48.29	42.25	41.94	1500
印度	488.47	14.14	5.44	187.18	11.79	630
日本	399.52	85.66	52.25	198.72	114.29	37050
韩国	515.59	92.37	29.93	114.55	116.33	14040
美国	430.77	255.70	46.62	661.42	34.78	41440
法国	311.95	207.28	46.69	777.50	52.92	30370
德国	342.21	187.75	34.35	741.52	32.34	30690

三、小结

我国城乡居民粮食消费结构的巨大差异以及目前所处的城市化加速发展的阶段特征，将导致我国的粮食需求结构中粮食直接消费比重的逐渐下降，而畜产品消费量的增加会带来粮食间接消费比重的上升，因此，为了应对需求结构的这种变化趋势，我国的农业生产应该逐渐改变直接口粮生产为主的生产结构，而开始主动向畜牧业主导的生产结构调整，根据畜牧业自身发展的特点进行生产结构调整的战略布局。

通过食品消费结构的国际比较，我国谷物直接消费水平的降低将由城市化的过程来完成，而比较畜产品的消费水平，我国人均肉类消费量提升的空间不大，禽蛋和鱼类消费水平已经达到了国际发达国家的水平，只有奶类是亟待提高消费水平的品种，并且发展的空间巨大。因此，畜牧业主导的我国农业生产结构调整布局，应该首先实施奶业优先的发展战略。

2008 年 4 月 7 日

注释：

[1] 根据国家统计局发布的《中华人民共和国 2007 年国民经济和社会发展统计公报》，我国 2007 年国内生产总值为 246619 亿元，年底人口数为 13.2129 亿，按年底汇率（1∶7.3）计算，我国 2007 年人均国内生产总值为 2527 美元。

[2] 城乡居民人均食品消费结构数据的计算：

附表 1　城镇居民人均食品消费结构变化（食品购买量） 单位：公斤

年份	粮食	猪肉	牛羊肉	家禽	鲜蛋	水产品	鲜奶
1985	134.76	16.68	2.04	3.24	6.84	7.08	
1986	137.88	18.96	2.64	3.72	7.08	8.16	
1987	133.87	18.85	3.05	3.40	6.56	7.88	
1988	137.17	16.94	2.81	4.00	6.87	7.07	
1989	133.94	17.53	2.73	3.65	7.05	7.61	
1990	130.72	18.46	3.28	3.42	7.25	7.69	4.63
1991	127.93	18.86	3.34	4.40	8.26	8.02	
1992	111.50	17.70	3.71	5.08	9.45	8.19	

续表

年份	粮食	猪肉	牛羊肉	家禽	鲜蛋	水产品	鲜奶
1993	97.78	17.40	3.36	3.70	8.86	8.02	
1994	101.67	17.12	3.10	4.13	9.68	8.53	
1995	97.00	17.24	2.44	3.97	9.74	9.20	4.62
1996	94.68	17.07	3.29	3.97	9.64	9.25	
1997	88.59	15.34	3.70	4.94	11.13	9.30	
1998	86.72	15.88	3.34	4.65	10.76	9.84	
1999	84.91	16.91	3.09	4.92	10.92	10.34	7.88
2000	82.30	16.73	3.33	5.44	11.21	11.74	9.94
2001	79.70	16.00	3.20	7.30	11.10	12.30	11.90
2002	78.50	20.30	3.00	9.20	10.60	13.20	15.72
2003	79.50	20.40	3.30	9.20	11.20	13.40	18.62
2004	78.20	19.19	3.66	6.37	10.35	12.48	18.83
2005	77.00	20.15	3.71	8.97	10.40	12.55	17.92
2006	75.90	20.00	3.80	8.30	10.40	13.00	18.29

附表 2　农民家庭人均食品消费结构变化　单位：公斤

年份	粮食	猪肉	牛羊肉	家禽	蛋及制品	水产品	奶及制品
1985	272.63	10.30	0.70	1.00	2.10	1.60	0.75
1986	275.07	11.10	0.70	1.10	2.10	1.90	
1987	275.70	11.00	0.70	1.20	2.30	2.00	
1988	276.34	10.10	0.70	1.30	2.30	1.90	
1989	279.85	10.30	0.70	1.30	2.40	2.10	
1990	280.15	10.50	0.80	1.30	2.40	2.10	1.08
1991	273.99	11.20	1.00	1.30	2.70	2.20	1.21
1992	269.31	10.90	1.00	1.50	2.90	2.30	1.46
1993	271.48	10.90	0.80	1.60	2.90	2.80	0.85
1994	278.52	10.20	0.80	1.60	3.00	3.00	0.67
1995	277.68	10.60	0.70	1.80	3.20	3.40	0.64

续表

年份	粮食	猪肉	牛羊肉	家禽	蛋及制品	水产品	奶及制品
1996	278.31	11.90	1.10	1.90	3.40	3.70	0.80
1997	273.61	11.50	1.30	2.40	4.10	3.80	0.95
1998	272.92	11.90	1.30	2.30	4.10	3.70	0.93
1999	272.46	12.70	1.20	2.50	4.30	3.80	
2000	274.34	13.28	1.13	2.81	4.77	3.92	1.06
2001	263.89	13.35	1.15	2.87	4.72	4.12	1.2
2002	265.35	13.70	1.17	2.91	4.66	4.36	1.19
2003	251.80	13.38	1.26	3.20	4.81	4.65	1.71
2004	249.39	13.46	1.30	3.13	4.59	4.49	1.98
2005	240.66	15.62	1.47	3.67	4.71	4.94	2.86
2006	239.07	15.46	1.54	3.50	5.00	5.00	3.15

说明：1. 附表1、2中的数据根据各年《中国统计年鉴》、《中国农村统计年鉴》整理，个别数据根据其他统计资料及相关分析文章获得。

2. 附表1中粮食为估算的消费量，城镇居民粮食消费量包含直接购买量和在外消费量，购买贸易粮折算原粮的系数为0.74，这个数据是根据近几年城镇居民购买粮食（贸易粮）品种分类中的比例进行测算（国家统计局农村社会调查总队：《中国粮食供求：调查与分析2004》，中国统计出版社，2005年4月，根据288页表中数据计算），其中稻谷折大米的系数按0.7计算、小麦折面粉的系数按0.8计算，城镇居民在外饮食消费粮食占粮食直接消费的比重按城镇居民人均在外饮食消费占食品消费支出比重计算。计算公式为：城镇居民粮食消费量＝城镇居民购买粮食量（折算原粮）×（1＋城镇居民人均在外饮食消费占食品消费支出比重），由于居民消费水平的提高，在外消费粮食的比重逐年上升，2005年已经超过了20%。

3. 附表2中粮食为估算的消费量，农村居民粮食消费量中，外购粮食折算原粮占在家消费粮食的比重按2%计算，在外饮食消费粮食占粮食直接消费的比重根据农村居民消费习惯和城镇居民消费习惯的差异估算，农村居民在外饮食消费习惯比城镇居民延迟9—10年，因此农村居民在外饮食消费粮食占粮食直接消费的比重可以根据城镇居民在外饮食消费粮食占粮食直接消费的比重推算。

4. 由于统计数据的限制，附表1中城镇居民除粮食外的数据为购买量，没有包含在外饮食消费量；附表2中农村居民除粮食外的数据为消费量。

［3］同［2］的附表。

［4］这种度量的背后隐含着一个假设，即城镇居民在外饮食消费中各个品种的选择和在家消费习惯是一致的，即品种之间的比例不变。虽然这个假设条件是一个要求很强的假设，但考虑到消费习惯的延续性，这个假设具有合理性。表1中城镇居民人均

在外饮食消费占食品消费支出比重根据各年《中国统计年鉴》计算，其中数据缺乏的年份用插值的方法解决，因为这个比重数据具有十分良好的趋势性，所以采用插值的方式是可行的。

[5] 张利庠等：《中国饲料产业发展报告》，中国农业出版社，2006 年 4 月。

[6] 鲜祖德、盛来运、李仁元：《2003 年我国粮食消费水平初步测算》，《中国粮食供求：调查与分析 2004》，中国统计出版社，2005 年 4 月。

[7] 刘晓俊：《我国粮食需求分析与预测》，《金融教学与研究》，2006 年 11 月。

[8] 郜若素（澳）、马国南：《中国粮食研究报告》，北京农业大学出版社，1993 年 8 月。

[9] 表 3 中郜若素的数据是其比较中国各种动物性产品饲料转换效率估计研究结果中的最小值，张利庠的数据则是其取自《饲料工业“十五”计划和 2015 年远景目标规划》。

[10] 表 5 中人均每天食品消费量（2004 年）采用的是联合国粮农组织数据，人均国民总收入采用的是世界银行数据。

从粮食消费总量的需求结构看我国农业生产结构调整的方向

我国城乡居民粮食消费结构已经发生了巨大的变化，直接表现为人均直接食用口粮的下降，以及由于畜产品消费量增加而导致的粮食间接消费量的上升。这一变化趋势是由居民收入的提高和快速城市化进程所引致的，今后二三十年，这一趋势将会得以延续。为了应对粮食需求结构的这种变化趋势，我国农业生产应该改变以直接粮食生产为主的生产结构，开始主动向以畜牧业为主导的生产结构调整，并且实施奶业优先的发展战略[1]。

本文将在研究我国城乡居民粮食消费结构的基础上，探讨粮食总量需求结构变化的趋势，以及对农业生产结构所产生的影响。相对于居民粮食消费结构而言，粮食总量需求结构变化的趋势是在更广泛的范围内对农业生产结构产生更为巨大的影响。尤其是近年来石油价格不断上涨，已经突破了每桶100美元，使得可再生的生物能源技术的研究、开发和生产得到普遍关注，并取得了很大进展。目前生物能源生产大国主要是美国和巴西，巴西主要是以甘蔗为原料生产燃料乙醇，美国主要是以玉米为原料生产燃料乙醇，这就打通了粮食和能源之间的通道。由于玉米同时又是最主要的饲料来源，因此，在现有的粮食需求结构中，食品和能源处于相互竞争粮食的状态。随着2007年开始的一轮粮食价格上涨，已经有不少人将其归咎于生物能源对粮食的竞争，并将其形象地比喻为车轮子和肚子的竞争。

化石能源的枯竭和伴随而来的高价格，以及对于清洁能源的长期需求趋势，将使得以广义农产品为原料的生物能源的生产成为一种极具潜力的发展方向。无论从现实还是未来，我国将长期面临生物能源快速增长的需求以及畜产品需求不断增长的双重压力。可以说，我国粮食（或者说广义农产品）的需求结构已经发生了历史上从来未有的变化，为了应对这种变化，我国农业生产结构的调整面临着选择。

一、粮食消费结构估算

粮食的总需求可以划分为作为城乡居民口粮的直接粮食消费、作为饲料用粮的间接消费、作为再生产的种子用粮、作为工业原料的工业用粮以及净出口、损耗和库存增加等主要方面。本文的着重点在于研究粮食消费结构变化的主要趋势，因此选取其中最重要的居民口粮、饲料用粮和工业用粮作为研究指标；另一项重要的粮食需求指标是种子用粮，目前占粮食消费总量的 2% —2. 3% 之间，而且随着技术进步，近年来其所占比重呈下降趋势[2][3]。

1. 居民口粮

在居民粮食消费结构变化趋势的分析中，我们计算了城乡居民 1985—2006 年人均口粮消费量[4]，它包括城乡居民在家消费和外出消费两个部分。影响居民口粮消费总量的两个因素是人均消费量和总人口，由于城乡居民在粮食消费上的巨大差异性，城乡居民的人口数据的确定就是影响居民口粮消费总量的重要因素。

在现行的人口统计中，城乡人口的调查是将户籍和居住地分开，因此统计的城镇人口中包含了进城打工并在城镇居住的流动人口。为了估算居民的口粮消费，必须将粮食消费习惯相同人群按城镇和乡村重新分类估算。其一，首先要估算 1985 年至 2006 年流动人口变动的数据，本文采用了人口普查资料确定普查年份流动人口的数值，并根据农村外出人口研究比较一致的估计数据确定1990年流动人口的数值，然后按照成长曲线（S曲线）进行内插获得流动人口各年的数值。这种分析方法所获得的数据在一些年份会有偏差，但基本能够反映典型数据所表现出来的变化趋势。其二，在流动人口中，按照收入水平对其粮食消费习惯进行分类，我们选取了0.65的固定比率进行计算，其含义是有65%的流动人口粮食消费习惯类同于农村居民的粮食消费习惯[5]。

从所估算的城乡居民口粮消费量看[6]，呈现出几个明显的变化趋势。城镇居民口粮消费总量从1993年开始一直处于不断增长的趋势之中，这主要是因为城镇人口开始加速增长，而在此期间城镇居民人均口粮消费基本上是处于下降的趋势之中。农村居民口粮消费总量则是在1996年开始缓慢下降，进入2000年以后，其下降的趋势开始加速；农村居民口粮消费总量在1996年后所产生的下降是两个因素叠加的效应，即收入提高导致的直接粮食消费减少和城市化进程加快所导致的农村人口的减少。1996年农村人口绝对数开始下降，与此同时，1997年农村居民人均直接口粮消费开始减少。城镇居民口粮消费的增长趋势和农村居民口粮消费的下降趋势的叠加，使得我国居民口粮消费总量从1997年开始进入了下降通道，其下降的趋势由于城镇居民口粮消费量的增加比农村居民口粮消费量的下降趋势平缓。

可以说，我国居民口粮消费总量在近10年中所呈现的下降趋势，是我国粮食消费结构变化中所发生的根本性变化，在收入不断提高和高速城市化的进程中，这一下降趋势将很难发生扭转。我们可以做一个简单的估算，假设到2030年前后我国人口达到峰值的15亿人，按照平均每年1个百分点左右的城市化率提高速度，届时城市化率将达到70%，同时假设这70%的城市化人口的粮食消费习惯同质化，即不再进行城乡人口的调整，那么即使按照2006年城乡居民人均口粮消费水平进行最保守的估计，届时的居民口粮消费总量为3745亿斤，仍然低于2006

年居民口粮消费总量[7]。实际上，届时居民口粮消费总量下降的幅度应该比上述计算得到的数据要大，因为城镇居民人均口粮消费下降的趋势远远没有结束，尤其是随着收入的提高，农村居民人均口粮消费有着十分大的下降空间。

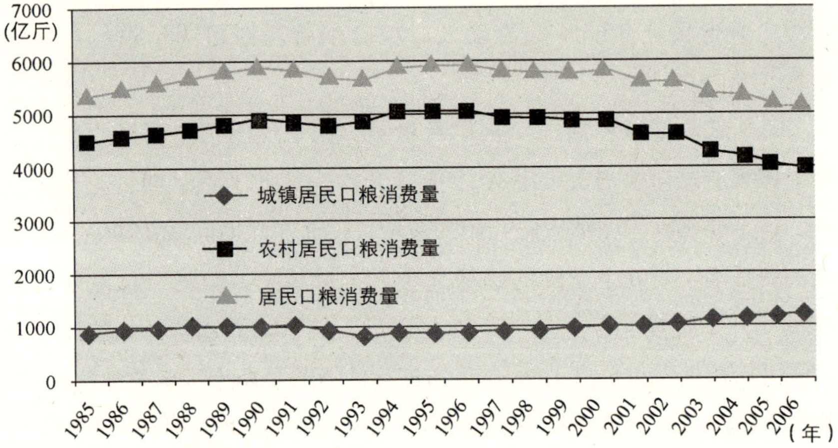

图1　1985—2006 年城乡居民口粮消费变化趋势

2. **饲料用粮**

根据我们有关研究报告（注［1］）计算饲料用粮所采用的饲料转化率标准及计算方法，并且为了更好地反映我国在养殖业所取得的技术进步，我们对上述饲料转化率标准进行了适当调整，其中猪肉：4—2.88、牛肉：2—1.15、羊肉：2—1.15、禽肉：2、禽蛋：2—1.6、牛奶：0.35、水产养殖：0.77。据此，可以得出 1986 年至 2006 年期间我国饲料用粮的数量，同时由于工业用粮和居民口粮消费的副产品糠麸和豆粕均可以用作饲料，这部分约占饲料用粮的 26%。根据上面的计算结果按 74% 折算，就可以计算出在此期间饲料用粮实际消耗的原粮。

和居民口粮消费的下降趋势相反，饲料用粮在 1986—2006 年期间

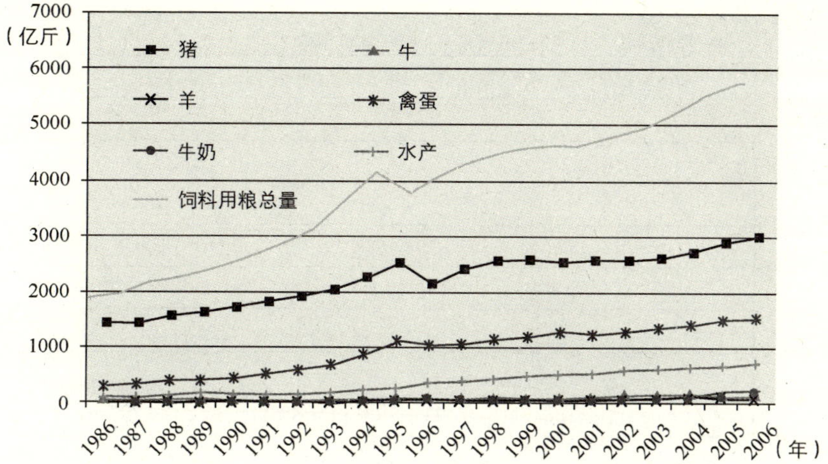

图2　1986—2006 年饲料粮消耗变化趋势

一直呈现快速增长的趋势（图2，资料来源见注［8］），其中1995年的折返是由于国家统计局农调队根据1996年普查数据对畜牧业和水产养殖业产量进行调整导致的。图中，自上而下分别为总量、猪肉、禽蛋、水产养殖、禽肉、牛奶、牛肉和羊肉生产饲料粮消耗量。

3. 工业用粮

工业用粮所包含的范围十分广泛，主要有油脂压榨、酿酒和调味品、淀粉等生产领域。正是由于涵盖的范围十分广泛，所以统计数据十分缺乏，本文选取了一种较为简捷的估算方法，用于估算除油脂压榨之外的工业用粮。油脂压榨之外的工业用粮主要包括酒精、白酒、啤酒、味精生产用粮及其他用粮，根据国家统计局农调总队课题组的研究结果，本文所采用的转换系数为：酒精 1 ：3、白酒 1 ：2. 3、啤酒 1 ：0. 172、味精 1 ：2. 4，其他工业用粮按上述四种工业用粮的 25% 估算[9]。

由于工业用粮包含的种类较多，因此其变动的趋势也较为复杂（图3，资料来源于［注 10］），从所截取的数据看，2002 年之前的变化趋势主

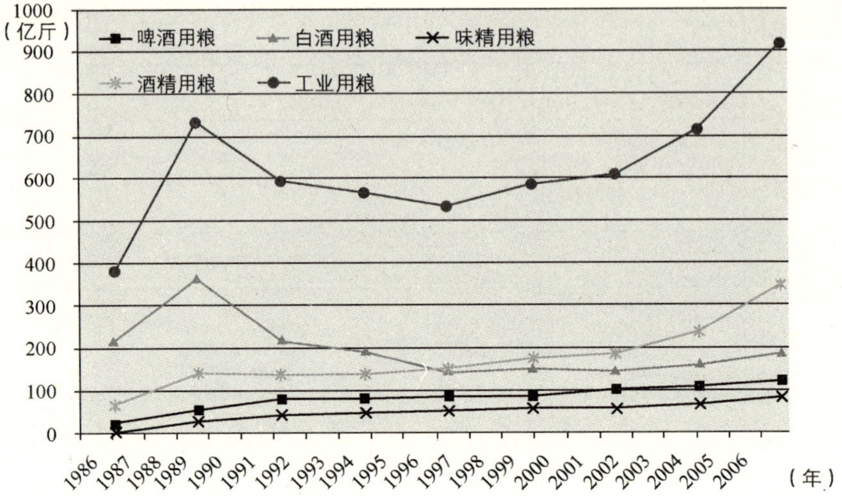

图3　工业用粮变动趋势

要是由白酒生产大幅度调整因素所左右，但近几年来，影响工业用粮的主要行业均处于增长的过程中，因此工业用粮在其共同作用下，产生了较大幅度的增长，2004 年之后的高速增长动力主要来源于酒精用粮出现了高速增长。

二、粮食消费结构趋势变动分析

居民口粮、饲料用粮以及工业用粮不同的变动趋势和变动速度，决定了我国粮食总量需求结构的变动趋势。近 10 年来，我国粮食总量消费结构已经发生根本性的变化，主要趋势表现为：其一，从上世纪末开始，我国的直接口粮消费总量由上升趋势转向了下降趋势，这是一个重大的转折；其二，在我们分析的区间内（即 1986 年至 2006 年），饲料用粮总量一直处于一个稳定增长的过程之中；其三，所计算的除油脂压榨之外的工业用粮总量由大幅波动的状态转向近年来快速增长的态势。由于粮食消费总量结构的这种重大变化，近年来增加的粮食需求主要是饲料用粮需求，观察2000—2006年的情况尤为明显（表1），在此期间，粮食总需求（在本文计算的范围内）增加了527亿斤，而其中饲料用粮增加的需求达877亿斤，工业用粮增加了324亿斤，相反，口粮消费减少了675亿斤。

表1　粮食消费总量结构　　单位：亿斤

年份	居民口粮	饲料用粮	工业用粮	三项之和
1987	5599	1477	382	7458
1995	5930	3161	731	9822
2000	5840	3500	593	9933
2001	5626	3511	567	9704
2002	5641	3614	533	9788
2003	5406	3736	585	9727
2004	5354	3927	608	9889
2005	5195	4202	713	10110
2006	5165	4377	917	10460

由于估算中存在着误差，图4中居民口粮消费与饲料用粮的交叉点发生在哪个年份并不重要，重要的是居民口粮消费下降和饲料用粮增长的趋势已经形成，而且这是一个不可逆转的长期趋势，且正面临着力量对比的重大转折，即饲料用粮将超过居民口粮消费，成为粮食需求结构中最重要的部分。

从增长速度的角度分析（表2），除了居民口粮消费的负增长以及饲料用粮年均3.8%的增长外，最为显著的是近年来除油脂压榨外的工业用粮的二位数高速增长。而且，工业用粮这种超高速增长的动力又来源于酒精生产的高速增长，这可能与目前已经有近10省开始使用燃料乙醇、引起燃料乙醇生产量大幅增加有着密切的关系[11]。

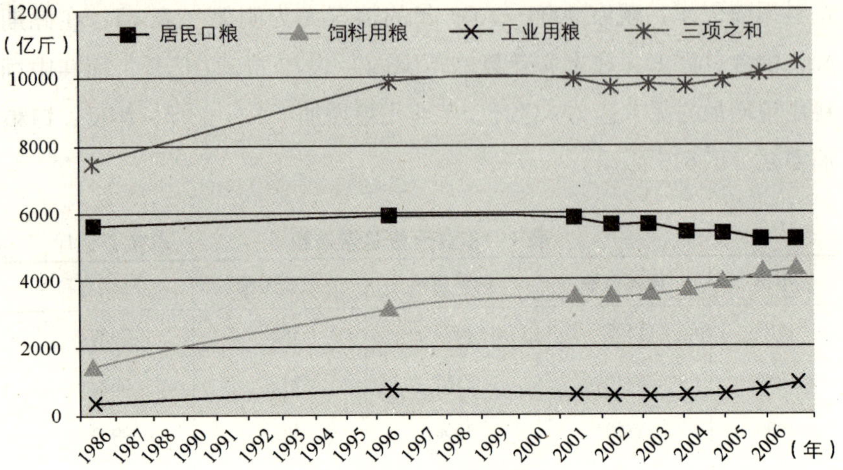

图4　粮食需求结构的变化

表2　居民、饲料和工业总量的增长速度　　　单位:%

年份	居民口粮	饲料用粮	工业用粮	三项之和
2001	-3.7	0.3	-4.3	-2.3
2002	0.3	2.9	-6.0	0.9
2003	-4.2	3.4	9.7	-0.6
2004	-1.0	5.1	3.9	1.7
2005	-3.0	7.0	17.3	2.2
2006	-0.6	4.2	28.7	3.5

三、畜牧业主导、奶业优先是今后农业生产结构调整的方向

随着收入的提高和跨过温饱阶段，我国城乡居民的食品结构发生了重大转变，肉禽蛋奶及水产品的消费量快速增长，尤其是在城市居民的食品消费结构中，按照目前的畜牧业及水产养殖业饲养方式计算，其通

过肉禽蛋奶及水产品消费间接消费粮食的数量已经超过了直接的口粮消费量。伴随着快速的城市化，农村居民不断向城市转移，反映在食品结构上，就是肉禽蛋奶及水产品消费量的增加和直接粮食消费的下降。在今后20—30年中，收入的提高和快速的城市化过程将是主导我国经济生活的两个主要因素，由此反映在粮食总量消费结构上的重大变化就是饲料用粮的大幅度增长（如果是按照现在的生产模式）。并且从发展的趋势看，在不久的将来，肉禽蛋奶及水产品消费带动的饲料用粮将超过直接口粮消费，成为粮食消费中最重要的构成。满足城乡居民对肉禽蛋奶及水产品不断增长的需要，将成为农业生产面临的机遇和挑战。

从我国目前农业生产结构上看，农业生产结构由种植业主导向畜牧及渔业主导调整，有着巨大的空间。在我国农林牧渔业增加值中，种植业、牧业、渔业所占的比重在1994年分别为58.54%、24%和8.48%，随着经济的发展，2005年这个比重分别为55.3%、28.2%和10.1%。经过了10年的发展，种植业增加值比重下降了3.24个百分点，而牧业和渔业的增加值比重则上升了5.82个百分点。2005年我国牧业和渔业增加值38.3%的比重基本上达到了国际平均水平，但是距离发达国家平均70%、美国80%左右的比重还有相当大的差距[12]。

因此，无论是从我国居民食品消费结构变化的趋势，还是从经济发展过程的经验考察，我国农业生产结构从种植业主导向畜牧渔业主导的转变将是今后调整的主要方向。

四、小结

满足我国城乡居民对肉禽蛋奶及水产品不断增长的需求及应对饲料用粮的大幅增长，将是我国农业生产长期面对的巨大压力。我们做一个简单的估算，以2006年的饲料用粮为基数，按近几年饲料用粮年均增长率 3.8% 保守估计，到 2030 年，我国的饲料用粮将接近 1 万亿斤，这也是目前我国粮食的总消费量水平，这将对我国的农业生产带来十分巨大的压力。

在现阶段，由于石油等不可再生化石能源价格的高涨，以美国、巴西为代表的国家加大了生物能源的开发、生产，尤其是美国，以 20% 的玉米产量进行燃料乙醇的生产。这种状况一方面扩展了粮食供给的途径，使得玉米等粮食可以在能源和饲料之间进行互换，但另一方面，也加剧了食品供给尤其是饲料供给上的紧张状况。

但是，肉禽蛋奶及水产品需求的增加和饲料用粮的增加并不是等价的概念，肉禽蛋奶及水产品供应量的增加并不必然导致饲料用粮等比例的增加。生产饲料除了消耗粮食以外，还有其他可以选择的替代产品，这是农业生产结构向畜牧渔业主导转变过程中首要考虑的问题。比如，可以加大草食畜牧产品的供应量；加大饲料转化率高的畜牧产品供应量，尤其是加大牛奶的生产供给量。在这个转变过程中，我们面临着畜牧业发展途径的多种选择，而途径的选择关系到土地资源、水利资源等重要战略资源的规划与配置。

2008 年 6 月 3 日

注释：

[1] 邓英淘、薛玉炜：《从居民粮食消费结构变化看我国农业生产结构调整的方向》，《调查研究通讯》，No. 2008 -5，中国社会科学院经济文化研究中心。

[2] 鲜祖德、盛来运、李仁元：《2003 年我国粮食消费水平初步测算》，《中国粮食供求：调查与分析 2004》，中国统计出版社，2005 年 4 月。

[3] 刘晓俊：《我国粮食需求分析与预测》，《金融教学与研究》，2006 年第 3 期。

[4] 同 [1]。

[5] 城乡人口调整计算表：

附表1　调整后的城乡人口　　　　单位：万人

年份	统计城镇人口	统计乡村人口	流动人口	调整后城镇人口	调整后乡村人口
1985	25094	80757	2700	23339	82512
1986	26366	81141	3100	24351	83156
1987	27674	81626	3400	25464	83836
1988	28661	82365	3900	26126	84900
1989	29540	83164	4200	26810	85894
1990	30195	84138	5000	26945	87388
1991	31203	84620	5500	27628	88195
1992	32175	84996	6000	28275	88896
1993	33173	85344	6800	28753	89764
1994	34169	85681	7500	29294	90556
1995	35174	85947	8200	29844	91277
1996	37304	85085	9000	31454	90935
1997	39449	84177	9600	33209	90417
1998	41608	83153	10400	34848	89913
1999	43748	82038	11200	36468	89318
2000	45906	80837	12107	38036	88707
2001	48064	79563	12400	40004	87623
2002	50212	78241	12600	42022	86431
2003	52376	76851	12700	44121	85106
2004	54283	75705	12800	45963	84025
2005	56212	74544	12900	47827	82929
2006	57706	73742	13000	49256	82192

说明：1. 附表1中统计的城乡人口数来源于《中国统计年鉴》。

2. 流动人口数是根据人口普查资料确定普查年份的数据，其中1990年的数据采用的是农村外出人口研究比较一致的估计数据，然后根据S曲线进行内插获得。

3. 调整后的城乡人口数是根据统计数据和估算的流动人口数据，按正文中的计算原则计算，其中：

调整后城镇人口 = 统计城镇人口 − 流动人口 ×0.65

调整后农村人口 = 统计城镇人口 + 流动人口 ×0.65

[6] 居民口粮消费总量估算：

附表 2　居民口粮总消费量

年份	城镇居民人均口粮（公斤）	城镇居民口粮消费量（亿斤）	农村居民人均口粮（公斤）	农村居民口粮消费量（亿斤）	居民口粮消费量（亿斤）
1985	191.94	896	272.63	4499	5395
1986	196.94	959	275.07	4575	5534
1987	191.76	977	275.70	4623	5599
1988	197.04	1030	276.34	4692	5722
1989	192.77	1034	279.85	4808	5841
1990	189.01	1019	280.15	4896	5915
1991	185.84	1027	273.99	4833	5860
1992	162.65	920	269.31	4788	5708
1993	142.05	817	271.48	4874	5691
1994	148.97	873	278.52	5044	5917
1995	144.19	861	277.68	5069	5930
1996	142.02	893	278.31	5062	5955
1997	134.08	891	273.61	4948	5838
1998	132.42	923	272.92	4908	5831
1999	130.81	954	272.46	4867	5821
2000	127.90	973	274.34	4867	5840
2001	125.17	1001	263.89	4625	5626
2002	125.44	1054	265.35	4587	5641
2003	126.96	1120	251.80	4286	5406
2004	126.51	1163	249.39	4191	5354
2005	125.78	1203	240.66	3992	5195
2006	125.40	1235	239.07	3930	5165

[7] 关于 2030 年前后居民口粮消费总量的保守估算：

$$150000 \times (0.7 \times 75.9 + 0.3 \times 239) / 5000 = 3745 \text{ 亿斤}$$

［8］饲料用粮计算表：

附表3　饲料用粮　　单位：亿斤

年份	猪	牛	羊	禽	蛋	牛奶	水产养殖	饲料用粮	饲料用原粮
1986	1437	24	25	75	222	20	76	1879	1428
1987	1446	31	28	88	236	23	91	1943	1477
1988	1566	36	30	110	278	26	106	2153	1636
1989	1622	40	36	113	288	27	115	2239	1702
1990	1715	45	38	129	318	29	122	2397	1821
1991	1815	54	41	158	369	33	130	2599	1975
1992	1918	61	43	182	408	35	155	2802	2130
1993	2044	77	45	229	472	35	191	3093	2351
1994	2256	105	51	302	592	37	226	3569	2713
1995	2524	129	63	374	759	40	271	4159	3161
1996	2147	107	54	333	707	44	373	3766	2862
1997	2402	128	62	392	683	42	406	4114	3127
1998	2548	134	66	422	728	46	436	4381	3329
1999	2580	136	68	446	768	50	479	4528	3441
2000	2532	139	71	483	808	58	515	4605	3500
2001	2561	137	73	484	748	72	545	4620	3511
2002	2579	140	76	500	788	91	581	4755	3614
2003	2603	145	82	525	834	122	605	4916	3736
2004	2708	155	92	541	872	158	642	5168	3927
2005	2886	164	100	586	921	193	679	5529	4202
2006	2994	173	108	603	943	224	716	5759	4377

［9］工业用粮计算表：

附表4　工业用粮　　　　单位：亿斤

年份	啤酒用粮	白酒用粮	味精用粮	酒精用粮	四项用粮合计	工业用粮
1987	19	215	6	66	305	382
1995	54	364	25	142	585	731
2000	77	219	41	138	474	593
2001	79	193	44	138	454	567
2002	83	149	48	147	427	533
2003	87	152	57	171	468	585
2004	101	144	55	186	486	608
2005	108	161	65	237	570	713
2006	121	183	82	349	734	917

说明：1. 啤酒、白酒、味精生产量数据来源于各年《中国统计年鉴》。
2. 酒精产量数据取自［9］、［10］。

［10］《我国酒精工业50年》，引自《中国酿酒工业年鉴2001》。

［11］李新、崔凯：《国内酒精行业现状分析》，《2007年燃料乙醇行业研究报告》，2007年8月。

［12］通常情况下，可比的口径是畜牧业的增加值比例，因为国外的渔业通常包含的是渔业捕捞量，但是在我国，渔业中水产养殖占有很大比重。以2005年为例，我国的海水产品中，人工养殖的比重占48.8%，而淡水产品中人工养殖的比重高达88.6%，在水产品总量中，人工养殖占三分之二。由于水产品养殖消耗了大量的饲料粮，所以在进行国际比较时，我们使用了畜牧业与渔业的增加值之和作为比较的基础。

浅议农田粮草间作

自上世纪90年代初以来，我国粮食产业受到了需求制约，由此我国农业的大变局渐次展开。其最明显特征是：我国人口直接食用粮食总量从1978年的2275亿公斤，到1990年升至顶点——2677亿公斤，增加了400亿公斤；而后转向平稳下降，到2004年已降至2170亿公斤，减少了500亿公斤。同期，我国人口直接食用的肉禽蛋却从1978年的88亿公斤一路攀升，2004年已达400亿公斤，翻了两番还多[1]。这一降一升意味着什么？在口粮已有保证的前提下，人口直接食用粮食总量的下降趋势预示着：我国几千年来以种植一年生粮食作物为主的农业正面临着一个大变局，"人畜分粮"和畜牧业为主的新格局即将来临。种植业将降为大农业中的配角，而畜牧业将升为其中主角，多年生灌草饲料作物体系将大行其道。由食物用粮转向食物用畜，将彻底改变我国的食物生产方式。

与此相对应的是，我国传统的耕作制度也会发生某些新的变革。本文先对上世纪80年代中期出现的一个粮草间作案例进行介绍，然后对其中的若干普适特性及其功效做些分析。

一、从一个案例说起

黑龙江庆安县六合村这块黑土地已开垦了一百多年。由于土地利用年限增加，掠夺式的生产手段索取多、投入少，再加上近二三十年来大量使用农药、化肥导致土壤团粒结构被破坏，打乱了土壤生态系统的平衡，使土地一瘦二硬的问题日益突出。土壤有机质已由开发初期（上世纪50年代）的9%左右降至1983年的4%左右，水土流失也日益严重。到了80年代初，全村已出现约300亩的二黄土地，单产很低，已达到弃耕的程度。但是该村在1984年至1987年通过粮草间作的实践，使间作面积达到约2000亩，纯草面积近700亩（即二垄玉米加一垄草木樨），从而带动了畜牧业、饲料加工业的大发展。全村因此走上了农业生产良性循环扩展的新路子，并初步形成了种粮、种草、养地、养畜，种养相互协调的大农业发展道路[2]。

1. **培肥地力　提高单产**

农田粮草间作培肥地力主要表现在以下四个方面。

第一，种草养畜，过腹还田。六合村通过三年间种草木樨的实践发现：间种一亩草，第一茬可产鲜草1000公斤，可供奶牛吃25天，并积肥630公斤；肥中含氮2公斤，磷4.08公斤，钾1公斤。第二茬可产干草300公斤（折鲜草约1500公斤），可供一头猪吃120天，可积粪尿1200公斤，其中含氮7.2公斤，磷4.8公斤，钾5.28公斤，有机质180公斤。

第二，饲草根茬，肥田固氮。间种一亩草木樨，从地表到以下30厘米的表土层内，可产鲜根500公斤。其自然腐烂后变为有机质，相当于施入土壤中纯氮2.4公斤、纯磷0.65公斤、纯钾2.2公斤，有机质增加0.14%，其根茬还可从空气中固氮2.5公斤。通过以上三种作用，间种一亩草可给一亩土地增加纯氮14.1公斤、纯磷7.03公斤、纯钾8.5公斤，有机质250公斤以上。1986年六合村间种草木樨约2000亩，用来喂牛和猪可产粪153万公斤，加上其根茬肥田、固氮等作用，大致相当于在土壤中施入尿素33吨、过磷酸钙39吨、硫酸钾13吨。

第三，生物深松作用。草木樨根系发达，穿透能力强。据该县农科所的土壤剖面观察，其根系深达1.75米左右，主要集中在0至40厘米的土层内，穿透了犁底层，其腐烂后可使土壤孔隙度增加 0.27%，这有利于土壤疏松，可起到保水的作用。

实践证明，粮草间作培肥地力的后效也很明显。据六安县农科所试验和当地农户的实践，在草木樨茬后种的玉米、大豆、土豆、甜菜的增产效果大都在 20% 至 30% 左右（例如，农户高学文用草木樨茬种玉米，亩产达 380 公斤，比 1984 年间种的玉米 300 公斤产量增产 80 公斤）。

2. 利于养殖和加工业的发展

六合村没有草场，每年缺三个月左右的烧柴，饲草、饲料明显不足，多年来养殖业没有多少发展。该村的实践证明，通过粮草间作，解决了饲草、饲料不足的问题，由此使养殖业出现了快速发展，并促进了畜产品加工业的发展。

草木樨含有比较丰富的蛋白质和赖氨酸，是畜禽的好饲料。这种饲料不仅牛、马、羊、猪喜欢吃，鸭、鸡、鹅也喜欢吃；且既可鲜喂，又可干食。1985 年六合村草木樨的种植面积发展到约 380 亩，随之猪比上年增长了 50%，黄牛增长了 42%，奶牛增长了 74%，家禽增长了 190%。1986 年六合村草木樨的种植面积约 700 亩，猪发展到 1248 头，户均养猪达到 3 头，奶牛增至 78 头，家禽增至 23000 只。为了适应农业和畜牧业的发展，1984 年六合村又建立了米面加工厂和饲料加工厂。

粮草间作的经济效益也很可观，主要表现在以下三个方面。

第一，粮草间作提高了养殖业的效益。六合村农户高学文，1984 年搞了 15 亩（2∶1）粮草间作。从同年 6 月 1 日起，用草木樨喂养 40 头小猪，当时每头猪重 20 公斤，到 12 月 17 日出栏，在近 200 天的饲养期内只喂了 4000 公斤麦麸子，其余全喂草木樨，每天比过去喂酒糟和麦麸子降低成本 23 元，共降成本 920 元，亩产值相当于 182 元，比种玉米增收 100 元，翻了一番还多，提高效益 1.27 倍。农户乔国发用草木樨喂奶牛，比喂一般草每头每天增产牛奶 2.5 公斤，节省豆饼 1 至 1.5 公斤，比纯种玉米增值 30% 以上。

第二，培肥地力，后效显著。以 2∶1 间种，虽少种了一垄玉米，但由于玉米株距由 37 厘米减到 25 厘米，亩保苗仍达 3500 株，与纯种玉米的亩株数相当。同时由于肥力集中和边行效应，玉米当年略有减产（幅度为 1% 至 7%），但第二年增产幅度可达 20% 至 30%。

第三，粮草间作具有广泛的经济社会效益。它不但可以直接促进粮食生产的发展，还可促进畜牧业、饲料和食品加工业的发展。六合村 1985 年共交售商品猪 400 多头，商品奶 135000 公斤，商品蛋 28750 公斤；该村饲料加工厂 1984 年加工草木樨 2.25 万公斤，盈利 2500 元，1985 年加工草木樨、米、面，盈利 1 万多元。

总之，通过三年粮草间作，六合村初步实现了草多、畜多、肥多和收入多的良性循环发展格局。

3. 全生物量利用最大化

由于玉米减垄增株，亩总株数基本未减；而腾出一垄种草，这样间种玉米地块的植被至少增加了 30% 以上。这有利于改善耕地的水土流失状况。同时，由于间种玉米株数的粒实和秸秆未减，来年还可有所增加，而每亩多收（包括玉米垄）鲜草 1000 多公斤和鲜根 500 公斤。

草木樨干草含粗蛋白 17.6%，比谷草高两倍，粗脂肪 3.6%，比谷草高 56%，而其难消化的粗纤维含量比谷草低 34%；它还含有各种必需的氨基酸，可弥补谷物类饲料蛋白的不足，并富含钙、磷、胡萝卜素和各种维生素。如按单位面积计算营养物质产量，以豆科绿肥或饲料草为最高。同样一亩地草木樨的可消化蛋白产量相当于玉米的 182%（增加近 1 倍），其可消化的总养分含量比大豆高 63%。用草木樨这类豆科饲草饲养奶牛的经济价值最高；因为在大牲畜中以奶牛对饲料的转化率为最高（它对蛋白质的转化率为 65%），在把植物蛋白转化为动物蛋白方面，它具有最大的饲料报酬率。

在六合村的粮草间作系统中，玉米的产量实现了最大化（多年平均），而耕地中的草木樨也实现了生物量利用的最大化。这是因为粮草间作系统具有共利互补的作用。玉米株行距宽，前期生长慢；在6月末以前，玉米的覆盖度不到60%，而5、6月份是黑龙江省光照最强的时期，这时草木樨可利用太阳光能生产出大量有机物质；到了7月初，粮草进入快速生长期时，则已开始割草喂畜，草高不会超过70厘米，这有利于玉米的通风透光。当草木樨长出一个真叶时，其根部即着生根瘤（一株多达500多个）开始固氮，而玉米可从中吸收一部分氮素，这反过来又促进了草木樨的固氮作用。粮草间作使奶牛既有高能量的玉米籽实和秸秆，又有高蛋白的草木樨作饲草，可明显增加产奶量。

粮草间作由于增加了长年地表植被覆盖率，可减少水土流失。据专家测算，混种绿肥的玉米地比纯种玉米地的水土流失量，每亩从4—5吨减至0.33—0.6吨。另外，粮草间作等于把饲料地植于耕地上，有利于牧业发展，增加牧业的比重。

从系统的输入看，草木樨根系强大，穿透力强。当年主根深度达170厘米，且支根多、细根宽，其根幅宽度达150厘米，每平方米根量为0.85—1.05公斤，这可使每亩土壤的有机质增加100多公斤。由于其根系强大，可把土层深处为一般作物难以吸收和利用的磷、钙等养分富集到耕作层来。而其根系腐烂后，土壤孔隙度增加0.27%，可提高土壤通气透水能力；对于旱作农业来说，多贮存的这部分水分至关重要。另外，由于草木樨的固氮作用增加了耕作土壤中的有机氮的比重，可防止无机氮比重高于有机氮而消耗土壤本身有机质的问题。从系统的输入看，由于粮草间作的合理性，粮草固定了大量的太阳能，并通过畜禽转化为价值高、营养丰富的畜牧产品，大大延长了产业链，其附加价值明显提高。

二、几点讨论

粮草间作这种耕作制度是我国农民的一大发明创造，它虽诞生于

20 多年前，但在今后将会大有用武之地。其道理如下。

1. 畜牧主导　奶业优先

展望今后 40 年，即到 2045 年前后，我国口粮消费总量还将继续下降，届时将降至 1920 亿公斤（总人口以 16 亿计，人均口粮 120 公斤原粮），比 2004 年的 2170 公斤再减 250 亿公斤。

2004 年，我国肉禽蛋总产量约 1 亿吨[3]，人均产量 70 多公斤，已高于世界平均水平；2045 年设其达到 120 公斤，则其总量近 2 亿吨。即在今后 40 年里，其总量至多再翻一番，年均增速 1.8% 左右，比前 20 多年要慢很多。

2004 年我国奶类总产量 2723 万吨[4]，人均 20 多公斤，大大低于世界人均水平；2045 年设其达到 240 公斤（包括奶制品），则其总量约 3.84 亿吨，这相当于 2004 年的 14 倍，接近翻四番，年均增速 7% 左右，相当于同期肉禽蛋增速的 4 倍左右。

从上述三类主要食物的简单比较可见，在今后的四十年里，不仅畜牧业将主导大农业或第一产业的发展；且在畜牧业的发展中，奶业将成为绝对主角。而奶业的发展与优质牧草的大量供给息息相关。

2. 新型耕作制度“三生”兼顾

在前述案例中，粮草间作的比例是粮二草一，在传统的耕作农区，这可以在粮食产量不减少，甚至有所增加的情况下，每亩多提供 1000 公斤左右的鲜草，可供一只羊食用一年。这种以粮为主的粮草间作模式不仅适用于东北农区，也可以很自然地推广到华北农区。但要在农区大量饲养奶牛，这种模式所能提供的优质饲草数量还是有限的，难以满足发展奶业的需要。

如果我们将上述比例变为粮二草二，比如两垄玉米、两垄草木樨，这就变成了粮草并重的间作模式。它可以在粮食产量略有减少、甚至不减的条件下使优质牧草的产量翻一番，这对农区奶业的发展水平和质量会有更大的帮助。另外，它可使耕地常年有植被覆盖的面积达到 50%，这可以大大减少耕地表土的流失，并在相当程度上减轻沙尘暴的危害（现在已有证据表明，近年北方的沙尘暴更应称为尘暴，裸露的耕地表土是其主要来源之一[5]）。在华北农区，目前主流的耕作模式是种植一年两熟粮食作物；粮二草二的间作模式可使粮食变成两年三熟，增加一季优质牧草；也可在粮草间作的基础上实行粮草轮作。

在北方的草原区，如果降水在200mm以上，还可以实行以草为主的草粮间作模式，其比例可变为草二粮一，例如四垄牧草、两垄玉米，甚至草三粮一。如此，常年有植被覆盖的耕作面积就达到了2/3，乃至3/4。如果实行草四粮一，种植苜蓿，便可逐步向规范的草田轮作制度过渡。在人工草地中，如以草二粮一间作玉米，则可在产草量不降低的条件下，每亩多收200斤左右玉米籽粒和300斤秸秆。

这种以草为主的粮草间作模式还有一个出人意料的结果：即可以大幅度增加耕地面积。我国北方的草原面积大致有35亿亩，如果以20%的比例建设人工草地或改良草地，则其面积约为7亿亩。在人工草地里，如以草二粮一的比例实行间作，其中纯粮面积约2.3亿亩；如以草二粮二的比例间作，则折合纯粮面积将达3.5亿亩。也就是说，实行草粮间作，可在我国北方的草原区增加约3亿亩耕地面积，可一举扭转我国耕地面积连年下降的局面，效益极大。同时，由于实行的是草粮间作，基本消除了在北方草原区大面积垦荒、纯种粮食的最大弊端——造成或加剧土地沙化。可谓去一大害，收一大利。当然，这对草原建设尤其是草原水利建设提出了更高的要求。

综上所述可知，粮草间作这种耕作制度不仅颇具普适性，而且还可降低生活、生产和生态三个系统之间的竞争性，增强它们之间的互补性，可谓“三生”兼顾。

3. 斤草斤粮　三效俱全

对于食草牲畜而言，斤草斤粮是等价的。通常来说，在农作物中，其秸秆和籽粒的比例约为1.5：1至2：1，即在100斤干物质中，籽粒部分只占 40%，秸秆约占 60%。目前秸秆的大部分都没有有效地利用起来，也就是说，我们只利用了农作物生物量的 40%。如用优质牧草饲养食草牲畜，则可使作物生物量的有效利用率提高 1.5 倍。特别是对于饲养奶牛而言，在将牧草的植物性蛋白转化为动物性蛋白方面，它具有最高的饲料报酬率。在这种层面上看问题，斤草之综合效益甚至大于斤粮（饲草中还含有大量的维生素，这对于牲畜的健康生长不可或缺）。

从综合的角度看，作物的全生物量大约是其籽粒的 3 倍至 4 倍乃至更多；因此，饲草料子系统与食草牲畜子系统相结合，便形成了一个全生物量高效利用的大系统。

对于多年生的豆科牧草，其效用还可进一步扩展到作物的根部、表土层乃至空气中。豆科牧草可以固定空气中的氮素，其根部可逐步增加土壤中的有机质，这种作物系统可在不施肥的条件下培肥地力。目前我国每年化肥施用量已达 4000 多万吨，农民为此支出约在千亿元左右，每公顷的化肥施用量已达 400 公斤（其利用率只有 20% 左右），远高于发达国家 250 公斤的水平。大量施用化肥、农药还造成我国的农业成为水源和土壤污染的主要来源之一，每年直接损失高达 2000 亿元。如果实行粮草间作、轮作，可在产出增加的条件下，大量减少化肥的投入，如结合配方施肥、缓控施肥、保护性耕作，可望把化肥施用量降低一半左右，这样每年可使农民减支增收数百亿元，仅此一项就比全免的农业税额还要大；如果以草养畜，每亩还可增收数百元（在上述的案例中，以每亩 1/3 的面积可提供鲜草 1000 多公斤，可养羊一只，以 100 斤毛重计，可产肉 40 斤，初级价值 200 元）。

当我们把粮草间作、轮作逐步拓展到农区、半农半牧区以及牧区中的人工草场和改良草场，将会逐步改善农地土壤的团粒结构、理化性状，增进其蓄水保肥性能，这将会大幅度减少农田和草场的水土流失、沙化以及农业的面源污染，并能明显地降低沙尘暴的危害。因此，其社会和生态效益也是很显著的。

食草牲畜的粪便如能妥加利用，还可提供大量的清洁燃料——甲烷，而其液渣又是优质长效的有机复合肥料，可进一步培肥地力，以种养种。如此循环往复，以至无穷。

总之，在畜牧主导、奶业优先的大农业发展阶段，从粮草间作入手直至草田轮作，可大量提供优质牧草，使奶牛业与牧草业相结合，这确是一种最佳的匹配耦合，由此可形成一个农牧结合、三生互补、三效俱全的良性循环扩张的大农业发展系统。

2006 年 8 月 9 日

注释：

[1] 柯堤（邓英淘）：《城镇建设用地的来源与运用》，《调查研究通讯》，中国社会科学院经济文化研究中心，2006 年 6 月。

[2] 本节内容引自《生态农业建设——东北经济区生态农业建设模式选编》，东北林业大学出版社，1987 年。

[3] 国家统计局编《2005 年中国统计摘要》，中国统计出版社，2005 年 5 月。

[4] 同 [3]。

[5]《新华每日电讯》2006 年 7 月 9 日，第 1 版。

畜牧业在我国经济发展中的作用

农业作为国民经济发展的基础和重要组成部分，在我国改革开放30年的经济发展中起到了独特和不可替代的作用。随着我国国民收入的增长和近10年来城市化的快速发展，已经引致我国**农产品需求结构发生了从未有过的巨大变局**。其突出的表现就是在20世纪90年代中期，居民直接粮食消费从不断增长的趋势转变为下降的过程，而与畜牧业直接相关的饲料粮消费则仍然保持快速增长的趋势，在未来10年到20年期间，饲料粮消费量将超过居民直接粮食消费量，成为粮食消费中最大的组成部分[1]。变化的动力来源于居民收入的提高和城市居民人口的快速增长所导致的我国居民食品消费结构的变化[2]，由此**我国农业生产结构从种植业主导向畜牧渔业主导的转变将是未来农业发展的主要方向**。

本文将从实物量分析转向价值量分析，研究上述变化趋势中畜牧业在农业中的发展作用，以及其对我国国民经济发展的影响。

一、畜牧业在农业经济发展中的作用

自1978年农村改革开放以来，中国农业经济快速发展，种植业、林业、牧业、渔业全面发展。从1978年到2006年的近30年间，农林牧渔业总产值增长了近533%，其中种植业增长了370%，林业增长了401%，牧业产值增长超过了10倍，增长幅度最大的渔业近30年间增长了16倍（见表1）[3]。

由于在此期间中国经济的高速发展，城乡居民收入大幅提高，对食物的需求逐渐从解决温饱向小康过渡。因此，对肉蛋奶的需求快速提升，表现为在此期间牧业和渔业的增长速度远远大于种植业的增长速度。农林牧渔业总产值的构成也相应发生了巨大的变化，种植业产值所占比重从1980年的3/4下降到2006年的一半左右，同时，牧业产值所占比重则从1980年的18.4%上升到2006年的32.2%，渔业产值所占比重提高的幅度最大，从1980年的不足2%提高到2006年的10.4%。

表1　农林牧渔业总产值构成及指数
（产值为当年价格，指数按可比价格计算）

	农林牧渔业总产值构成（%，以总产值为100）				农林牧渔业总产值指数（1978年=100）				
年份	种植业	林业	牧业	渔业	总产值	种植业	林业	牧业	渔业
1980	75.6	4.2	18.4	1.7	109.1	106.4	113.7	122.6	103
1985	69.2	5.2	22.1	3.5	161.6	152.2	176.2	203.4	185.1
1990	64.7	4.3	25.7	5.4	203.9	186.5	179.5	282.0	346.7
1995	58.4	3.5	29.7	8.4	291.9	230.1	257.7	495.4	730.3
2000	55.7	3.8	29.7	10.9	391.5	287.6	314.7	724.5	1152.9
2001	55.2	3.6	30.4	10.8	408.1	297.7	315.2	770.1	1197.8
2002	54.5	3.8	30.9	10.8	428.1	309.3	337.6	816.3	1270.9
2003	50.1	4.2	32.1	10.6	444.8	310.8	360.9	875.9	1338.3
2004	50.1	3.7	33.6	9.9	478.2	337.2	368.2	939.0	1418.6
2005	49.7	3.6	33.7	10.2	505.5	351.0	380.0	1012.2	1510.8
2006	50.8	3.8	32.2	10.4	532.9	369.9	401.2	1062.8	1601.3

数据来源：根据《2007年中国统计摘要》计算。

保障我国国民的食物供给是农业生产最根本、也是最重要的功能。1980年的农林牧渔业总产值结构仅仅是一种吃饱肚子的结构，人均动物蛋白的供给远远落后于世界平均水平，根据世界粮农组织有关食物供给统计数据，1980 年我国人均动物蛋白的供给水平仅为世界平均水平的 1/3。经过 20 年畜牧渔业的高速发展，2000 年我国人均动物蛋白的供给水平达到了世界平均水平。

畜牧业的快速发展，不仅仅改善了我国城乡居民的食物结构，同时也是农业经济增长的主要动力。按农林牧渔业增加值计算（表 2），在所选的分析期间（1995 年至 2005 年），种植业增加值对农林牧渔业增加值的贡献率[4]在多数年份低于其所占的份额，并且其贡献率总体上呈现下降趋势；而牧业增加值的贡献率除 1995 年低于其所占份额外，其他年份均高于其所占份额；林业和渔业的贡献率波动较大。

表 2　农林牧渔业贡献率及农林牧渔业增加值构成

	贡献率（%，以农林牧渔业增加值为 100）				农林牧渔业增加值构成（以增加值为 100）			
年份	农业	林业	牧业	渔业	农业	林业	牧业	渔业
1995	67.1	2.6	21.5	8.8	63.6	4.3	23.5	8.5
2001	54.5	−0.2	39.8	5.9	59.2	4.3	25.6	10.8
2002	49.9	7.1	30.6	12.3	58.8	4.4	25.9	10.9
2004	56.1	1.9	33.5	7.4	55.7	4.3	28.1	9.8
2005	50.4	3.8	30.0	13.3	55.3	4.2	28.2	10.1

说明：1. 数据来源：《2007 年农业发展报告》，农业部中国农业信息网。
2. 2003 年起执行新国民经济行业分类标准，农林牧渔业包括农林牧渔服务业，2003 年之后贡献率及构成中，不足 100% 的原因是本表忽略了农林牧渔服务业的数据。
3. 本表按当年价格计算。

更为显著的是，如果按照可比价格计算农林牧渔业总产值的贡献率（表 3），畜牧业对农业经济的贡献尤为突出。从 2000 年至 2005 年期间，畜牧业产值增长对农业经济产值增长的贡献率已经与种植业的贡献率旗鼓相当，虽然其在农业总产值中的比重相对于种植业而言尚有不小的差距，但由于其增长率在绝大多数年份高于种植业增长速度，所以堪称为与种植业相当的拉动农村经济增长的动力。

在我国农业生产中，渔业生产中人工养殖占了很大的比重，2005年在水产品产量中，人工养殖产量已经占到66%，如果我们将畜牧业的范围扩展到养殖业，那么畜牧业（加上渔业生产中人工养殖部分）对农业生产的贡献已经成为农业经济增长最重要的力量。

表3　总产值贡献率及增长指数

	农林渔牧业对农业总产值贡献率（%）					增长指数（上年=100）			
年份	农业	林业	牧业	渔业		农业	林业	牧业	渔业
2000	22.4	5.4	49.9	18.6	103.6	101.4	105.4	106.3	106.5
2001	48.3	-0.6	43.9	9.8	104.2	103.6	99.3	106.3	103.9
2002	44.6	5.1	36.6	13.2	104.9	103.9	107.1	106.0	106.1
2004	60.8	1.0	29.9	8.7	107.5	108.5	102.0	107.2	106.0
2005	38.9	2.0	42.5	12.2	105.7	104.1	103.2	107.8	106.5

说明：根据《2006年中国统计年鉴》数据计算。本表按可比价格计算。

从发达国家农业发展的实践看，随着经济的发展，农业越是发达，畜牧业产值占农业产值的比重越大，如德国为61%、英国为42%、芬兰为70%、加拿大为50%[5]。目前我国这一比重在33%—35%之间，但从1978年以来的变化趋势看，这一比重呈现出稳定的上升趋势。在未来10到20年内，我国将发展成为中等发达国家，畜牧业产值占农业产值的比重将逐渐逼近中等发达国家50%的水平，这就意味着，在未来中国发展成为中等发达国家的过程中，我国农业经济的发展动力将主要来源于畜牧业的发展。种植业产值在农业产值中的比重将逐渐下降，2003年以来，这一比重已经在50%左右徘徊。

在我国农业经济未来的发展中，畜牧业发展将成为主导力量。转变农业发展模式将主要体现在以种植业主导的农业发展模式向畜牧业主导的农业发展模式转变，根据我们前文的分析，从畜产品的供给量的国际比较中可知，目前我国与世界发达国家差距最大的主要是奶产品的供给，因此在未来农业经济发展模式转变过程中，应当优先发展奶业。我国农业经济发展的战略应当调整到畜牧业主导和奶业优先的农业发展模式。这不仅是城乡居民收入不断提高和快速城市化过程中，居民食品需求结构变化对农业生产提出的要求，同时也是促进农业经济增长的主要动力。

二、畜牧业经济在国民经济发展中的作用

畜牧业发展在国民经济发展中的作用，不仅仅表现在第一产业中畜牧业产值增长对第一产业产值和增加值的增长的巨大推动作用，还表现在相对于种植业产品而言其在第二、第三产业的增值过程。相对而言，畜牧业产品在从田头（饲料种植）、物流运输、加工、商业服务到餐座的全过程中，其增值的空间要远远大于种植业产品。因此，畜牧业的发展在国民经济发展中的作用要分别研究其在一、二、三次产业中的作用[6]。

关于2020年国民经济三次产业的假设

在未来十几年中，在度过2008年世界金融危机影响之后，我国国民经济仍将处于快速发展的时期，主要动力将来源于我国快速的城市化、中西部的工业化及沿海地区的产业升级等内需增长。

2006年我国国内生产总值已经突破20万亿元，达到209406.8亿元，三次产业的构成为11.8∶48.7∶39.5。1993年至2006年的14年期间，我国GDP平均年增长率为9.9%，由于我国国民经济处于向内需为主导的经济发展方式转型，以及受此次世界金融危机对实体经济的影响，假设从2007年至2020年的14年间，我国GDP的年均增长率为8.5%（相当于前14年的85%左右），则到2020年，我国的GDP将达到656156亿元（按2006年不变价计算），增加的部分将达到446749亿元。

在1993年至2006年的14年中，我国GDP三次产业构成变化中十

分明显的趋势表现在第一产业比重处于逐年下降的趋势之中，以及第三产业比重处于显著的上升趋势。14年间，第一产业比重从19.7%逐年下降到11.8%，年均下降约0.56个百分点；第三产业比重从33.7%上升到39.5%，年均上升约0.42个百分点。在今后14年的发展中，受经济增长相对减缓的影响，其中影响最为突出的应该是第二产业，第三产业的发展则会受益于国家对就业的关注而加速发展，第一产业则会因为国家更加重视农业以及刚性需求的约束而减缓其比重下降的速度。假设在GDP构成中第一产业比重年均下降幅度为前14年的85%左右，则至2020年第一产业的比重约为6.5%；同时假设至2020年，第三产业在GDP的比重将达到50%，则2020年一、二、三次产业的构成为6.5∶43.5∶50。

通过上述假设可以推断，在2006年至2020年GDP增长量446749亿元中，来自第一产业的部分为17940亿元（656156亿元×6.5%－209406.8亿元×11.8%），来自于第二产业的部分为183447亿元（656156亿元×43.5%－209406.8亿元×48.7%），来自第三产业的部分为245362亿元（656156亿元×50%－209406.8亿元×39.5%）。在这14年增长过程中，来自一、二、三次产业对GDP的贡献率分别为4%、41%和55%（按2006年不变价计算）。

畜牧、食品饮料产业链

畜牧业产品的增值过程涉及到一、二、三次产业，除了第一产业中的畜牧业增加值外，直接的产业链就是食品饮料业的加工、物流、商贸服务。下面将使用有关文献[6]中的方法，估计畜牧、食品饮料产业链未来对我国GDP的贡献。

首先，在前述假设的基础上，2007年至2020年的14年中，第一产业将提供GDP增加量446749亿元中的17940亿元。同时，假设到通过向畜牧业主导、奶业优先的农业发展模式的快速转变，畜牧业增加值在第一产业增加值的比重将达到50%，如此，在2007年至2020年的14年中，畜牧业将为我国GDP提供8970亿元的增加值，占GDP增加量的2%。其中畜牧业所提供的增加值增量的主要形态为各种饲料和奶牛养殖。

其次，在工业增加值中，食品饮料工业增加值要占到20%—30%。为稳健起见，我们设2006年这个比重为14%、2020年为20%。则食品饮料工业2006年的增加值为12636亿元（2006年工业增加值占GDP的比重为43.1%），到2020年其值为50524亿元（2020年的工业增加值占当年GDP的比重设为38.5%）。则这14年食品饮料工业提供的增加值增量为37888亿元，占GDP增加量的8.48%；其中畜产加工制成品是其主要组成部分，增长量来源的主要形态为各种奶制品。

第三，作为估计食品饮料业对第三产业增加值的贡献，我们以城乡居民恩格尔系数作为一个估计指标。2006年我国城镇居民的恩格尔系数为35.8%，农村居民的恩格尔系数为43%，用文献［1］中调整后的城乡人口分布进行加权计算，2006年我国城乡居民的恩格尔系数为40%，假设到2020年我国城乡居民的恩格尔系数为30%。以上述恩格尔系数作为第三产业增加值中食品饮料业增加值的份额，则2006年和2020年第三产业中与食品饮料业所对应的增加值分别为33086亿元和98423亿元，在2007年至2020年的14年间其为GDP增加量所提供的增加值增加量为65337亿元，占GDP增加量的14.63%。

从上面的计算，可以得出在2007年至2020年我国GDP增加量446749亿元中，与畜牧、食品饮料产业链相关联的增加值增量部分为112195亿元，约占14年间GDP增量的25%（即2.13个百分点）。即在今后14年我国国民经济发展过程中，与畜牧、食品饮料相关产业链将为国民经济增长提供超过四分之一的贡献，其中畜牧业产品产业链的贡献率又在其中提供一半以上的贡献。

在上述估算过程中，我们均是在明确的趋势中采用相对稳健的估计，进行假设部分建立在我国农业发展战略由种植业主导向畜牧业主导、奶业优先转变的基础上。

三、与畜牧业相关的其他产业

在前述分析中，主要集中在畜牧、食品饮料产业链在国民经济发展中的作用，但畜牧业发展对国民经济发展的作用与贡献不止于此。在畜牧业的发展过程中，会产生大量的畜禽粪便，目前全国这一量值已经达到25亿吨至30亿吨，按照农业经济向畜牧业主导、奶业优先发展模式转变的趋势，未来10年到20年，其可增加到50亿吨以上，干重约5亿吨左右。目前畜禽粪便的利用率极低，而且还有相当部分可能产生污染。但随着能源价格不断攀升，大规模利用畜禽粪便生产沼气、并联产沼肥已经具备了经济上的可行性[7][8]。

以每吨畜禽粪便干重产沼气330方（甲烷含量60%左右）计算，5亿吨干重的畜禽粪便可以生产1650亿方沼气，按每人每天烧水做饭用沼气0.5方计算，可以满足9亿人全年烧水做饭的用气需求，即使按照畜禽粪便三分之一的使用率计算，也可以满足我国未来城市化过程基本完成后农村3亿人口的烧水做饭的用气需求。

规模化养殖业已经成为畜牧业发展的方向[9][10]，随着国民越来越注重食品安全，2008年发生在奶业中的三聚氰胺事件将加速畜牧业规模化养殖，这一事件为规模化、标准化养殖提供了良好的机遇。同时，规模化养殖在畜牧业中的比重增加将十分有利于畜禽粪便利用率的提高。如果利用率提高到2/3，则可以多产沼气550亿方，以每方沼气发电1.8度计算，则全年可以发电990亿度。同时，用畜禽粪便生产沼气，产完沼气的沼渣还是优质的有机肥料，干重可以按照畜禽粪便干重的68%计算，如以2/3的利用率计算，则可以生产优质有机肥约2.3亿吨，而2005年全国化肥施用量也仅为0.4766亿吨。

畜牧业规模化养殖为规模化、高效利用畜禽粪便提供了有利的条件。应该看到的是，随着化石能源的枯竭及所导致的价格上涨以及环境保护的重视，利用可再生能源替代不可再生的化石能源已经成为世界范围内经济发展的模式。利用畜牧业发展过程中的畜禽粪便生产沼气、发电和生产优质有机肥料，将成为农村经济乃至国民经济发展中前景十分光明的产业。

随着技术的不断进步，利用分布式规模化畜禽粪便生产沼气，不仅可以为新农村居民提供清洁能源，也能够为城镇提供清洁能源，同时还可以部分替代天然气的使用，从而间接为交通运输提供清洁燃料。

四、小结

当我们跨入新世纪，回首20世纪改革开放以来中国经济发展，可以看到中国经济已经或正在发生着巨大的变化，其中一个重大的变局已经发生，那就是我国的农业经济已经不仅仅是为了满足城乡居民吃饱肚子提供粮食，而是要为已经逐渐富裕起来的国民提供更为丰富、品质更高的农业产品。20世纪末我国城乡居民直接消费口粮绝对值开始下降，经过近10年的实践，这个下降的过程已经形成了一种趋势，而通过畜牧产品间接消费粮食大幅度增加也使得中国的农业经济面临着新的压力。

这个已经形成的趋势所引致的中国农业经济大变局已经发生，使得中国农业经济具备了从种植业主导的农业发展模式向畜牧业主导、奶业优先发展模式转变的动力，畜牧业面临一个大发展的机遇。近10年来畜牧业（包括渔业中人工养殖的高速发展）已经逐渐成为第一产业增长的主要动力之一，在未来十几年，畜牧产品及相关联的食品饮料产业链（从地头到餐桌的全部过程）所提供的增加值增量将超过这一时期国内生产总值增加量1/4的50%。畜牧业经济将成为推动我国经济增长的一个重要产业。

因此，**加速畜牧业经济的发展已经成为发展我国农业经济的一个必然**

选择。但同时，在向畜牧业主导、奶业优先转向的过程中，我们还将面临一系列不可避免的挑战，如果仍然采用小农户饲养为主、人畜同粮的畜牧业发展模式，中国的畜牧业经济将面临难以逾越的障碍。小农户经营为主的畜牧业发展方式难以满足城乡居民不断提升的对畜牧业产品品质的要求，更难以参与世界范围内市场的竞争，2008 年发生在中国奶业的三聚氰胺事件已经对这种经营模式敲响了警钟；人畜同粮的饲养方式使得在畜牧业快速发展过程中，饲料用粮需求的增长将会出现大大快于粮食生产增长状况，我国的粮食生产将会面临前所未有的压力，这也是一些人反对以畜牧业为主导的农业发展模式的重要理由。

应该看到的是，我国农业经济在面临这个重大的机遇时，已经开始了有利于向畜牧业主导产业发展方向的调整，规模养殖方式已经开始显示出顽强的生命力，此次奶业的三聚氰胺事件也使得规模养殖业得到更多的认同；而人畜不同粮的新养殖模式也在不断地探索和发展之中，类似于青储玉米喂养奶牛的模式已经越来越为人们所接受。**发展规模养殖、发展“不与人争粮、不与粮争地”的畜牧业饲养模式将是实施畜牧业主导、奶业优先发展战略的保障措施**；如何实现这一战略，将是今后需要研究的重要课题。

2009 年 1 月 9 日

注释：

[1] 邓英淘、薛玉炜：《从粮食总量的需求结构看我国农业生产结构调整的方向》，《调查研究通讯》No. 2008 －9，中国社会科学院经济文化研究中心，2008 年 6 月。

[2] 邓英淘、薛玉炜：《从居民粮食消费结构变化看我国农业生产结构调整的方向》，《调查研究通讯》No. 2008 －5，中国社会科学院经济文化研究中心，2008 年 4 月。

[3] 由于农林牧渔业的分业年度增加值数据与增加值增长指数统计数据不完整，表 1 中的数据以年度农林牧渔业总产值和农业、林业、牧业、渔业分业数据及增长指数数据作为分析对象。

[4] 农林牧渔业贡献率的计算方法为其增加值增量与农林牧渔总增加值增量之比。

[5] 邓蓉、张存根、王伟等著：《中国畜牧业发展研究》，中国农业出版社，2005 年 11 月。

[6] 邓英淘：《山东可再生资源考察观感》，《调查研究通讯》No. 2008 -15，中国社会科学院经济文化研究中心，2008 年 9 月。

[7]《罡泰沼气：规模化沼气城镇新能源——山东可再生资源访谈纪要之六》，《工作通报》No. 2008 -13，中国社会科学院经济文化研究中心，2008 年 7 月。

[8]《榕昕牧业：奶牛养殖规模化是关键——山东可再生资源访谈纪要之五》，《工作通报》No. 2008 -12，中国社会科学院经济文化研究中心，2008 年 7 月。

[9]《莱西市：标准化规模养殖康庄大道——山东可再生资源访谈纪要之七》，《工作通报》No. 2008 -14，中国社会科学院经济文化研究中心，2008 年 7 月。

[10] 莱西市委办公室：《九联模式：一种加快建设社会主义新农村的有效载体——山东可再生资源访谈纪要之八》，《工作通报》No. 2008 -15，中国社会科学院经济文化研究中心，2008 年 7 月。

我国畜牧业发展模式的探讨与新兴产业

一个产业的发展有赖于市场为之提供的需求空间，这也是产业发展的根本原动力。中国居民家庭收入的提高，特别是今后20年到30年间城镇化过程中，大量农村人口向城镇人口转化过程中所释放出的对畜牧业产品的需求，为畜牧业产业提供了巨大的市场需求。因此，我们曾提出[1]，**在需求趋势变化的主导下，中国农业经济大变局已经发生，我国农业经济已经具备从种植业主导的农业发展模式向畜牧业主导、奶业优先发展模式转变的动力**。

面对巨大的需求市场，选择适宜的畜牧业发展模式对于大变局下的我国农业经济尤为重要。一个国家的畜牧业发展模式的选择，取决于其土地、资金和劳动力的状况，而与畜牧业相关的技术发展状态、组织方式则是其中重要的约束条件。畜牧业发达国家的畜牧业发展模式与其国家的土地、资金和劳动力状况密切相关，并不能够简单地移植和照搬。

以印度奶业发展成功经验为例[2][3]，20世纪70年代以来，印度奶业迅速发展，1970年，其奶类产量为2000万吨，1985年迅速增加到4000多万吨，2007年的奶类产量更是达到1亿吨；在1985年，印度已经成为世界第一养牛大国，牛的存栏数达7亿头，约占世界养牛头数的20%。印度以发展奶业为主的“白色革命”是世界畜牧业发展过程中一个成功的案例，其中固然因为宗教的因素，印度人吃肉较少，其动物蛋白摄入来源主要是牛奶，但其根据本国实际所选择的奶业发展模式则值得借鉴。印度奶业的发展并没有选择照搬西方发达国家规模化、工厂化生产模式，在品种上选择了奶牛和奶水牛共同发展的模式。印度是世界上奶水牛养殖数量最多的国家，其摩拉水牛也是世界最好的奶水牛品种之一，它的平均乳蛋白4.0%—4.5%，乳脂率6.5%—7.0%，是一般奶牛的2倍左右，印度水牛奶产量占牛奶总产量的55%左右。在养殖方式上，奶水牛的平均饲养规模很小，饲养2—3头的农户占到了99%以上，仅有3000个牧场（养殖户）水牛饲养规模超过10头，同时奶牛饲养机械化程度也很低，手工挤奶比例占99%。对应于上述养殖特点，印度的奶农合作社是生产、加工、销售一体化的奶业经营体系，通过合作社的形式，印度农民不仅可以从牛奶的生产环节获得利润，也可以从加工、销售环节得到利润，不仅保证了养殖户的利益，同时由于利益相关，也使得牛奶的质量得到保证。

由于土地资源、劳动力和资金等方面的差异，畜牧业发达国家也存在着不同的发展模式，但在规模化养殖、工厂化生产方面有着共同的特征。本文首先比较几种有代表性的畜牧业发展模式，并着重分析其中饲料与粮食生产、耕地资源利用、生产组织方面的特点。我们的立足点是满足我国居民的食品需求，并利用耕地资源保障我国的粮食安全，后者是研究我国畜牧业发展模式的重要限制条件。西方畜牧业发达国家的发展模式有着共同的特点，就是高耗粮，或者是占用大量的耕地，这也是目前国内有些学者反对大力发展畜牧业的主要依据。而现代技术的发展使得“不与地争粮、不与粮争地”畜牧业发展模式成为可能。

一、西方畜牧业发展模式的特征

由于土地资源、资金和劳动力的不同，发达国家的畜牧业也形成了不同的模式。澳大利亚和新西兰由于有着得天独厚的草原优势，形成了以牛、羊饲养为主的畜牧业发展模式。北美和欧洲则是除中国外最大的畜牧产品生产和消费主体，但由于土地资源、资金和劳动力在规模和组织形式上的不同，北美和欧洲的畜牧业发展模式既在一些方面具有相似之处，但也存在很大的差异。澳大利亚和新西兰的草原畜牧业发展模式对于我国来说不具有整体上的借鉴意义，而比较北美（特别是美国）及欧洲畜牧业的发展趋势及其畜牧业模式的共同点和差异形成的条件，则对探讨我国畜牧业发展的模式具有很大的借鉴意义。

从世界范围看，畜牧业已经成为农业生产的重要主体，在大多数发达国家，畜牧业在农业总产值和总收入中的比重已经远远超过种植业，新西兰、瑞士、丹麦等国家畜牧业总产值占农业总产值90%左右，其他主要的欧洲国家（像德国、法国、荷兰、英国）超过60%，美国也超过50%，农业人口的收入也主要来源于畜牧业[4]。因此，可以说在发达国家的农业生产中，其资源是围绕畜牧业生产而展开的。

美国的畜牧业模式被称为“现代畜牧业”的典型代表，其外在特征表现为：规模化、机械化和设备化；其内在投入体现在精饲料、资本和技术密集型的高投入高产出模式。美国地域广阔、土地资源丰富，但劳动力紧缺、人力成本高，而资金、技术实力雄厚，因此，利用现代企业组织形成规模化、机械化和设备化大生产的畜牧业生产经营模式，有利于有效提高稀缺劳动力资源的劳动生产率，同时也大大提高了资金和技术的使用效益[5]。

美国畜牧业生产经营模式为资金密集型，在现代企业生产组织下的机械化、设备化的推动下，美国畜牧业的养殖结构和养殖规模也在发生巨大的变化，即养殖规模越来越大，养殖结构朝着更有利于发挥规模效益的结构转变。从美国畜牧业生产体系看，随着畜牧业生产越来越工业化、专业化、设备化，各类畜牧养殖场的规模都在扩大而数量却在减少。例如，1984年美国有43万个养猪场，到1996年已经下降到不足20万个，10年左右的时间养猪场的数量减少了一半多；同时，1000头以上规模猪场生产的生猪，从80年代占美国市场的34%上升到90年代的65%，占有率上升了近一倍。从最能发挥集约化养殖效益和资金密集型效益的养殖品种看，无疑禽肉和禽蛋是一个很好的选择，表1是美国、欧洲和中国的2000年主要畜牧业结构比较，显示出美国的畜牧业结构已经转向了以禽肉为主的生产结构。养禽也是近20—30年来美国畜牧业生产中发展最为迅速的产业，从单一国家比较看，美国已经成为世界上最大的禽肉生产国，也是世界第二大禽蛋生产国。美国畜牧业结构的转变得益于规模效益和资本利益的驱动，美国三家最大的肉鸡公司生产着美国42%的肉鸡，美国养鸡场的平均规模为20万—25万只，最大的蛋鸡养殖场规模达到2000万只左右，而最大的肉鸡养殖场规模则超过亿只。

表1　畜牧业结构比较

	美国	欧洲	中国
肉类总产量（吨）	37636150	51258839	62815831
猪肉产量（吨）	8532000	25168181	41371100
比重（%）	22.7	49.1	65.9
牛肉产量（吨）	12311000	11758942	4990551
比重（%）	32.7	22.9	7.9
羊肉产量（吨）	103400	1393275	1440000
比重（%）	0.3	2.7	2.3
禽肉产量（吨）	16471000	11586162	12500380
比重（%）	43.8	22.6	19.9

注：（1）该表根据国际粮食及农业组织（FAO）2000年资料整理。
（2）牛肉：牛肉+小牛肉；羊肉：羊肉+小羊肉。

相对于美国大规模工业化的畜牧业生产模式，欧洲的主要畜牧业国家则形成了可称为适度规模化的畜牧业生产经营模式。这种欧洲模式是指西欧的德国、法国、荷兰、奥地利等几个欧盟成员国的畜牧业经济发展模式。这些国家的共同特点是土地和劳动力资源相对稀缺，资本和技术实力雄厚，因此，在发展畜牧业经济过程中，选择了资本密集和技术密集、以机械作业为主的集约化家庭农场的发展道路[6]。

这些国家地形以平原为主，气候为温带海洋性气候，大部分国家草地资源丰富，比较适合畜牧业（尤其是草食型牲畜的养殖），耕地资源也相对比较丰富，但同美国相比，农场规模仍然偏小，同时也受到劳动力资源短缺的限制。在研究欧洲这种畜牧业模式的形成时，有一个特征应该得到足够的重视，即很多研究文章指出，较多的适度规模养殖业的实例集中在欧洲的养牛业。分析欧洲主要畜牧业大国的畜牧业结构表明[7]，这些国家的养殖业结构中，养牛业占有主要的地位，尽管从表1中可以看到在肉类生产中，猪肉的生产占据主导地位，但在这些畜牧业大国中，结合牛奶的生产来看，养牛业在畜牧业中的主导地位难以动摇。以欧洲畜牧业大国德国和法国为例，德国的畜牧业总产值中，养牛业产值约占65%，养猪业产值占24%左右，禽类产值约占9.4%左右，而在养牛业的收益中，66%来自于牛奶。在欧盟中，法国是最大的农产品生产国，畜牧业产值占农业产值超过70%，法国是世界上最重要的牛肉和牛奶生产国，养牛数量在欧洲居于首位，牛奶产量居世界第三位，法国草牧场面积占整个国土面积的1/3。

畜牧业结构的差异，也是欧洲和美国畜牧业模式产生差异的因素之一。养牛业（尤其是奶牛养殖业）主要是以家庭农场为养殖主体，其养殖规模取决于农场的规模，欧美在畜牧业养殖规模上的差异很重要的一个因素在于农场的平均规模。即使在欧洲国家内部，由于农场规模的差异，其养殖规模也呈现很大的不同，以德国奶牛养殖规模为例，在德国南部，牛奶主要由25头奶牛规模的农场提供，而北部的养殖规模约为60头，东部的规模在240头左右。农场规模决定养殖规模的原因在于，尽管精饲料来源于专业的饲料公司，但在饲料中占主要比重的基础饲料来源于农场的产出，包括主要的牧草、改良牧草以及可以作为青储的全棵玉米等等。

总结典型欧美国家畜牧业模式可以得出这样的结论，这些国家都具有丰富的耕地和草地资源，资金和技术优势明显。养牛业在其畜牧业的发展过程中都占据着非常重要的地位，而养牛业基本上采取的是种养结合的模式，即其基础饲料主要来源于所支撑的农场，这样，农场规模的大小是决定养牛业规模的十分重要的因素。欧美畜牧业结构中的养猪业和养禽业具有朝更大规模化方向发展的趋势，一方面是因为资本对于规模化效益的追逐，另一个重要的因素是饲料业的发展也向着规模化生产的方向发展，而主要的饲料生产企业已经成为畜牧业企业生产链条中的一环[8]。以美国为例，美国的养猪业和养禽业主要集中在粮食（主要是玉米）主产区，作为世界上最主要的玉米生产国，其产量的90%主要是用于饲料的生产。可以说，欧美国家畜牧业规模化生产模式的形成，除了资本对规模化效益的追逐，以及工厂化生产所获得较高的劳动生产率之外，以石油农业为特征的大规模种植业生产模式是决定性的因素。

二、中国畜牧业发展的现状和特征

我国畜牧业在近30年间取得了长足的发展，这主要得益于国民收入的提高和城市化加速所带来的对畜牧业产品需求的增加。畜牧业的迅速发展，使中国的农业结构发生了十分显著的变化，种植业产值比重从1980年的3/4下降到了1/2，而畜牧业的产值比重则从1980年的不足20%上升到了33%左右。**但是与欧美主要畜牧业发达国家（畜牧业产值比重超过50%）相比较，中国的畜牧业在农业生产结构中仍然处于从属的地位。如果说欧美发达国家的农业生产是以畜牧业为主导，农业生产是围绕着畜牧业生产所展开，那么中国的农业生产仍然是为了满足对于粮食需求所展开的，我国的农业生产仍然是粮食生产所主导。这是理解中国畜牧业现状的一个基本前提。**

中国农业生产的基本条件与欧美国家相比较有着很大的区别，我国人均耕地面积很少，在目前耕地承包体制下，户均耕地规模（或者同欧美相比较称之为家庭农场）狭小。虽然随着经济的发展资金实力有所增强，但与欧美发达国家相比较仍相差甚远，畜牧业技术体系远远没有达到完善的地步，而优势的条件是劳动力丰富、劳动力成本低。因此，如何扬长避短，充分发挥我国劳动力优势，形成劳动力密集型畜牧业发展模式，就成为我国由粮食生产主导型农业向畜牧业主导型农业转变的关键。

经过近30年的发展，我国的畜牧业结构已经发生了很大的变化。显著的特征表现为，在肉类生产结构中，料肉比较高的猪肉产量比重逐年下降，从1980年的88.8%下降到2004年的65%左右；草食性的牛羊肉比重逐年上升，从1980年的5.6%上升到2004年的14.8%；料肉比较低的禽肉比重从1980年的5%左右，基本稳定在18%—20%左右[9]。尽管如此，与欧美发达国家相比较，我国畜牧业结构中，料肉比较高的养猪业的比重仍然太高，在目前人畜同粮的饲料养殖模式下，我国的畜牧业结构仍然是一种耗粮型的结构。

我国畜牧业的规模化程度是与我国农业生产条件相对应的。在20世纪80年代以前，我国基本上没有大规模的生猪养殖场，90年代以后，规模化养猪业得以较快发展，在1998—2001年期间，全国年出栏50头以上的养猪场，年出栏生猪占全国生猪出栏量的22%—26%；其中，年出栏1万头生猪的养猪场，年生猪出栏量占全国生猪出栏量的8%—9%。肉鸡的规模化养殖程度要高于养猪业，1998—2001年期间，年出栏肉鸡2000只以上的鸡场，出栏数占全国家禽出栏总数的35%—38%；年出栏5万只以上的肉鸡养殖场，仅占规模肉鸡场数量的1%左右，但其出栏肉鸡却占家禽出栏总数的17%左右。由于统计的起点较低，我国蛋鸡的规模化养殖程度最高，全国存栏量500只蛋鸡的规模化蛋鸡场，年生产鸡蛋量占全国禽蛋生产总量的42%—56%[10]。近年来，随着肉鸡、蛋鸡生产企业资金实力的增强、养殖模式的创新，肉鸡、蛋鸡的企业养殖规模不断扩大，山东九联集团每年可出栏肉鸡达到6000万只[11]，而河北的禽蛋生产也主要集中在了几大企业集团。

由于我国在农业生产条件上与欧美发达国家的差异，中国畜牧业主导、奶业优先的畜牧业发展战略难以全面复制欧美畜牧业主导的模式。在畜牧业生产的三个阶段，即饲料生产（与种植业相关）、畜牧业养殖组织和牲畜粪便处理，我国的畜牧业发展可以充分借鉴欧美畜牧业养殖组织中的先进经验，包括育种、防疫、服务及机械化、设备化生产组织等方面的经验以充分提高我国畜牧业产品的品质。而在饲料生产和牲畜粪便处理上，必须走中国独特的畜牧业发展道路。因为，以石油农业为基础的大规模种植业生产，以粮食（籽实）为原料的饲料生产发展起来的耗粮型畜牧业模式，是我国农业生产条件难以承受的；同时，我国的奶牛养殖主要集中在粮食生产区，以大规模农田改良成牧场的奶牛养殖也是中国农业生产条件难以承受的。而在不断规模化的同时，牲畜粪便直接返田的做法在以农户为单位的耕作模式下也具有一定的难度，畜禽粪便所带来的环境污染不容忽视。

在目前的畜牧业发展模式下，我国饲料用粮已经超过粮食产量三分之一，而且在不久的将来饲料用粮将成为粮食需求主体。**要将我国农业生产结构发展成为畜牧业主导型的结构，就必须改变目前人畜同粮的耗粮型畜牧业发展模式，形成“不与地争粮、不与粮争地”的新型畜牧业发展模式**。

三、新技术、组织支撑体系及案例

改变我国现有的畜牧业发展模式，有赖于新的技术、新的企业组织形式，以充分发挥我国农业劳动力资源丰富的优势和现有的耕地资源。我们在近 10 年对我国农业的考察中，对农业生产新技术和新的生产组织形式进行了不断的探讨，在本文以下部分将结合案例分别加以介绍，并研究其对于形成我国新的畜牧业发展模式的影响。

1. **全生物量利用**

生物量是生态系统中一个度量的概念，例如，森林群落的生物量是指群落在一定时间内积累的有机质总量，通常以单位面积或单位时间积累的平均质量或能量来表示。当我们讨论畜牧业发展模式时，可以理解为单位面积耕地（或草场）在一个标准度量时间段（通常以一年为标准）所生产的生物质干重的度量。简单地说，一亩耕地一年所产出的全生物量，不仅包括作为粮食的作物籽实，同时也包括作物的秸秆和根系（以干重计算），以及其他生物质的干重。

在我国以种植业为主导的农业生产结构中，耕地耕作的产出主要是以作物籽实（粮食）作为主要目的，粮食主要是满足居民直接食用需要，并通过将籽实（粮食）再加工成为饲料用以养殖牲畜，以满足居民对肉蛋奶的需要，这就是千百年来我国人畜同粮的农业生产模式（包括种植业模式和畜牧业模式），在这种农业生产模式中，畜牧业处于一种从属的地位，也就是过去称畜牧业为副业的由来。尽管近30年来由于收入的快速增长和城市化加速，我国的畜牧业得到了长足的发展，但种植业主导的农业生产模式仍然没有发生改变。在这种模式下，随着畜牧业生产对饲料粮不断增长的需求，在不久的将来，饲料粮的需求将超过居民直接食用粮的需求，在保障粮食安全的要求下，此模式下畜牧业将面临饲料粮短缺的困境和制约。上世纪90年代开始，我国人口直接食用粮食开始呈下降态势，在基本满足口粮的前提下，我国的农业生产面临着千年以来的大变局，即“人畜分粮”和畜牧业为主的新格局即将来临。

在畜牧业主导的农业结构中，土地产出不再是以作物籽实（粮食）为唯一目标，而是着眼于土地全生物量的最大化利用，以满足人口的直接粮食需求和畜牧业生产的需要。一般而言，在农作物产出中，秸秆和籽实的比例约为1.5∶1或2∶1，籽实部分只占40%，而秸秆约占60%（干重），由于我国秸秆的利用率极低，因此农作物生物量的利用仅为

40% 左右。因此，在畜牧业主导的农业生产中，种植业耕作方式和种植品种必须进行调整，在保证基本粮食需求的前提下，加大畜牧业生产所需生物量的产出，以达到粮食产出和畜牧业产品产出的综合最大化。

以下案例提供了一种全生物量利用最大化的方式[12]，但并非唯一的方式，**在畜牧业主导的种植业模式下，在不同的地区、不同的条件下，全生物量最大化利用的方式应该是多种多样的**。

黑龙江庆安县六合村这块黑土地已开垦了一百多年。该村在 1984 年至 1987 年通过粮草间作的实践，使其间作面积达到约 2000 亩，纯草面积近 700 亩（即 2 垄玉米加 1 垄草木樨），从而带动了畜牧业、饲料加工业的大发展。全村因此走上了农业生产良性循环扩展的新路子，并初步形成了种粮、种草、养地、养畜、种养相互协调的大农业发展道路。

六合村没有草场，每年缺三个月左右的烧柴，饲草、饲料明显不足，多年养殖业没有多少发展。该村的实践证明，通过粮草间作，解决了饲草、饲料不足的问题。由此使养殖业出现了快速发展，同时也促进了畜产品加工业的发展。草木樨含有比较丰富的蛋白质和赖氨酸，这是畜禽的好饲料。这种饲料不仅牛、马、羊、猪喜欢吃，鸭、鸡、鹅也喜欢吃，且既可鲜喂，又可干食。1985 年六合村草木樨的种植面积发展到了约 380 亩，随之猪比上年增长了 50%，黄牛增长了 42%，奶牛增长了 74%，禽增长了 190%。1986 年六合村草木樨的种植面积约 700 亩，猪发展到 1248 头，户均养猪达到三头，奶牛增至 78 头，家禽增至 23000 只。

全生物量利用最大化　由于玉米减垄增株，亩总株数基本未减，而腾出一垄种草，这样间种玉米地块的植被至少增加了 30% 以上，有利于改善耕地的水土流失状况。同时，由于间种玉米株数的粒实和秸秆未减，来年还可有所增加，而每亩多收（包括玉米垄）鲜草 1000 多公斤和鲜根 500 公斤。

草木樨干草含粗蛋白17.6%，比谷草高两倍，粗脂肪3.6%，比谷草高56%，而其难消化的粗纤维含量比谷草低34%；它还含有各种必需的氨基酸，可弥补谷物类饲料蛋白的不足，并富含钙、磷、胡萝卜素和各种维生素。如按单位面积计算营养物质产量，以豆科绿肥或饲料草为最高。同样一亩地草木樨的可消化蛋白产量相当于玉米的182%（增加近1倍），其可消化的总养分含量比大豆高63%。用草木樨这类豆科饲草饲养奶牛的经济价值最高；因在大牲畜中以奶牛对饲料的转化率为最高（它对蛋白质的转化率为65%），在把植物蛋白转化为动物蛋白方面，它具有最大的饲料报酬率。

在六合村的粮草间作系统中，玉米的产量实现了最大化（多年平均），而耕地中的草木樨生物量利用也实现了最大化。这是因为粮草间作系统具有共利互补的作用。玉米株行距宽，前期生长慢；在6月末以前，玉米的覆盖度不到60%，而5、6月份是黑龙江省光照最强的时期，这时草木樨可利用太阳光能生产出大量有机物质；到了7月初，粮草进入快速生长期时，则已开始割草喂畜，草高不会超过70厘米，这有利于玉米的通风透光。当草木樨长出一个真叶时，其根部即着生根瘤（一株多达500多个）开始固氮，而玉米可从中吸收一部分氮素，这反过来又促进了草木樨的固氮作用。粮草间作使奶牛既有高能量的玉米籽实和秸秆，又有高蛋白的草木樨作饲草，可明显增加产奶量。

粮草间作由于增加了长年地表植被覆盖率，可减少水土流失。据专家测算，混种绿肥的玉米地比纯种玉米地的水土流失量，每亩从4—5吨减至0.33—0.6吨。另外，粮草间作等于把饲料地植于耕地上，有利于牧业发展，增加牧业的比重。

斤草斤粮　对于食草牲畜而言，斤草斤粮是等价的。如用优质牧草饲养食草牲畜，则可使作物生物量的有效利用率提高1.5倍。特别是对于饲养奶牛而言，在将牧草的植物性蛋白转化为动物性蛋白方面，它具有最高的饲料报酬率。在这种层面上看问题，斤草之综合效益甚至大于斤粮（饲草中还含有大量的维生素，这对于牲畜的健康生长不可或缺）。

从综合的角度看，作物的全生物量大约是其籽粒的3倍至4倍乃至更多；因此，饲草料子系统与食草牲畜子系统相结合，便形成了一个全生物量高效利用的大系统。

2. **范围经济**

范围经济[13]（Economies of scope）指由厂商（企业）的范围而非规模带来的经济，也即是当同时生产两种产品的费用低于分别生产每种产品时，所存在的状况就被称为范围经济。只要把两种或更多的产品合并在一起生产比分开来生产的成本要低，就会存在范围经济。企业可以通过扩大经营范围，利用原材料或生产、产品之间的关联性而得以降低整体成本或者提高整体收益。关联性是获得范围经济的关键。范围经济包含两个方面：纵向的范围经济和横向的范围经济。前者是指两种或多种产品或服务具有时间上的前后性，在流程上具有串联性。而后者指两种或多种产品或服务是同时进行的，企业是靠拓展同一流程的容纳能力，提高同一流程的产出而获得成本优势。

范围经济是一种利用多种产品或服务的经营而取得竞争优势的一种企业生产和服务组织模式，它不是依靠规模取得经济性，而是依赖不同产品的关联性获得经济性。以农产品（包括作物籽实和秸秆）、牲畜粪便等为原料进行能源、燃料等为主要产品的生产企业在其生产过程中，由于这些原料具有体积大、密度低、运输成本高等原因，适宜分布式生产，难以形成规模效益；而且仅从事单一主产品的生产，难以形成竞争优势。而由于原料的特性，这类企业大多可以同时利用主产品生产过程，生产饲料和肥料，形成对畜牧业和种植业的支持。如此，**在范围经济的生产组织形式下，形成我国农村新型的分布式、劳动密集型产业组织，成为我国城镇化过程中的产业支撑，同时在一定程度上缓解饲料粮快速增长的压力**。

河南天冠集团就属于典型的范围经济的企业[14]。

能源短缺所带来的煤、电、油、运的紧张已经成为近两年制约我国经济增长的瓶颈。“三农”问题则一直是我国在迈向现代化过程中急需解决的问题。河南天冠集团在生物能源领域辛勤、不懈地努力了几十年，终于探索出一条大农业向大工业转化之路，其中的纽带就是生物能源。天冠集团将大农业通过生物能源向大工业转化的过程是这样实现的：

第一，加工所需原料遍布于大农业的各个领域，只是根据各个阶段技术状况的需求进行经济性的选择。目前的原料包括小麦、红薯、木薯，也可以使用玉米等（中长期的规划是利用农作物秸秆作为原料）。并且，随着大量的现代科技和基因技术的应用，纤维质原料（中长期的规划是利用农作物秸秆作为原料）生产乙醇正在成为现实，其经济性也开始逐步显现，在不久的将来，纤维质生产乙醇将完成大工业的进程。据测算，只要我国每年农秸秆资源的一半转化为乙醇，其转化量就将超过我国年汽油消费量的1.2倍以上。

第二，主导产品乙醇、沼气以及已经开始进行工业化生产试验的生物柴油覆盖了生物能源的全部，而生物能源是今后能源开发、利用的主导方向，发展前景十分广阔。作为我国推广使用燃料乙醇的三个定点生产企业之一，其燃料乙醇已经投入了实际的应用。乙醇生产工艺流程所生产的沼气也已经用于地方城市的生活燃料，目前，天冠集团一天生产6万立方米沼气（年产1800万立方米），供应南阳市10万户居民使用，它基本上相当于2万吨的石油当量。主导产品已经实现了农业向能源的转化。

第三，燃料乙醇的生产过程也是优质蛋白质的生产增值过程。以使用小麦生产燃料乙醇为例，在生产过程中将产生约11%的谷朊粉（小麦蛋白）、1/3的DDGS蛋白饲料（蛋白质含量达30%左右），以及15%左右的可作为饲料和低聚糖生产原料的小麦麸皮。在农产品向能源转化的过程中，不仅使得其价值增值（目前，天冠集团增值3倍左右，后三年的目标是5—6倍，到2010年计划为10倍），同时，也是优质蛋白增值的过程，尤其是优质饲料的生产，可以为我国需求量巨大的饲料市场提供大量的优质饲料。

第四，乙醇及其生产过程中产生的副产品又是优良的化工基本原料，从精细化工、有机化工到石油化工，都有它不可替代的广泛用途。其中比较重要的包括：使用乙醇进一步加工成乙烯（天冠集团上世纪60年代就做过这方面的尝试），而乙烯是石化工业的基础原料，其产量代表着石化工业的发展水平；使用乙醇生产过程产生的二氧化碳生产可降解塑料，天冠集团已经达到了经济性工业化生产的阶段，这对于解决白色污染至关重要。至此，农业实现了向基础工业原料的转化。

第五，如果说乙醇生产的原料还主要集中在种植业的范围，生物柴油的开发利用则将林业纳入了农业向能源转化的过程，生物柴油主要以木本油料作物为原料，而伴随着生物柴油的开发、甲醇和甘油的回收，将实现木本油料作物价值的多次开发和资源的最大化利用。

如果仅仅生产主产品乙醇的话，天冠生物乙醇难以和石油相竞争，但由于其在生产过程中加入了前期优质蛋白质产品的生产和后期优质饲料的生产，便使得企业具备了竞争的优势。这便是范围经济的作用。

3. 物能级配准则

物能级配准则[15]是本文作者提出的，包括物级的概念及物能级配准则。物级的概念包含两层含义：第一是物品制造和使用过程中所耗费能量的品质，这可以用能级的概念来处理；第二是物品制造过程中所耗费的非能源资源的品质。物能级配准则可以表述为：高质高用，低质低用，按级供给，复用循环。这一准则可以解释为：第一，如果供给的物品与用户间存在物级差，则此时物品的利用必然是不合理的。物级差绝对值越大，越不合理；反之则越合理。第二，如果供给物品与用户间物级差为零，则此时的物品利用才是合理的。第三，根据前两点，供给物品与用户间的物级差$\Delta\Omega$便可作为反映物品利用合理性的一个定量准则。用$\Delta\Omega$和其他物质利用效率指标作为物品利用合理性的质量和数量水平的两个定量准则，将更为合理和全面。第四，由此启示我们可以采取措施，使供给物品与用户间物级差降低以至为零的办法，来合理地组织物品利用全过程。即在组织物品利用过程时，要按照“按级用物”和“按级供物”的基本原则，或“物级匹配用物”的基本原则来行事。

以运输体系为例。以汽车为中心的现代运输体系是整个传统的工业化社会的支柱之一。美国一个消费者收益的1/4用在汽车上，这些钱比他付在食物上的还要多。美国运输业每年要吞掉全部能量的41%。汽车制造业消费掉美国的20%的钢材、12%的铝、10%的铜、51%的铅、95%的镍、35%的锌和60%的橡胶。

现在我们从物级匹配用物的观点来看一看这种运输体系的用物过程的合理性。在城市中，公共汽车和火车至少具有每加仑汽油达150客运里程的潜在燃料利用率。在城际之间的运输中，公共汽车可获得每加仑汽油200客运里程，火车如满载的话，比这个数值可提高一倍。相比之下，平均乘坐1.4位乘客的美国小汽车，每加仑汽油仅达24客运里程，即后者的能源效率仅为前两者的1/6至1/8。

运输体系的任务就是在一定的时间要求内使人和货物达到空间上的位移。在市内客运方面，能源效率最高的方式是自行车，它比小汽车的能源效率高出40倍以上。这是从传统的效率观点看问题。

考虑到推动自行车前进的动力来自于人体的肌肉所释放出的能量，而这种能量的能级很低，粗略地估计一下，它的能级与取暖所需能量的级别在数量级上大致相差不多。而推动小汽车前进的动力来自于汽油的燃烧，这种能量显然是一种高质能量。根据前述公式来衡量，汽油燃烧的能级约在0.77左右。那么两者之间的能级差约在0.7左右。显然，对于市内客运这一过程而言，从传统的效率观点和物级匹配用物的观点看，这一过程的能源效率很低，而且用物过程极不合理。

如果我们把传统工业化社会中以小汽车为主的市内交通运输系统改造成如下方式：以自行车和完善的公共交通体系为主，并辅之以扩大的出租汽车队伍，以供在特殊的情况下使用。那么不仅将大大提高运输体系的能源效率，也将使供给能源与用户所需能源的能级差别大幅度缩小，从而使用能过程更加合理。

现在我们再看看上例中非能源的物质方面的情况。如果忽略自行车用物的消耗，相比于小汽车，那么肌肉的发育和保持仅需在室温下就可进行，但制造小汽车所需的材料大部分要在1000度的高温下进行冶炼。据此，将两者之间的物级差可转换成能级差来估算：$\Delta\Omega$ 约在0.7以上。如果进一步考虑到不同物质的稀缺程度和可更新程度，那么两者之间的差别将更加明显。

显然从一种物级过高的运输体系转变成另一种物级较低的运输体系，不仅使用物过程更加合理，用物效率得以提高；而且在保证基本目的能够实现的前提下，降低了对环境的不良影响，从而也就改善了生活质量。

以物能级配准则来分析畜牧业主导下的最大化地利用全生物量，更可以充分理解其合理性。在种植业主导的农业生产结构中，所利用的是作物产出的40%（主要是籽实），其中一部分作为饲料用于畜牧业。而畜牧业为主导的农业生产结构中，所利用的是耕地产出的全生物量，以全生物量利用案例为例，假设草木樨种植所带来的固氮等肥料效益和土壤改良效益与种植草木樨的额外投入相平衡，则与仅仅利用籽实的种植业结构相比较，在同样的投入下，全生物量利用的种植结构能够获得更大的产出。换句话说，以籽实作为饲料，对于畜牧业需求来说，是一种高质低配的养殖模式，明显具有不合理性，是对耕地资源和能源、资源、人力投入的一种浪费。而全生物量利用的种植模式，在满足养殖业需求的基础上，更具有对上述资源利用的合理性。

4. **新兴产业（1.8 次或 1.5 次产业）**

本文所探讨的新兴产业（1.8 次或 1.5 次产业），并不是和国民经济三次产业完全相对应的。它是具有以下特征的一类产业：第一，它以第一产业为基础，以农作物秸秆、牲畜粪便为主要原料；第二，主要以乡村或城郊为生产基地；第三，不以规模获取经济性，而是主要以范围获得经济性；第四，其产出主要是为农业提供能源、饲料、肥料，为乡村居民（并不局限于此）提供能源。因此，这是一类分布式、具有范围经济性、遍布于广大乡村、城郊的产业，在农业生产、农村居民生活之间形成独特的经济循环。这样一种特征的新兴产业的经济潜力巨大，可以成为我国城镇化过程中，县城及中心镇新的产业支撑。

相对而言，西方发达国家的农业是以石油为基础的石油农业，表现在其所依赖的化肥、农药以及动力、能源多来自于第二产业中与石油产业相关的产业。**而我们提出的这种新兴产业则主要以与农业相关的生物质最大化利用为基础，在农村广大的区域采用分布式的生产结构，不仅在农业生产内部形成能源供给和需求的良性循环，并可以为第二产业和第三产业提供能源的供给；同时通过为第二产业提供化工原料的供给，可以完成自身资源的循环供给**。例如，农用塑料薄膜等等。

以沼气生产为例[16][17]。在畜牧业的发展过程中，会产生大量的畜禽粪便，目前全国这一量值已经达到 25 亿吨至 30 亿吨，按照农业经济向畜牧业主导、奶业优先发展模式转变的趋势，未来 10—20 年，其可增加到 50 亿吨以上，干重约 5 亿吨左右。随着能源价格不断攀升，大规模利用畜禽粪便生产沼气、并联产沼肥已经具备了经济上的可行性。

以每吨畜禽粪便干重产沼气 330 方（甲烷含量 60% 左右）计算，5 亿吨干重的畜禽粪便可以生产 1650 亿方沼气，按每人每天烧水做饭用沼气 0.5 方计算，可以满足 9 亿人全年烧水做饭的用气需求，即使按照畜禽粪便三分之一的使用率计算，也可以满足我国未来城市化过程基本完成后，农村 3 亿人口的烧水做饭的用气需求。

同时，随着规模化养殖在畜牧业中的比重增加，将十分有利于畜禽粪便利用率的提高。如果利用率提高到2/3，则可以多产沼气550亿方，以每方沼气发电1.8度计算，则全年可以发电990亿度。同时，用畜禽粪便生产沼气，产完沼气的沼渣还是优质的有机肥料，干重可以按照畜禽粪便干重的68%计算，如以2/3的利用率计算，则可以生产优质有机肥约2.3亿吨，而2005年全国化肥施用量也仅为0.4766亿吨。利用畜牧业发展过程中的畜禽粪便生产沼气、发电和生产优质有机肥料，将成为农村经济乃至国民经济发展中前景十分光明的产业。

随着技术的不断进步，利用分布式规模化畜禽粪便生产沼气，不仅可以为新农村居民提供清洁能源，也能够为城镇提供清洁能源，同时还可以部分替代天然气的使用，从而间接为交通运输提供清洁燃料。

以乙醇为基础燃料的农用运输系统[18]。农用运输系统的用能量为整个交通运输系统用能量的20%，约3亿吨标煤，折合原油约2.1亿吨。该系统的做功特点是：运输半径短、运输物体积大而质量小。根据质能级配准则，适合其特征的能量形态为生物乙醇。

无水乙醇的能量密度约为汽柴油的70%，2.1亿吨原油折合能量相当的无水乙醇约为3亿吨。这是一个很大的数字，如用纯粮食来制造，则耗粮近10亿吨，相当于我国目前粮食年产量的2倍，根本不具任何可行性。所幸的是，我们现在已有相对成熟的非粮乙醇制造技术。

我国大农业的乙醇供给潜力　目前我国粮食产量约5亿吨，相应的秸秆产量约7亿至8亿吨。二三十年之后，我国粮食产量应在6亿吨以上，相应的秸秆产量约9亿至10亿吨。运用中国科学院过程工程研究所的秸秆乙醇技术，目前大约7吨玉米秸秆可制成1吨乙醇（95%以上的纯度）；则10亿吨秸秆可制成1.43亿吨乙醇（只利用了秸秆中的纤维素）。如果把秸秆中的半纤维素也加以充分利用，就有可能实现5吨秸秆制成1吨乙醇；如此，10亿吨秸秆便可制成2亿吨乙醇。这种供给潜力主要在我国传统的农业主产区。

另一方面，在我国西北部还可开辟出面积为8亿至10亿亩的农牧业新主产区，种植多年生牧草和能源作物，如甜高粱。使用北京泰天地能源技术开发公司的技术，4亩甜高粱秸秆（亩产4吨秸秆，含水率为70%）便可制成1吨乙醇（纯度95%以上）；则只要有4亿亩甜高粱，便可生产出1亿吨无水乙醇。

两相合计约3亿吨无水乙醇。这里有一点要特别指出，上述从秸秆中提取出乙醇后的渣料，仍可作为饲养牛羊的饲料（从重量上说，仍可达十数亿吨的规模，即其不会与牧争饲）。由此可见，农村运输系统的能量需求完全可以用生物质能来解决，无须耗用矿物能源（如果计入能源林业及其他能源农业的供给，年产三四千万吨生物柴油也是非常有可能的）。

基本成熟的用能技术支撑体系 对于乙醇而言，如果说上述生产技术相对成熟；则其用能技术就更为成熟。例如在巴西，使用100%乙醇的发动机和车辆早已批量生产和应用。现在的问题是在乙醇的生产和使用过程中能否进一步提高能量效率。这里有两个方向可以进一步研究。其一，直接使用高含水乙醇的酒精内燃机，例如酒精纯度为60%至65%。这种方式可以大幅度降低乙醇生产过程中的能量耗用，估计降幅可达50%左右；如此，在能量使用的全过程中，其利用效率可提高1倍左右，特别是在农村分布式的能量产销系统中，这种可能性更高。其二，车载制氢系统。例如最近以色列开发出车载制氢系统，可将乙醇、生物柴油、汽柴油等直接转换为氢。他们研发了一种将传统制氢装置小型化的方法，可将其直接安装在汽车上，只要输入汽油、柴油和乙醇等燃料，即可转换为供燃料电池使用的氢。由于该系统不需要改变现行燃料运、储的基础设施，因而解决了氢燃料电池汽车制造商面临的一大难题；同时它们比传统内燃机的能量利用效率提高了近1倍，排放亦明显降低。

如果这些问题可以获得解决，那么农村运输系统的生物乙醇用量可减少到2亿吨以内（95%的纯度）。如此，全用生物质能满足其需要，就更加有保障了。

四、小结

比较欧美发达的畜牧业模式和我国畜牧业发展的现状，可以看出，其中最大的区别并不是规模化、工厂化、设备化，这些均是外在的表现。最主要的区别是欧美发达的畜牧业模式是以畜牧业主导的农业生产模式，农业生产是围绕畜牧业的发展展开的，而我国仍然是种植业（也可以说是粮食生产）主导的农业生产结构，畜牧业仍然处于一种从属的地位，在这种模式下，从物能级配准则来看，目前我国畜牧业的发展方式具有不合理性。

根据我国耕地、资金、技术和劳动力的状况，完全照搬欧美发达国家畜牧业模式是不可能的，本文的研究提供了一种思路，即今后我国的畜牧业发展模式，应首先依据全生物量利用最大化和物能级配准则为基础，将种植业主导型的农业生产模式调整到畜牧业主导型的农业生产模式。不如此，在今后面对畜牧业产品需求增加的趋势中，我国的畜牧业发展将面临饲料需求增加和保障粮食安全的两难困境。

今后20—30年，是我国城镇化加速的关键期，县城及中心镇将成为吸纳农村人口的主体之一，新的城镇人口将是畜牧业产品需求增加最重要的人群。发展具有范围经济性、分布型、潜力巨大的新兴产业，可以为县城和中心镇提供新的产业支撑。因此，全生物量利用最大化的农业生产和新兴产业的发展相辅相成、相得益彰。

2009年8月31日

注释：

[1] 邓英淘、薛玉炜：《畜牧业在我国经济发展中的作用》，《调查研究通讯》No. 2009 -2. 中国社会科学院经济文化研究中心，2009 年 1 月 9 日。

[2] 裘望编著：《国外的畜牧业》，中国社会出版社，2006 年 9 月。

[3] 中国奶业协会：《印度越南奶业考察报告》，2008 年。

[4] 张同铸主编：《世界农业地理总论》，商务印书馆，2000 年 4 月。

[5]《国外现代畜牧业发展模式及基本做法》，淘牛网，2007 年 4 月 19 日。

[6] 刘玉满：《发达国家畜牧业经济发展趋势及对我国的启示》，《饲料广角》，2007 年第 13 期。

[7] 这些国家中不包括丹麦。丹麦虽然不是欧洲的畜牧业大国，却是一个畜牧业强国，且是“猪肉王国”，历来就是世界上最重要的猪肉输出国之一。

[8] 屈国杰，李枚：《美国饲料制造业的结构变化》，《中国畜牧兽医文摘》，2008 年第 4 期。

[9] 张存根等主编：《畜牧业经济与发展（2006—2007）》，中国农业出版社，2008 年 2 月。

[10] 邓蓉等著：《中国畜牧业发展研究》，中国农业出版社，2005 年 11 月。

[11] 莱西市：《标准化规模养殖康庄大道——山东可再生资源调研访谈之七》，《工作通报》，No. 2008 -14，参天水利资源工程研考会，2008 年 7 月 25 日。

[12] 邓英淘：《浅议农田粮草间作》，《调查研究通讯》No. 2006 -13，中国社会科学院经济文化研究中心，2006 年 8 月 9 日。

[13] [美] 小艾尔弗雷德·钱德勒：《规模与范围——工业资本主义的原动力》，华夏出版社，2006 年 1 月。

[14] 薛玉炜：《河南考察观感》，《工作通报》No. 2004 -29，参天水利资源工程研考会，2004 年 7 月 26 日。

[15] 邓英淘：《物能级配准则、经济发展与环境保护》，《调查研究通讯》No. 2008 -7，中国社会科学院经济文化研究中心，2008 年 5 月 5 日。

[16] 同 [1]。

[17] 罡泰沼气：《规模化沼气城镇新能源——山东可再生资源调研访谈纪要之六》，《工作通报》No. 2008 -13，参天水利资源工程研考会，2008 年 7 月 23 日。

[18] 邓英淘：《矿物燃料与交通用能——能源经济概观之四》，《调查研究通讯》No. 2008 -6，中国社会科学院经济文化研究中心，2008 年 4 月 8 日。

*** 此辑部分文章为与薛玉炜合著。**

住宅经济与新的经济主导循环流程

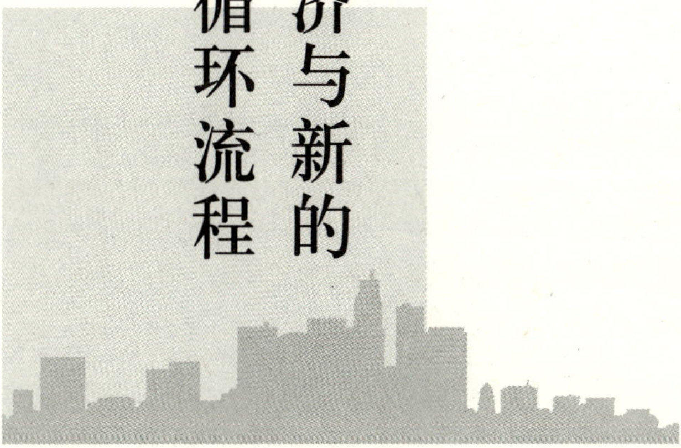

住宅经济概观之一

——市场前景与形态特征

据世界银行对40多个国家住宅发展情况的研究成果显示：住宅的投资和建设随着人均GDP增长而出现逐步加快增长的趋势，尤以人均GDP 1000美元前后的时期增长快。世界各国的经验还表明：在人均住宅面积达到30平方米至35平方米之前，住宅房需求会保持旺盛的状态。

从国民经济所处的发展阶段及近些年的实际情况看，我国住宅产业正在进入一个前所未有的快速发展时期。与此同时，我国还面临着一个加速城镇化进程的特殊问题。它将对我国住宅供求格局、市场前景和形态特征产生深刻的影响。本文将对这些问题作一初步探讨。

一、城镇市场前景的分析

要对我国城镇住宅市场的前景给出一个量级上的稳健估算，首先要对我国未来城镇人口的变化动态及其特征有一个大体准确的把握。

未来我国城镇人口的增长趋势

2000年我国城镇人口总数约为4.59亿人[1]，所占比例为36.2%。假设到2050年，我国人口总数达到16亿人，城镇人口比例达到85%，则其总量约为13.6亿人（即设城镇人口比例每年增加1个百分点）。

人口学的研究表明一对夫妇生育2.02个孩子是人口总量零增长的限界。由于近十几年以来我国城镇人口实行的是一对夫妇只准生一个孩子的政策，故可近似地假设现有的城镇人口总量在没有机械性迁入的条件下，将保持零增长的状况。如此，可以认为我国城镇人口的未来增长状况将几乎完全依赖于机械性迁入人口的增长，即来源于农村人口向城市的转移。

城镇人口由2000年的4.59亿人增长至2050年的13.6亿，净增9亿人，平均年增长规模约为1802万人，即在50年内，每年约有1800万农村人口迁入城镇。如以年均增长率来计算，约为年增2.2%，这是一个按指数形态增长的模式，与上述年平均等量增长的图景很不相同。例如，在后一种增长模式中，第1年迁入的人口约为1001万人，第50年迁入的人口约为2890万人，这为第1年迁入人口数量的3倍。不同的城镇人口增长模式对城镇住宅市场的年度规模变化影响极大，也是其市场波动或周期的主要成因之一。

从实际的角度看，未来我国城镇人口增加的图景，也不会是纯粹指数式的增长图景；而可能是更近似于S型曲线的增长模式。但为了便于分析，而不失一般性，我们在下文中，主要以前两种模式为据来进行有关的推算。

不过为了进行比较，我们在下图中给出了三种增长模式的示意图，尽管三者的增长形态颇不相同，但有一点是相同的，即三条曲线在50年内转移的总人口皆为9亿人。

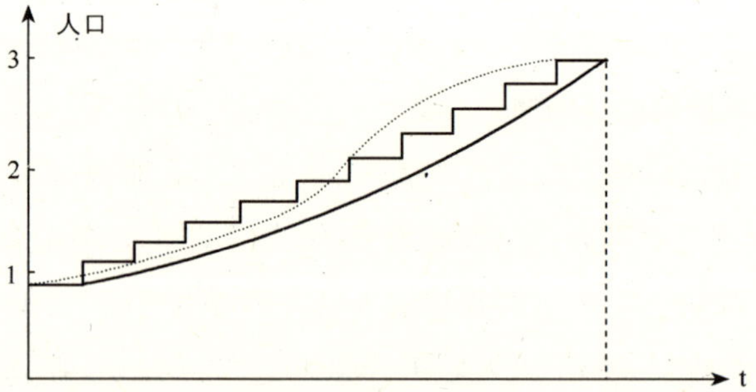

图1　三种转移模式

图1中，阶梯形曲线是年均等量转移模式，实线是指数转移模式，虚线是S型转移模式。由图中可直观地看出与指数模式历年转移的人口相比，等量模式前期比它高、后期比它低，而S型模式则是前低、中高、后低。

住宅市场的前景特征

根据前述城镇人口增长的状况，并假设在2050年我国人均GDP达到发达国家20世纪90年代的水平[2]；则可进一步设定2050年我国城镇人口人均住房建筑面积为45平方米[3]。在这些前提下，我们可做如下推算。

对现在城镇人口（4.59亿人）的住房估算。目前城镇人均住房建筑面积约为20平方米[4]，设其在50年内增至45平方米，年均增加0.5平方米，则每年建房总量为2.3亿平方米，50年累计约为114.7亿平方米。

注意，实际过程可能是，在前30年现有城镇人口（4.59亿人）人均住房建筑面积就达到了40平方米以上[5]。因此，上述推算只是为了便于估算城市住宅市场的平均年度规模，并不意味着实际过程也是如此。

对新增城镇人口的住房估算，以每年等量增加1802万人，人均住房45平方米（建筑面积，下同），则一年建房总量为8.1亿平方米，50年累计为405.5亿平方米。

注意，在实际生活中，一般不可能发生当年迁入城市的所有人口在年内就达45平方米的指标。不过，上述方便的计算方法只会对市场峰值年份的变动有影响，而不会改变累计建房的总量。因为，今年少建了，明年就得多建。

对全部城镇人口的住房估算。将上述两项合计，可知在未来50年里，我国城镇住宅建设总面积累计将达520.2亿平方米，以每平方米投资1200元（2000年价格）计，累计总投资将达到62.4万亿元，年度建成面积平均为10.4亿平方米，年度住宅投资规模将达1.25万亿元

(2000 年价格)。

10.4 亿平方米是一个什么概念呢？在 1979 年至 2000 年的 21 年里，我国城镇累计建成住宅 80.3 亿平方米[6]，年均为 3.8 亿平方米。10.4 亿平方米相当于 3.8 亿平方米的 2.74 倍。也就是说，今后 50 年我国城镇住宅年度平均建成规模相当于前 20 年的近 3 倍。2000 年我国城镇住宅竣工面积约5.5 亿平方米[7]，10.4 亿平方米相当于它的近2 倍，翻了一番（另外，这个 10.4 亿平方米，未包括每年需更新的面积，在未来 50 年里，这个更新面积的年均规模约在 8 亿平方米。在后文中，我们将会对这个问题加以讨论)。

以年均增长率来计算，在今后 50 年，我国城镇住房建成面积（未包括更新面积）的年增率约为 4%[8]，保持总量（612 亿平方米）不变的年均更新面积约为 8.2 亿平方米[9]，峰值年份的建成面积有可能达到 18 亿平方米以上[10]，这相当于 2000 年的 3.3 倍。

由此可见，我国城镇住宅市场的前景是何等的可观。但在上述数据中有一项最重要的结构性信息应给予特别的重视。

在我国未来 50 年的城镇住宅市场中，累计新建成的住房面积为 520.2 亿平方米，其中 405.5 亿平方米是为从农村迁入的人口和劳动力修建的，所占比例为 78% 。也就是说，在未来的城镇住房市场中，需求的主体将是从农村迁入城市的人口和劳动力。

由此可见，城镇住宅市场的扩张速度，在很大的程度上，依赖于城镇化的加速进程及其质量状况。

二、住宅对经济发展的带动力

本节将对住宅经济对国民经济发展的影响略作分析，其范围不再限于城镇住宅市场。

估算方法、数据与结果

为了估算住宅经济对国民经济发展的贡献，我们采用下述公式进行计算：

$$G_t = a_{t-1}Z_{t-1} + b_{t-1}F_t$$

其中，G_t为我国 GDP 第 t 年的年均实际增速，Z_t为第 t 年住房经济部分的实际年均增速，a_{t-1}为第 t－1 年住宅的消费与投资支出合计占同年 GDP 的比重，F_t为第 t 年国民经济中非住房经济部分的年均实际增速，b_{t-1}为其在第 t－1 年占同年 GDP 的比重（实际上，这个公式是一个恒等式，其正确性请读者自行推导）。

在下文中，我们以 5.6% 为我国未来 50 年间 GDP 的年均实际增速。根据通常的经验，这是一个不慢的增长速度[11]，将使我国 GDP 在未来 50 年再翻近四番。

现在我们对 a_{t-1} 和 Z_t进行估算。2000 年我国人均居住消费比重约 10%，比国际平均水平要低 5 到 10 个百分点[12]，同年我国住宅投资支出占全社会固定资产投资的比重约为 11.50%[13]；同年全国的最终消费率和投资率分别为 61.3% 和 36.2%，10% ×61.3% ＋11.5% ×36.2% ＝10.3%，即住宅的消费和投资占同年 GDP 的比重为 10.3%。

设 2050 年我国的最终消费率和投资率分别为 70% 和 30%（净出口为零），并设住房的消费和投资分别占总消费和总投资的比重为 22% 和 25%[14]，则不难得到住宅的消费与投资之和占同年 GDP 的比重为 22.9%。由未来 50 年我国 GDP 年均实际增长率为 5.6% 的假设可知，2050 年我国的 GDP 总额相当于 2000 年的 15.3 倍，即近乎翻四番。如以 2000 年的 GDP 为 100 个单位，则 2050 年我国的 GDP 为 1525 个单位；22.9% ×1525 ＝349，即 2050 年住房的消费和投资为 349 个单位，这相当于 2000 年的 10.3 个单位的 33.9 倍，由此可算出未来 50 年我国住房的消费和投资之和的年均实际增长率为 7.3%。

如此，在前述基本公式中的 G_t =5.6%，a_{t-1} =10.3%（t－1 =2000年），Z_t =7.3%。由于这是一个递推公式，由此不难算出历年的 GDP 和住房的消费与投资的数值（2000 年价格）。

以（$a_{t-1}z_t$）/G_t可算出第 t 年住房的消费与投资之增长对于同年国民经济增长的贡献份额，将这些贡献份额相加后除以 50，便得到未来 50 年内住房的消费与投资之增长对于同期 GDP 增长的平均贡献份额。下面，我们直接给出计算结果表 1[15]：

表 1　未来 50 年内住房消费与投资之增长对于同期 GDP 增长的平均贡献份额计算结果

2001—2010	2011—2020	2021—2030	2031—2040	2041—2050	合计 2001—2050
14.6%	17.1%	20%	23.5%	27.5%	20.54%

由上表不难看出，住房的消费与投资之增长对 GDP 增长的贡献份额逐步增加，在第一个 10 年为 14.6%，第五个 10 年已扩大为 27.5%；未来 50 年内平均贡献份额为 20.54%，即在 GDP 5.6 个百分点的年均增率中，有 1.15 个百分点来自于住房的消费与投资增长的贡献。

上述计算只包括住房的消费与投资增长对 GDP 增长的直接贡献。据有关资料的分析，住宅建设每投入 1 亿元，可诱发相关产业 1.93 亿元至 2.86 亿元的产出，拉动系数为 1∶1.93 至 1∶2.86[16][17]，这意味着住房的消费与投资增长对 GDP 增长的直接和间接贡献份额可达 30% 至 40% 左右[18]。

住宅对产业的影响

住宅的产业链特别长，它的生产流通和消费，直接对几百大类几万个品种的产品提出需求，它与建材、冶金、化工、纺织、机械、仪表、公用事业、金融保险、家用电器、商业服务等近百个部门的经济活动密切联系。

住宅产业通过“后向联系”（拉动），即住宅产业作为需求市场，带动钢铁、建材、森工、机械、化工、陶瓷、纺织等产业的发展；它通过“前向联系”（推动），即通过住宅的开发和建设，直接推动建筑、装饰、通信、电力等产业的发展；它还通过“旁侧联系”（扩散）影响到家用电器、厨房用具、家具、商贸、服务业的发展。（在前述数值计算中，未计及旁侧联系的影响，在这方面我们可以实例来感受一下这种影响：当住房变得宽畅和舒适时，户均彩电可由一台变成两台，空调可由户均一台变成室均一台；这显然会对家用电器的生产发生明显的带动作用。）

根据国家统计局专家以投入产出模型所做的测算，在我国每100亿元房地产投资可以诱发国民经济各部门的产出286亿元（住宅的相应系数可能略小于此数），拉动（及推动）系数为1∶2.86[19]，大大高于过去测算的1∶1.95的水平。其中诱发建筑业产出90.76亿元；诱发制造业产出123.6亿元（其中包括：金属矿物制品业产出31.45亿元，金属冶炼及压延工业产出18.81亿元，化学工业产出14.98亿元，金属制品业产出9.82亿元，机械工业产出8.79亿元，电器机械及器材制造业产出7.58亿元）；其他依次为：采矿业16.64亿元，商业11.16亿元，房地产业自身10.98亿元，电力煤气自来水供应业6.59亿元，货物运输及仓储业5.86亿元，社会服务业4.98亿元，饮食业1.57亿元，综合技术服务业1.18亿元，等等。

下面我们再来看一个更具体的实例。据概略估计，在1995年至1996年仅城乡住宅建设每年需要消耗的钢材相当于全国钢材产量的40%、水泥产量的47%、玻璃产量的40%、木材产量的20%[20]。到2000年，我们估计住宅建设消耗钢材的比例不会有明显的变化。不妨设其仍为40%。2000年我国钢材生产量约为13146万吨，将其乘以40%，得数为5258万吨，即该年全国城乡住宅建设消耗钢材近0.53亿吨。

2000年城镇新建住宅5.48亿平方米，设其全为钢筋混凝土结构；

农村新建住房7.97亿平方米，其中钢筋混凝土结构的住房新建面积约4.8亿平方米[21]；城乡合计约10.3亿平方米左右。在未来50年间，我国城乡新建住房面积年均可达21亿平方米[22]，设其全为钢筋混凝土结构，则其面积相当于2000年10.3亿平方米的2倍左右，以此乘以0.53亿吨，得数为1.06亿吨。这相当于2000年全国钢材产量的81%。也就是说，仅为满足全国今后住房建设的需要，我国钢材的年均生产量就要在2000年的水平上增产5000多万吨；如以40%的比例推算，未来50年我国钢材年均生产规模约2.7亿吨左右。

这个实例说明，高水平、大规模的住宅建设对国民经济其他部门发展的影响有多大。另一方面，它还说明了，为什么我国人均钢材产量（约100公斤左右）仅相当于发达国家人均水平的1/5至1/10，但已出现了明显的“饱和或过剩”征象，其原因就在于住房的建设没有发展到相应水平和质量。这种因果关系可推广到我国目前很多其他的长线产品中去，如水泥、玻璃等。

住宅建设对就业的影响

下面我们分三个层次分析住宅建设对就业的影响。

先看住宅建设前的部门。它们包括钢铁、冶金、建筑设备、水泥、玻璃、建筑服务（科研、设计）。在这个层次里，主体是建材行业，一般而言，在住宅建设加速发展的阶段，建材行业的产值约占工业产值的4%到5%[23]，我们取5%这一比例来估计建材行业的就业情况。由前文的分析可知，我国今后50年住宅建设的年均规模相当于2000年的2倍左右。2000年，我国第二产业的从业人员为16219万人[24]，其中工业为14116万人（当年工业增加值占第三产业的87%），以此乘以5%，得到建材行业的从业人员为706万人，其中74%是为住宅提供建材的[25]，人员数为522万人；以此乘以2得数1044万人。也就是说，今后50年，住宅建材部门可以多吸收500多万人的就业，年均总规模达到1000多万人。

次看住宅建设中的部门。它们包括建筑预制件加工和建筑劳动，其中的就业主体是建筑劳动。2000 年我国建筑业从业人员数为 2741 万人[26]，其中 74% 从事住宅建筑（同注［25］），人数为 2028 万人，以此乘以 2，得数 4056 万人。也就是说，今后 50 年住宅建筑部门可以多吸收 2000 多万人的就业，其从业人员的年均总规模为 4100 万人左右。

再看住宅建设后的部门。它们包括住宅区设施及公共设施（如水、热、电、气等供应部门），住宅管理、住宅服务与住宅维护（含住宅装饰），住宅金融、住宅保险等部门。它们多数属于第三产业。

为此，我们采用一种特殊的近似估算方法。2000 年我国住宅（含居住）的消费和投资支出占 GDP 的 10% 左右（见前文），同年第三产业的就业人数为 19566 万人[27]，以其乘以 10% 得数为 1957 万人。到 2050 年，我国住宅（含居住）的消费和投资支出在 GDP 中所占比重约为 20%，同年第三产业从业人员占总从业人员的比重可能达到 66%，设同年从业人数占总人口的比重约为 50%；如届时全国人口总量为 16 亿，则有 16 亿 ×50% ×66% ×20% =1.056 亿。这意味着在住宅建设后部门中的从业人数将比 2000 年的水平增加 8000 万人左右。这个估计可能有些偏高，低估一些的话有可能达到比 2000 年的水平增加 5000 万至 6000 万人。

总之，在住宅建设的产前、产中和产后的部门中，今后多吸纳的就业人数可能达到 8000 万至 1 亿这个水平。

三、过渡时期的矛盾

由上述分析可见，**在今后 50 年，住宅的建设与消费将会对我国经济和社会的发展产生巨大的影响。由于住宅产业具有高收入弹性（需求层面）、超长产业链条及高生产率上升率（供给层面）；因此，它完全可能成为我国今后经济发展的第一推动力。不过，要想使这种巨大的潜力变为坚**

固的现实，其首要的前提就是加快城镇化进程和提高城镇化质量。

对于住宅建设、消费和城镇化进程的关系，前文已有讨论。对于其与城镇化质量的关系，我们将在下文中略作探讨。

城乡住宅建设与消费的差别

对此，我们着重考察2000年的状况。本年全国城乡新建住房约13.45亿平方米[28]，其中农村新建房屋面积为7.97亿平方米，所占比例为59.3%，城镇新建住宅面积为5.48亿平方米，所占比例为40.7%。单从数量上说，前者高于后者。但从质量上看，则情况明显不同。目前全国城镇每平方米住房的销售价格约在2000元左右，而农村每平方米住宅的价值仅在200元左右，前者相当于后者的10倍左右，高出一个数量级。从住房投资的角度看，2000年城乡之比为72∶28[29]，即城镇住宅建设已经是全国住宅建设的主体。我们估计，在2015年前后，从建房面积上看，城镇也将超过农村[30]。

目前我国城乡住房单位价值的差别表现在很多方面，首先是建筑质量，如住房格局设计的新颖程度，建设中的投劳投物，所用各种新型建材的数量和品质；其次是住房建设后的服务水平和适住程度，如家居的装饰水平，水、电、气、暖、通信的供应水平，垃圾和生活污水处理的可能和程度，商业和教育服务设施，等等；最后，地价的差别。

因此，对于每个住房单位而言，我国目前城乡住宅建设及其对相关产业的影响力有着很大的差别。当然，乡村住宅质量并不注定要永远落后于城镇住宅。实际上，我们在前文所做的很多推导，都有一个隐含的假设，即一二十年以后，我国乡村住宅的平均质量，将会与城镇住宅并驾齐驱。但就今后一二十年而言，两者的差别还是明显的；这意味着在这一阶段里，相比于农村住房建设，在城市多建一个单位的住宅，其对住宅产业自身及相关产业和国民经济的影响力要比农村高出数倍。

就业和定居的分离及其影响

目前的一般说法是：我国农村外出务工经商从业人员约有8000万

左右，如果扣除在本乡、本镇务工经商的从业人员，大约还有6000万人左右[31]。他（她）们在城镇就业，居住通常在半年以上，在统计上已列入城镇常住人口的范畴。然而，这部分人春天离开农村、冬天返回农村，像候鸟一样做周期性地长距离迁移，即从定居和迁移的模式上看，又与其他的城镇常住人口很不相同。在世界范围内的农村城镇化进程中，从未出现过如此规模的“候鸟式”城镇人口，实乃中国特有的现象。在下文中，我们将对这种“拟城镇人口”与我国住宅建设的关系略作探讨。

“拟城镇人口”基本上在异地城镇就业和非定居式地居住，他们在非居住方面的消费水平要比当地城镇人口低一截，在居住方面的消费水平更是要低一大截，大约只相当于当地城镇人口的1/5左右。例如，有研究表明，在北京和上海，农民工分别有32%和49%住在租赁的房屋中，还有一部分人住在厂区宿舍（通常5人至6人一间，上下铺。——笔者注）；这种流动人口人均居住面积只有当地居民的1/3，而且所住房屋大多没有厨房和卫生间；其所付的房屋单位租金要高于当地城市居民[32]。

我们可对“拟城镇人口”的经济行为模式做如下概括：外出打工时——苦干、省吃、俭用、陋居、攒钱，返回农村时——盖房、婚育、添置大件。或者说，他（她）们的打工收入主要来自于异地城镇，而其消费支出、特别是居住消费支出主要花费在农村定居地。

大量“拟城镇人口”的存在和持续增长，虽然有利于我国城镇化比例的外延扩张，但在相当程度上降低了我国城镇化的水平和质量。而更重要的是，这种现象在我国住宅建设与消费的过程中，产生了一种三重的不经济。

其一，由前文可知，未来我国城镇住宅市场的需求主体是由农村迁入城镇的人口；而一平方米住房建在城市、还是建在农村，对于住宅产业自身及相关产业和国民经济的拉推动力要相差若干倍。因此，“拟城镇人口”的居住消费模式将减弱城镇住宅需求及住宅总需求的强度，从而弱化住宅建设与消费对国民经济增长的推拉动力，最终减缓国民经济的发展速度。

其二，目前我国农村人均居住面积已达24.8平方米，相当于城镇人均居住面积的2倍左右，农村人口拥有的住房总面积（使用面积）约200亿平方米[33]，而至2050年这一数字将可能降到100亿平方米左右[34]。因此，随着农村人口的大量正常转移（即不是取“拟城镇人口”形态的转移），我国农村住房建设保持在一定的更新水平即可，建设的重点是在更新的过程中提高住房质量，而非数量。这一更新水平在今后50年内约在年均2亿平方米左右[35]；而近5年我国每年农村新建住房面积约在8亿平方米左右[36]。以此估计，每年均有6亿平方米属于近乎不必要的重复建设，它所对应的资金量约在1600亿元左右[37]，10年累计将近2万亿元。也就是说这笔资金本可用于城镇住宅建设——为农村迁入城镇的人口提供住房，但现在却被用于在农村建设那些即将被淘汰或闲置的住房。

其三，为以自然村（原来的小队）为单位、居住极为分散的农村居民提供一定水平的公共服务和公用设施（教育、商业和金融网点、水、电、气、热、通信、垃圾和污水处理等），其单位投入成本将比城镇大得多。同时，随着日益增多的农村人口迁入城镇，这部分投入将有相当部分变成沉没成本。

就目前以及今后情况看，就业和定居分离的迁移模式的成因，除了有城镇户籍制度等方面的限制因素外，日益重要的影响因素是相对于农村外出打工人口的收入而言，城镇房价过高，戏言之，所谓“米珠薪桂，居大不易”。也就是说，农村外出人口在城镇就得了业，但买不起房，定不了居[38]。于是，不得不退而求其次：在城镇打工挣钱，在农村盖房定居，即就业和定居相分离。

实际上，“拟城镇人口”形态的转移模式，不仅降低了城镇化的质量，而且也减缓了城镇化进程应有的速度。正是因为在城镇定居非常困难，所以进城的主要是农村人口中的劳动力，他（她）们不会把子女、更不会把老人带入城镇。反之，情况将是这样的：设每个劳动力带一个孩子和一个老人，则现有的“拟城镇人口”6000万人，就得乘上3倍，其数为1.8亿人。如此，我国目前城镇人口将在4.59亿的水平上迅即增加1.2亿人，达到5.8亿的水平，我国城镇化的比例随之增至45.8%（2000年实际为36.2%）；这就与当前国际的平均水平（约50%左右）比较接近了。

由此观之，如果我们能在未来的10年至20年内，消除就业和定居相分离的迁移模式的不良影响，或使“拟城镇人口”的形态正常化；我们不仅能加速城镇化进程的速度，提高城镇化的质量和水平，还能在经济社会发展过程中，获得多重的经济效益。

当然，这将对现行的城镇户籍管理制度、城镇住宅的建设、供应（购买、租赁）、服务以及房价形成等机制提出重大的挑战。

四、结语

现在我们把本文的主要结论概括如下：

在未来50年，我国住宅产业将成为国民经济发展的第一支柱产业，其增长对国民经济（或GDP）增长的贡献份额将达到30%至40%（其中直接贡献份额为20%，间接贡献份额约为10%至20%）。住宅建设的产前、产中和产后诸部门具有吸纳8000万到1亿劳动力就业的能力。

在同期内，我国城镇住宅建设将成为全国住宅建设的主体，所占比重约在80%至90%；我国城镇住宅市场的需求主体是由农村迁入城镇的人口和劳动力，所占市场份额约为70%左右。

要实现住宅建设对经济发展的巨大带动力，必须提高城镇化进程的速度、质量和水平；其中关键之处在于，应在未来一二十年里，逐步改变农村外出打工人员就业和定居分离的迁移模式，使“拟城镇人口”的转移形态正常化。这意味着以往主要是农村劳动力进城的模式将会改变，而举家迁入城镇定居的模式将会逐步形成。

2002年10月18日

注释：

[1] 国家统计局：《中国统计摘要（2002）》，中国统计出版社，2002年5月。

[2] 在2001年至2050年，如果我国经济能够保持5.5%至5.6%的年均增率，并设美国同期的年均经济增长率为3.5%；则至21世纪中叶，我国经济的总量（以购买力平价计算）将相当于同期美国的1.5倍以上，我国人均GDP水平为美国同期的35%，高于美国20世纪末的水平。

[3] 中等收入国家人均住房20平方米（建筑面积，下同），高收入国家人均45平方米，2000年，我国城镇人均住房面积20.4平方米。资料来源：《我国房地产增长期将维持10年》，《金融时报》，2002年4月24日。

[4] 同[3]。

[5] 1979年我国城镇人均住房建筑面积约为7.2平方米，2000年底已达20.4平方米（资料来源同[3]），年均增0.63平方米；如以此外推至2030年，可知现有城镇人口届时人均住宅建筑面积可达40平方米。

[6] 1979年我国城镇人口为1.84495亿人，人均住房建筑面积为7.2平方米，总量为13.3亿平方米；2000年我国城镇人口为4.59亿人，人均住房建筑面积为20.4平方米，总量为93.6亿平方米，比1979年净增80.3亿平方米。

[7] 国家统计局：《2001年中国统计年鉴》，中国统计出版社，2001年9月，第333页。

[8] 在2050年，13.6亿城镇人口人均住房面积达45平方米，城镇住宅面积总量为612亿平方米，比2000年的93.6亿平方米，增长5.54倍。

[9] 612亿平方米的城镇住宅，如以75年为其平均寿命，则每年的更新面积平均为8.16亿平方米。“据日本对战后住宅的调查，平均寿命为64年，以中日两国建房材质推算，我国住宅寿命应为75年”（参见孙克放《建造21世纪的中国换代住宅》，《科技日报》2001年6月29日）。

[10] 每年平均建成10.4亿平方米，加上年均更新8.2亿平方米，两者之和为18.6亿平方米。

［11］要在50年内达到5.6%的年均增长率，可设第一个10年为年均增7%，第二、三、四、五个10年分别为6%、5.5%、5%和4.5%。

［12］同［3］。

［13］统计的数字在20%左右，但其中有两项支出在居民消费中也做了计算：一项为农民建房支出（参见［7］第328、333、161、205页），一项为城镇个人建房支出（参见［7］第204、306页）；故在对住房的消费和投资进行合计时，应减去这两项，以避免重复计算。我们采用下述方法进行计算：2000年城乡新建住宅面积为13.45亿平方米，从中减去农村新建面积7.97亿平方米和城镇个人新建住宅面积2.17亿平方米（参见［7］第333页），得数为3.31亿平方米，将其乘以房地产开发竣工房屋造价1139元/平方米（参见［7］第213页），得数为3770亿元。以此除以2000年全社会固定资产投资总额32917.7亿元，得数为11.5%。

［14］目前住房消费比重的国际平均水平为15%至20%（参见［3］），发达国家平均20%至25%；又及"二战"后英、德、法、日等国经济起飞时期，住宅投资占固定资产投资的比重为25%—30%（参见刘子刚：《个人住房贷款——一个潜力巨大的市场》，《金融时报》，1992年2月6日）。

［15］以递推公式对50年的数据进行计算，计算量较大，我们采用了一个快速算法，计算量只是递推算法的1/10，误差只有1%。其方法如下：在每个10年里，计算住房的增加值（消费与投资）净增数占同期GDP净增数的比重，这个比重与各年贡献份额的均值相差只有1%。

［16］刘子刚：《个人住房贷款——一个潜力巨大的市场》，《金融时报》，1992年2月6日。

［17］孟晓苏：《关于我国房地产业持续发展的几个问题》，2001年12月，未公开发表。该文提到：根据国家统计局的专家以投入产出模型测算，在中国每100亿元的房地产投资，可诱发国民经济各部门的产出286亿元，拉动系数为1∶2.86，大大高于过去测算为1∶1.95的水平（笔者注：这种变化很可能是由于城镇住宅建设所占比重的提高所致，因为其拉动系数高于农村住宅建设）。

［18］如以1∶2计算，住房建设每投入1亿元，可诱发相关产业2亿元的产出，其中1亿元的产出为住房建设的投入，这就是与住房直接贡献相对应的部分；另1亿元的产出便是与住房间接贡献相对应的部分。

［19］同［17］。

［20］转引自《工人日报》：《房地产业可带动52个产业发展》1997年4月24日。

［21］到2000年我国农村居民人均钢筋混凝土结构的住房面积约为6平方米，比1995年

增加约3平方米（见［7］第333页），年均增0.6平方米，2000年农村人口约为8亿人，以此乘以0.6平方米，得数为4.8亿平方米。

［22］估算方法如下：我们以2025年城乡新建住房面积（含更新住房面积，平均寿命以75年计）为未来50年内的年均值数。如设2050年全国人口总数为16亿人，则50年内，我国人口年均增长率约为0.47%，2025年我国人口总量约为14.25亿人，届时城镇人口数为7.91亿人（因为2050年城镇人口数量为13.6亿人，50年内年均增长率为2.2%），农村人口数为6.34亿人。2025年城镇新增人口数为1703万人，当年需新建城镇住宅7.7亿平方米（人均45平方米），累计建成356亿平方米，减去当年新建的7.7亿平方米，得数348.3亿平方米，以此除以75得数为4.6亿平方米——即为2025年当年城镇住宅更新面积，二者之和为12.34亿平方米。2025年农村人口数为6.34亿人，以人均30平方米使用面积（皆为钢筋混凝土结构）计算，累计已建成190亿平方米，比2000年的钢筋混凝土住房面积50亿平方米（8.08亿人×6.15平方米/人，参见［7］第333页）净增140亿平方米，25年间年均规模为5.6亿平方米，（190－5.6）÷75＝2.5亿平方米（每年更新的平均规模），两者之和为8.1亿平方米。则2050年城乡合计新建、更新住房面积总量为20.44亿平方米。

［23］董寿昆著：《住宅经济比较研究》，中国金融出版社，1988年4月。

［24］同［1］。

［25］同［7］，由其第160页可知，2000年房屋竣工建筑面积为181974.4万平方米，其中住宅面积为134528.8万平方米，所占比例为74%。

［26］同［7］，第465页。

［27］同［7］，第108页。

［28］同［7］，第333页。

［29］乡村为1847亿元（参见［7］第205页），城镇个人建房投入为953亿元（参见［7］第204页），其他部分为3770亿元（参见［13］）。

［30］由［22］可知，2025年城镇新建（含更新，下同）面积为12.34亿平方米，农村为8.1亿平方米。对于2050年的相应数据可做如下推算：当年新增城镇人口2890万人（按指数模式），每人45平方米，当年新建面积为13亿平方米，已建面积约600亿平方米，除以75，得出当年更新面积为8亿平方米，两者之和为21亿平方米，这就是2050年城镇新建及更新住房的面积。2050年农村人口为2.4亿，住房总面积为108亿平方米，因为比上年人口减少，故至多只有1亿多平方米的更新住房面积。由此可见，到了下世纪50年代末，每年城镇住房建设面积将占到全国的

90% 以上。

[31] 由《2001 年中国统计年鉴》可知，1999 年我国城镇人口为 38892 万人，比上年增长 950 万人；2000 年我国城镇人口为 45844 万人，比上年剧增近 7000 万人，多增约 6000 万人。这种突变现象实际上是统计口径的变化所致，即在第五次人口普查中，对城镇常住人口中的人户分离现象进行了调整。如果我们认为这种人户分离的主体是农村外出务工经商人员，那么 6000 万人就是对其总量的一种近似估计。

[32] 张照新、宋洪远：《中国农村劳动力流动国际研讨会主要观点综述》，《中国农村观察》，2002 年第 1 期。

[33] 参见 [7] 第 333 页，第 91 页。

[34] 参见 [30]。

[35] 2000 年农村住房使用面积总量为 200 亿平方米左右，以 75 年平均寿命计，每年更新水平为 2.67 亿平方米；2050 年农村人口为 2.4 亿人（所占比例为 15%），以人均使用面积 45 平方米计，其总量为 108 亿平方米，除以 75 年，则当年更新水平为 1.44 亿平方米，（1.44 亿平方米 +2.67 亿平方米）/2 =2.06 亿平方米。

[36] 参见 [7] 第 333 页。

[37] 由 [7] 第 205 页可知，1996 年至 2000 年均竣工房屋投资约 2187 亿元，2187 ×（6/8） =1640（亿元）。

[38] 根据直观的经验，目前农村外出打工人员的月工资约在 600 元至 700 元，取其中值为 650 元。假设夫妻俩人均能就业，则其户均月收入为 1300 元，年均为 15600 元，设一户四口人（两个孩子），如其住房面积达到目前城镇的人均水平，则 4 口之家居住总面积为 80 平方米（建筑面积）；目前我国城镇住房每平方米售价约为 2000 元左右，80 ×2000 =160000（元）。相当于其户均年收入的 10.3 倍，明显高于 1 ∶3 至 1 ∶6 的限界。

住宅经济概观之二

——房价水平及其形成机制

我们在文献[1]中，曾得出下述结论：在未来50年，我国住宅产业将成为国民经济发展的第一支柱产业，其增长对GDP增长的贡献份额将达到30%至40%（其中直接贡献份额约为20%，间接贡献份额约10%至20%）；住宅建设的产前、产中和产后诸部门具有吸纳0.8亿至1亿劳动力就业的能力。在同期内，我国城镇住宅建设将成为全国住宅建设的主体，所占比重约在80%至90%；我国城镇住宅市场的需求主体是由农村迁入城镇的人口和劳动力，所占市场份额约为70%左右。

不过，要实现住宅建设对我国经济发展的巨大带动力，有两个前提：一是必须提高城镇化进程的速度、质量和水平，这在上述文献中已做过讨论；二是相对于居民收入而言，房价水平必须适当。为此，必须建立一个良性的房价形成机制，这就是本文的主题。

一、收入房价比的合理范围

衡量商品住宅价格水平的高低主要看居民的收入水平，用后者来衡量前者的最通常做法是看平均每套住宅的价格与户均家庭年收入之比。在这方面，国际上有一些通行的标准。

一般标准的含义及实例

据世界银行对一些国家考察后得出的结论，一套住宅的合理价格应保持在一般居民家庭年收入的 3 至 6 倍的水平，若高于 6 倍的水平，居民就难以承受。下面我们先以 6 倍这个上限做些分析。

在发达国家，家庭收入用于住宅开支的比例通常在 20%；如以 6 倍这一比率计算，则一户家庭将要用 30 年的时间才能买下相应的一套住宅（未计入分期付款的利息支出）。如果计入分期付款购房的利息支出，则在 30 年的时间里，这户家庭用于住房开支的比例将要超过上述 20% 这一比率。

以首付 20%、年利率 5% 和 30 年期限计算，通过个人住宅贷款月均还款额的速算表可知，在 30 年的时间里，该家庭用于住房开支的比例将在 35% 以上。若以首付 30%，年利率 4% 和 20 年期限计算，则在 20 年的时间里，该家庭用于住房开支的比率也将在 30% 左右。

由此，我们也就不难理解下述现象：在西方发达国家，一个人从开始工作时就分期付款买房，直至将近退休前后，那栋房子才能真正归自己所有。

在绝大多数市场经济的国家或地区中，房价收入比通常在 2 至 6 之间变动。联合国人居中心提供的按地区划分的这种比值为：撒哈拉以南非洲 1.04，东亚 4.15，拉丁美洲和加勒比海 3.06，欧洲、中东和北非 5.03，工业化国家 4.07。具体国家的情况是：美国 2.8，加拿大 4.8，英国 3.8，澳大利亚 4，巴西 5.6。日本在 1987 年至 1993 年这段时期，首都圈一套建设面积约 70 平方米的普通住宅超过了工薪层家庭收入的 5.8 倍，东京的中产阶级便普遍买不起住房了；所以其政府当时的调控目标是将这个倍数降至 5[2]。

由此可见，6 倍这一比值确实是一个偏高的上限。联合国人居中心 1996 年出版的《世界人居报告》，通过对 50 多个城市的调查（这些城市几乎全是各国的首都），认为：一套住房在居民户均年收入的 2 至 3 倍时是比较合理的；到 5 倍时，就说明市场有问题了，因为这时大多数人都买不起房子了[3]。

中国房价水平过高及其后果

目前我国的商品房价格大致分为三个类型：在中小城市，房价多在1000元/平方米左右；在35个大中城市，房价一般在2000元/平方米左右；而在深圳、上海、广州和北京，都是4000元/平方米以上（皆为均价），其中北京最高，2001年6月的统计显示，平均每平方米售价为4771元[4]。因此，对于有些中小城市和县级市，房价不算贵；而对于中等以上城市，特别是对于大城市和特大城市，其商品房价格相对人们的收入来讲，就显得太高了。例如，2001年北京城镇居民的房价收入比高达11（一套建筑面积80平方米的住宅）[5]。

2001年全国商品房住宅的平均销售价格约为2200元/平方米左右，同年全国城镇居民人均可支配收入为6860元[6]。如以三口之家计算，则户均年收入约为20580元；如一套住宅建筑面积为80平方米，则其价格为176000元，房价收入比为8.56。这相当于6的1.43倍，相当于5的1.71倍，相当于4的2.14倍，明显高于前述所有国家和地区的比值水平。这说明我国城镇房价总水平相对于大多数城镇居民的收入而言，确实过高了。这应该说是一个不争的事实。

在中国现有的4.5亿城镇人口中，还有6000万的“拟城镇人口”即在异地城镇务工的农村劳动力；其房价收入比更高达10.3，那就更别想买房了。而在今后50年里，可以认为我国城镇人口的增长将几乎完全依赖于这种机械性迁入人口的增长，即其来源于农村人口向城市转移，其规模高达9亿人，相当于现在城镇人口的2倍[7]。

在这种背景下，城镇房价居高不下的状态将会对住宅产业和经济发展产生什么影响呢？简而言之，那就是降低住宅产业的增长速度，进而降低国民经济的增长速度。粗略地说，以40%的贡献份额计算，住宅产业增速每降低2.5个百分点，将使GDP的增长率下降1个百分点。那么本文开篇时所描述的前景将无法实现。

其逻辑和机理是：相对于收入而言，房价过高，抑制了住宅需求，将使得多数人买不起或租不起相应的住房，或者只能买和租小旧房；于是住宅产业的市场难以加速扩张，其增速只能放缓（供给受到抑制）；这对住宅产业所能带动的几十个产业的市场和增长将发生倍乘性的相对紧缩效应，与此同时，由住宅产业吸纳就业的规模也无法达到应有的水平，相关产业的就业扩张也受到不利影响；最后收入与支出总水平的增长也将受到抑制。这是一幅不良循环的图景。反之，在原有的收入水平上，降低房价，将刺激住宅需求扩张，随之导致住宅供给扩张，然后是就业总水平不断提高，最后是收支总水平加速上升，刺激住宅需求与供给进一步扩张。这是一幅良性循环的图景。

2001 年，我国城镇新建住宅面积约 5.1 亿平方米，在今后 50 年里，我国城镇住宅建设的年均规模有可能达到 15 亿平方米[8]，峰值年份可能达到 20 亿平方米的规模。由此可见住宅市场扩容的前景有多么广阔；而其前提之一，就是房价收入比要降到一个合理的范围之内。

二、房价结构及其形成机制

在上文中，我们已经看到我国城镇房价收入比明显高于许多国家和地区的水平，其原因何在？在由福利分房体制向商品房过渡的阶段中，除了其他因素之外，更为根本的一个问题就是现行的房价形成机制不合理。

当前状况及其问题

我国商品房价一般说来由以下四部分构成：毛地价，征地、拆迁和安置费，房屋建造成本，开发商利润和其他税费，下面分别予以描述。

现在，大多数城市采用的是毛地价，该项目包括土地出让金、大市政费和四源费。土地出让金是土地使用者为取得土地使用权而向国家支付的费用，即土地所有权收益价格，它约占房价比例的 8%[9]。大市政费和四源费是城市为筹集基础设施和有关配套设施建设的资金，其中四源费用于兴建自来水、污水处理、煤气、供热这四项服务设施；大市政费和四源费用约占房价的 18% [10]。

房地产开发商在申请一宗建设用地时都要代征一定数量的市政设施用地。这些代征用地的征地补偿费、拆迁及安置费均记入开发商的成本，从而加大了房屋成本；另外，由于拆迁安置标准较高，其费用支出一直居高不下。现在一般认为征地、拆迁和安置费用约占房价的 14% 左右[11]。

房屋建造成本，包括勘探设计，前期工程费及建筑和安装成本，在多数城市约占房价总额的 33% [12]。房屋建设成本是块比较"死"的支出，由于建材及劳动力价格的刚性，没有太大的下降余地。

调查资料显示，大多数房地产开发商的销售毛利约占房价的 15% 至 20% [13]，取其中值为 18% ；这一利润水平明显高于我国一般工商企业，国外同行的水平约为 8% 左右。其他税费约占房价的 9% 。

由上述房价结构可做如下分析：土地出让金实际上是 70 年的地租一次性地进入了房价，这是极不合理的。可考虑从中去掉 7 个百分点，今后可向住房使用者以房价的 1% 按年征收土地使用税及房屋不动产税。

大市政费和四源费从原则上说，不应该进入房屋成本和房价。新的原则是谁受益、谁交费，受益多、交费多，不受益、不交费。例如多用水、多交水费，其投入的折旧费用及利税应分摊在水费中。又如城市道路建设投入应由道路使用者（如汽车、轿车）交费。这样，又可从房价中去掉 18% 。

在征地、拆迁及安置费中，这部分成本也不应该完全由开发商投入。其中一部分是政府在城市规划、城市改造等方面应该付出的代价，如开发商代征的一定数量的市政设施用地，应由政府给予一定的补偿（表现为财政支出）；另外，可适当控制拆迁及安置标准。这样在征地、拆迁安置费用方面，可去掉 4 至 5 个百分点。

对于房地产开发商的过高利润水平，应采取一定的措施，将其调整至8%左右的水平。

总之，由上述分析可见，目前我国房价高的根本原因是：把租、税、费、价等不同产权主体、不同周转期的东西混合一次性交易流通[14]。如果将其分立、分流，则可使我国房价水平下浮40%左右。如此，我国目前城镇的房价收入比就可由8.56降至5左右。

新的机制与主要措施

新的房价形成机制是将现行房价构成中混杂在一起的税、费、租、利、价等因素分离、分立、分流，使其各归其位、各得其所。概括地说，主要有以下几个方面。

一是保留下来的成分：主要有房屋建造成本、应有的相关税费（如印花税、流转税等）、适当的开发商利润。对于开发商的超额利润，可通过规范的住房建设和开发的招投标制度来控制和调节。

二是将土地出让金（即土地所有权收益价格）从现行房价中分离出来，改成以一定比例（如按房价的1%左右）对住房使用者或所有者按年征收土地使用税和房屋不动产税。如以年率1%计算，在未来50年，可累计征收几十万亿元（2001年价格）；到2050年，当年这笔税收就可达上万亿元[15]。因此在一定时期之后，这笔新的岁入用来补偿相关的征地、拆迁和安置费用岁出，应该是根本没有问题的。

三是将大市政费和四源费等由现行房价中分离出来。从原则上说，它们的收支流程应该是这样的：其扩大再生产的投入应由财政上支出（其中有相当一部分来自于公用产业的税收），其固定资产折旧和日常费用应由相应设施的使用者负担（如城市公路和桥梁等建设和维护费用应由行驶其上的车辆使用者来负担）。因此，这些费用原本就不应进入房价。

然而，由于我国城市建设欠账过多，在启动大规模的城镇住宅建设的过程中，毕竟需要相当大的初始投入，财政上一时还拿不出这笔钱；

而且，由于我国城镇居民的人均收入水平还不高，要马上一步到位地调整各项公用事业的收费还受到相当制约。这就形成了当前支出与未来收入之间一个巨大的现实资金缺口。

为了弥补这个缺口，同时又降低房价收入比，可考虑**发行市政建设债券**。该债券以省为单位，用省的财政收入作担保，按省地方财政收入的10%至15%确定年发行额度。其预算方案由省人大审议、批准和监督执行，专款专用。根据实际情况，可考虑连续发行10年至20年，10年以后开始归还本息。如此，在一段时期之后，这类费用的收支流程便可进入良性循环的轨道；届时，便可减发或停发此类债券。

当然，发行地方市政建设债券涉及到对现行预算法的调整和改革。目前我国只有中央政府能发债，而地方政府是不能发债的。在这方面，我们不妨借鉴一些发达国家的通行做法。

实际上，**完善的地方债券制度是发达的市场经济国家的重要制度之一**。例如美国到20世纪90年代中后期，市政债券的发行总额就达到1.3万亿美元[16]；而至2001年9月，美国债券的待偿额为18万亿美元，是其同年国民生产总值的2倍[17]；上述1.3万亿美元相当于18万亿美元的7%，相当于同年美国GDP的14%。美国地方州和市政债券发行的目的一是为长期资本项目融资，用于共用电力、自来水、资源回收、桥梁、道路、机场、学校、医院的修建等，二是弥补源自当期运营的长期预算赤字。

由此可见，美国市政债券的发行目的与我国的大市政费和四源费等非常相似，但收支流程完全不同。另外，由上述14%的比例看，今后20年，我国地方市政债券的累计发行容量可达5.6万亿人民币（2001年价格）[18]。这一数额完全可以满足今后我国大规模地进行城市建设的需要。在开始阶段，可考虑颁布临时条例，于东、中、西部的若干省份进行试点，待取得经验后，在全国推广。

三、结语

现将本文的主要结论概括如下：目前我国的房价收入比居高不下，明显地抑制了大多数人的住宅消费需求，也由此阻遏了住宅及其相关产业在带动经济增长和吸纳就业方面发挥巨大潜力；其根本原因在于现行房价形成机制不合理，它把很多不该进入、或不应一次性进入房价的成分混杂其中，致使房价水平过高。

通过实行住宅建设和开发的招投标制度、建立土地使用税和房屋不动产税、发行地方市政建设债券等措施，理顺房价形成机制，分离、分流其中的混杂成分，可使我国的房价总水平下浮 40% 左右，房价收入比由原来的 8 降至 5 左右。

总之，在我国今后所处的发展阶段，对于像住宅这样的大众消费品，如欲使其尽快地发展起来，要务是尽可能地在经济的范围里降低其门槛，从而使大多数人能住得进来，消费得起。如此，方能充分发挥住宅及其相关产业的巨大的增长和就业效能，就业和收入总水平才能持续增长，税源和税基也就不断产生和扩大，城市就会变成不断增值的财富源泉。

2003 年 1 月 3 日

注释：

[1] 邓英淘：《住宅经济概观——市场前景与形态特征》，中国社会科学院经济文化研究中心编《调查研究通讯》No. 2002 -17。

[2] 柴强：《近年商品住宅价格总体偏高，上涨过快》，《中外信息周刊》，1997 年第 11 期。

[3] 谢浩然：《如何看待当前房价?》，《经济日报》，2002 年 2 月 20 日。
[4] 同 [3]。
[5] 同 [3]。
[6] 国家统计局编：《中国统计摘要（2002)》，中国统计出版社，2002 年 5 月。
[7] 同 [1]。
[8] 由文献 [1] 可知，在未来 50 年，我国年均增加城镇人口约 1802 万人，以人均建筑面积 45 平方米计，得数为 8.12 亿平方米；原有 4.59 亿城镇人口，人均建筑面积年增 0.5 平方米，得数为 2.3 亿平方米；2050 年，城镇住宅总面积约 612 亿平方米，以 75 年计，当年更新面积约 8 亿平方米；目前我国城镇住宅总面积约 93 亿平方米，以 75 年计，当年更新面积约 1.2 亿平方米，（8 亿平方米 +1.2 亿平方米）÷2 =4.6 亿平方米，这就是年均更新规模的估算数；8.1 亿平方米 +2.3 亿平方米 +4.6 亿平方米 =15 亿平方米。
[9] 邹晓云：《地价多大程度影响了房价》，《瞭望》，2001 年第 49 期。
[10] 王璐：《房价为何跌不动》，《金融时报》，1999 年 3 月 9 日。
[11] 同 [10]，该文认为毛地价、征地、拆迁和安置费用约占商品住房价格的 40%，40% −8% −18% =14%。
[12] 同 [10]。
[13] 唐敏：《经济适用房建设怎样形成良性循环》，《瞭望》，1999 年第 9 期。
[14] 刘福垣：《加速经济结构战略性调整十策》，《瞭望》，2002 年第 9 期。
[15] 以前述年均住宅建设规模 15 亿平方米计，每平方米售价 2000 元，其总额为 3 万亿元，按 1% 征收住宅土地使用税，当年即可增收 300 亿元，用等差数列前 n 项求和公式，50 年累计可征收 38 万亿元。到 2050 年，城镇住宅总面积为 612 亿平方米，以 2000 元 1 平方米计，则其总额为 122.4 万亿元，以 1% 计，当年可征收 1.22 万亿元。
[16] 剧锦文：《授予地方政府发债权》，《经济参考报》，2002 年 2 月 27 日。
[17] 刘凡：《城市化与我国债券市场的发展》，《金融时报》，2002 年 5 月 14 日。
[18] 设今后 20 年我国 GDP 以年均 7% 的速度增长，则 20 年后我国 GDP 总量将为现在的 4 倍，即约 40 万亿元，以 14% 乘以 40 万亿元，得数为 5.6 万亿元。这就是从现在开始发行地方市政债券，20 年后累计发行总量的估算数。以上数字皆为 2001 年价格。

住宅经济概观之三

——有效供给创造需求

进入1990年代以来，随着技术变革过程的加快，体制改革的变迁，以及传统产业的更新改造，使下岗和失业成为我国经济生活中最为尖锐而严重的问题。对此，我们称之为产业和就业的失衡；这种失衡是影响经济发展和社会稳定的主要制约因素之一。随着很多传统产业（如钢铁和纺织）不断精干主业和分离辅业，如不能形成大量吸收劳动力的替代产业，这种失衡有进一步加剧的趋势。

要在新的条件下，重建新的平衡，必须对我国经济所处的新发展阶段有所认识。简言之，我们以往所处的发展阶段有以下特征：在消费方面，以农副产品和轻工产品为主；在投资方面，以建立完整的工业体系的内部供求循环为主。在今后的发展阶段里，上述两个特征发生了根本的变化，在消费方面，将以能源、重化工、高加工度化产品及其支撑的相关服务为主；在投资方面，要为满足能源、重化工、高加工度化消费资料及其相关服务的生产，提供生产资料。

在这方面，美国二战后的经济发展历程提供了一个可资借鉴的说明。在二战后到1970年代末，美国的三大支柱产业是住宅、汽车和钢铁；其中住宅和汽车是那时的主要生活消费资料，而汽车和钢铁主要是服务于提供这种重化工消费资料的生产资料。这个全新的经济主导循环流程完全不同于其二战前的格局，它支撑了美国经济三四十年的发展。今后我们所处的发展阶段，与这幅图景有着不少相似之处。

也就是说，**我们要在新的发展阶段重建新的产业和就业平衡，其核心是要形成一个新的经济主导循环流程**，其消费和投资方面的特征已如上述。看清这一点，我们才能在当前经济运行中所呈现出的错综复杂的诸多矛盾中抓住主要的矛盾。而它与目前流行的周期性总需求或有效需求不足的说法，根本就不是一回事。换言之，只有建立起新的经济主导循环流程，才能从根本上解决扩大就业和所谓的扩大内需问题。

在重建我国新的经济主导循环流程，以达成新的就业和产业平衡的过程中，城市住宅产业及相关产业的建设和发展，居于核心地位，本文将对城市住宅市场的供求矛盾及有效供给创造需求的问题进行初步的探讨。

一、典型的启示

本节将从一个典型案例——鹤岗的经验出发，通过对具体情况的分析，从中导出某些普适的结论[1]。

基本情况

在“八五”期间（1991 年至 1995 年），全国煤炭供给从紧张走向缓和，限产压库，煤价下滑，使得以原煤采掘为主导产业的鹤岗经济增长跌入了低谷，其原煤产量从原来的 1300 万吨降至 1000 万吨以下。当时鹤岗经济面临着三大难题：一是经济增长速度慢，5 年中，GDP 年均增速仅为 3.7%，比全省低 4.2 个百分点，比全国低 8.3 个百分点。二是就业压力大，1995 年，全市停产半停产企业 235 个，占全市企业总数的 56%；下岗职工 3.5 万人，占职工总数的 20%。三是城市功能差，生产和生活环境不断恶化，道路、公共设施等城市基础设施建设欠账多，进一步影响和制约着经济的发展。

在这种非常困难的情况下，鹤岗市启动了以城市住宅建设为中心的“518”工程，即每年建 50 万平方米的经济适用住房，修 5 条城市干道；

建10万平方米的康居工程，完成一项城市基础设施重点项目；建8万平方米以上公益福利商业服务设施。从1996年初开始，经过5年的努力，鹤岗全面实现了上述目标，城市面目焕然一新，城市化进程明显加快；5年中，经济增长速度高达11%，不仅高于全省，也高于全国(8.3%)，是其“八五”期的3倍左右。真可谓“判若两人”。其中的奥秘何在，且看下面的分析。

有效供给，就业与需求

在“八五”期间，鹤岗市每年建4万平方米左右的住房还有积压和闲置；这种现象按照目前流行的说法可被解释为有效需求不足，果如是乎？非也！

在1996年至2000年，鹤岗每年建50万至60万平方米的住宅，销售率达到100%；5年间年均住房供给总量相当于1995年的15倍，“疲软”的需求一下子扩大了15倍，这是怎么一回事？

在1995年，鹤岗城市住宅每平方米价格约为1500元左右；1996年鹤岗政府一方面停止了福利分房，一方面对住宅供给价格的形成机制进行了调整，采取了全部减免24项收费，零地价、建筑成本加百分之几的利润，一口包死的做法，使新住宅供给价格每平方米降到了600元左右。当年出售原有住房300多万平方米，回收资金3亿多元，全部投入再建新房约40万平方米，1996年又新建住房60多万平方米，销售率达到120%（即有一部分居民交了预购款，尚未拿到住房）。下面我们用供求曲线的图示对上述过程的机理做些分析。

在图1中，D（95—96）是1995年至1996年的年度住宅需求曲线，由于需求曲线移动状况是收入的函数，而人均GDP在一年内变化不过百分之几，故需求曲线向右移动的效应可以忽略；即需求曲线在1995年至1996年实际上没有什么变化。S（95）与D（95—96）相交于价高量小之点（1500元，Q_1）。在图中，P是住房价格，Q是住房的供应或需求的量（以平方米计）；S（95）是1995年的住房供给曲线。

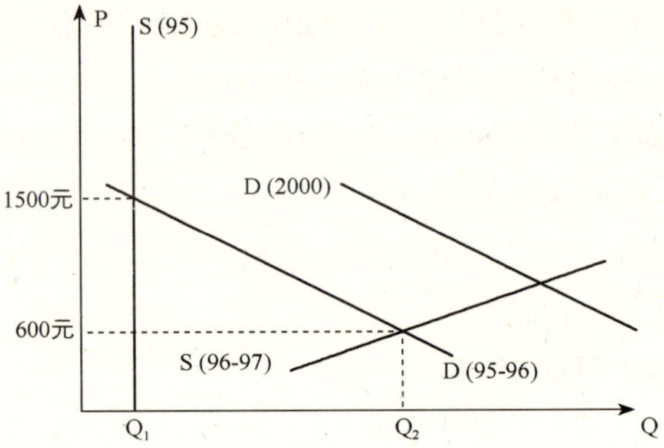

图 1　住房供求图示

到了 1996 年，需求曲线没有什么变化（原因已在上述），仍为 D（95—96），但供给曲线发生了巨大的改变，它不仅向右平移，而且向下方旋转，这种改变是由上述住房供给价格形成机制的调整所致（注意：在经济学中，住房供给曲线是依据其成本曲线得出的，而后者在鹤岗是零地价，建筑成本加上百分之几的利润）。这样，住房供给曲线便由 S（95）变为 S（96—97），它与 D（95）相交于价低量大之点（600 元，Q_2），Q_2 相当于 Q_1 的 10 倍至 20 倍。按鹤岗人的话说："当时买房就和抢房似的，便宜呀！"

由上述可知，在 1995 年至 1997 年，需求曲线变化不大，如果硬要说它"疲软"的话，那么它在 1996 年至 1997 年的"疲软"程度至多比 1995 年缓解了 10% 左右，这根本解释不了住房需求（购买）量所发生的 1000% 至 2000% 的巨变。因此，解释这种巨变的主导因素只能是供给面的改变。我们称之为有效供给增加；即有效供给不足才是鹤岗住宅市场供求矛盾的主要方面。这里所说的有效供给是指相应于一定收入水平的、质量及价格适中的供给。也就是说，在 1996 年以前，鹤岗城市住宅市场的主要问题不是有效需求不足，而是有效供给不足。在这几年间，该市住宅市场中起主要作用的是供给的成本价格效应，老百姓的话一针见血："便宜呀！"

不过事情到此仍没有结束。到2000年以后，鹤岗住宅的需求曲线从D（95—96）平移到D（2000）。这是因为住宅有效供给的大量增加，通过较高的区内产业关联度和较长的供给链，使全市众多产业相互推动，共同发展，由此增加了大量的就业岗位，致使全市收入总流量明显增加（较之1995年增加了约60%）。这样，便在就业—收入效应的作用下，使需求曲线向右移动，即在同样的价格水平上，总需求增强了。至此，我们便从经济机理上，理清了鹤岗城市住宅及其相关产业的有效供给、就业、收入与需求的关系。

形成新的经济流程

鹤岗城市住宅建设及与之配套的商业服务设施和公益福利设施（包括商业用房）的建设，大大推动了建筑、建材等行业的发展，增加了大量的就业岗位，这是有效供给增加之后的一个更为关键的变化，它是供给—就业—收入—需求—供给循环中的中心环节。例如，1995年鹤岗市共有18家建材产业，其中17家亏损；而自1996年以来，不仅原有18家建材企业家家盈利，还新发展了30家建材企业。现在，不仅原有的1.5万名建筑行业职工有了活干，而且还使原来的3万多名下岗职工（绝大部分是煤矿工人）实现了再就业；同时还新增了1万多城镇第三产业就业人员。

换了新房就得装修，1996年全市装饰材料销售比上年增长40%；同时住房的更新还带动了家具、家庭用品、耐用消费品等的全面更新，按鹤岗人的话来说：换了新房后，除了老婆不换，其他全换。以1996年为例，鹤岗居民住房消费的投入比上年提高了2倍，住宅支出在全部消费支出中的比重达到13%（以往只有5%左右）。

在这样的循环推动之下，全市20多个相关行业共同发展，从而在"九五"期间使全市GDP年均增速达到了11%，完全扭转了"八五"期间的颓势。由此，我们不难看到鹤岗市已经形成了一个新的经济流程。

以往鹤岗经济流程的循环主要是靠原煤采掘来支撑的。这个旧的流程有两个主要特点：其一，原煤产量近90%外销，因此该市经济发展受外部市场影响过大。其二，原煤采掘行业对本地经济的产业关联度不高。相比之下，以城镇住宅和商业服务用房为核心的新经济流程，其前向联系的产业有建筑、建材等，后向联系的有装修装饰、城市基础设施（如供水、供热、供电等），旁侧联系的有城市服务业、商业等；而这些产业的产品多数为本地市场（如水泥、石灰、砖石的经济运输半径都不大）。也就是说新经济流程的特点正好与旧流程的特点相反：其一，内销为主；其二，对本地产业的关联度高。正是由于这些众多相互关联的，具有本地市场性质的行业之兴起，使鹤岗经济增加了4万—5万个就业岗位（占市区就业人员的20%）。而这些有效就业的增长使该市经济的收入总流量增加（注意：总需求曲线的位置是收入的函数），于是新的流程便得以形成和循环流转起来。这就从物质构成上说明了其在“九五”期间得以高速发展的奥妙所在。

1995年，鹤岗市居民储蓄为39亿元，2000年增到56亿元；同期财政收入由3亿多元增到5亿多元，建筑业产值对工业总产值之比由5%升到20%左右，在其加速增长的7.3个百分点中（11%—3.7%），有70%来源于住宅及其相关产业加速增长所做的贡献。这些指标可作为鹤岗经济新流程形成和基本确立的标志。

过渡时期的地租分配

鹤岗市政府在大规模启动城市住宅建设的初期（即1996年至1998年）全部减免了当时应有的24项收费，并对住房用地实行了零地价，这涉及到一个住房商品化过程中的地租显化溢价及其分配问题，如何处理这个问题，关系到住宅供给的有效程度。

众所周知，我国城市住宅原先实行的是数量配给、福利分房的体制，住宅消费的收入不在工资收入之中。自1978年之后，各种消费品不断地商品化了；住宅商品化在近10年也不断加快，然而与住房配给相对应的收入货币化进程却明显落后于住房商品化进程。这是房价收入比居高不下这一矛盾的基本根源。不解决好这一问题，住房的有效供给就很难较快地增长，住宅对整个国民经济增长的潜在强拉动力也就无法实现。

1995年鹤岗市的房价收入比高达14∶1（以人均20平方米建筑面积计算)；1996年以后这一比值降为6∶1；显然前者明显超出了当时城市居民收入承受力，而这是“八五”期间每年建4万平方米住房还闲置和积压的原因。

鹤岗市政府在房改初期的零地价政策，实际上是把住宅商品化过程中的地租显化溢价的一部分分配给了广大城市居民，以此弥补了房价和当时工资收入之间的巨大缺口，这就为过渡时期的住宅有效供给的高速增长扫除了一个根本性的障碍，并由此带动了全市经济的快速增长。

初看起来，这似乎是地租的流失，其实不然。一来级差地租应为公有，其实质是应为全体公民所有，而非少数国人所有。就此而言，其房改惠及全体市民，故地租并未流入少数个人之手。二来，随着经济的快速增长，就业岗位大量增加，居民收入普遍增长，城市生产和生活环境不断改善；城市整体价值也随之增值，级差地租还会产生新轮次的更大增值，这些都可以通过适当的税费科目回到政府之手，以再用之于全体居民（鹤岗市政府在1999年之后，恢复了十一项收费)。但若没有第一阶段的零地价政策，而后的地租溢价全都是画饼而已。

总之，零地价政策，使鹤岗市在低收入阶段，大规模启动了城市住宅建设，为经济发展的转型赢得了一个大先机，使公平和效率相得益彰，可谓一着棋动，全盘皆活。

二、一般的分析

在前文的分析中，我们围绕着有效供给—就业—收入—需求—供给的价值及物质循环流程，讨论了鹤岗城市住宅市场巨变的经济机理，并从中得到一些结论。然而鹤岗是一个只有110万人（其中城市人口为70万）的地级小市，从这个特殊的案例导出的结论是否具有普遍性？例如，对于全国城镇住宅市场是否同样存在着有效供给不足的基本问题，尚有待说明。下面的讨论就要解决这个问题。

有效供给创造需求

在对这个问题进行分析之前，我们先对与需求有关的几个概念稍加说明。一是需求的变化，二是需求曲线的移动。前者是指在收入水平一定的情况下（这时需求曲线的位置基本不变），需求量随价格的改变而变化。对于正常产品而言，需求曲线向右下方倾斜［参见图1中的D（95—96）］，即某种商品的价格提高，对它的需求量就减少；反则反之。另一种是需求曲线的移动，这通常是收入的函数［参见图1中从D（95—96）到D（2000）的移动过程］，即随着收入增加，需求曲线向右移动，反则反之。

一种商品由于价格提高而使其需求量减少，这种状态与需求不足完全不是一回事。在严格的意义上说，在一个还处于增长的经济系统中，需求不足或需求约束通常具有以下三种可能的形态：其一，需求曲线向左移动（当GDP或收入增速≥0）；其二，需求曲线位置不变（当GDP或收入增速>0）；其三，在一定时间里，相对于GDP或收入的提高速度而言，需求曲线向右移动的幅度没有达到应有的水平。

由于目前各地对经济适用房的供应都存在着限制，以及普遍偏高的房价收入比（见后文），可以推断，在我国城镇住宅市场中，上述三种形态基本上是不存在的。因此，我们就得到如下结论：在我国目前的城镇住宅市场中，有效供给不足是供求矛盾的主要方面。

2001 年，我国城镇的房价收入比约为 8.6：1，比 6：1 这一上限高出 43%，如将目前房价形成机制中不合理的部分剔除出去，则上述房价收入比可降到 5.2：1 这一适当水平[2]；即房价收入比要在现行水平下浮 40% 左右。这将会产生什么效应呢？下面还是用供求曲线来做些分析。

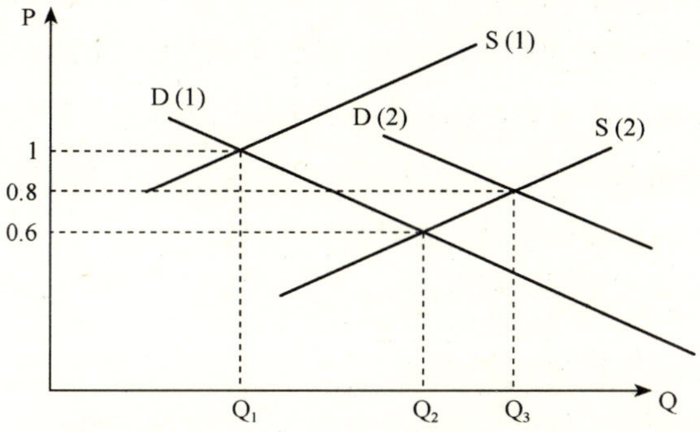

图 2　住房供求图示

在图 2 中，以目前房价收入比为 1，在这一条件下，当前的需求曲线为 D（1），供给曲线为 S（1），它们相交于价高量小之点（1，Q_1）。然后由于房价收入比下浮了 40%，则供给曲线右移到 S（2）；于是 S（2）与 D（1）相交于价低量大之点（0.6，Q_2）。这个过程的机理与鹤岗的情况是一样的，只不过在量上有所差别。

下面我们着重分析有效供给是怎么创造需求的。

第一步，有效供给和需求量增加。由于在住房供给价格中删除了不合理的或低效率的部分，于是供给曲线右移到 S（2）。如果把原来的供给理解为质中价高，那么现在的供给曲线就是质中价低（对于质次价高商品的需求量小，那是很自然的，不存在什么扩大需求的问题）。这样，就在原来的收入水平或需求曲线不变的情况下，使需求量明显增加。与此相适应，有效供给量相应增加。

第二步，就业与收入增加。有效供给量要想增加，必须在该产业多吸收就业人员，更多地使用建材等，这就使本产业的收入总水平上升；另外，由于前向联系、后向联系和旁侧联系，住宅产业的供给和就业增加可诱发对其他相关行业的需求增加，又导致其他行业的供给和就业增加。最后使总就业、总收入和人均收入都出现上升趋势。

第三步，有效需求增加。由于收入总水平、人均收入增加，使需求曲线右移至 D（2），它与 S（2）相交于价中、量更大之点（0.8，Q_3）。由此，这还将导致供给量进一步增长，从而与新的需求相适应。

以上就是有效供给—就业—收入—有效需求—供给流程循环扩张的机理，或说是有效供给创造需求的价值增值过程。在下文中，我们还要对其物质构成的循环扩张过程进行说明。

建立新的主导循环

在这方面鹤岗的经验也具有普遍性，当外推到全国时，特征会更加明显。**现代城市住宅是一种典型的能源、重化工和高加工度化的消费品**。城市住宅产业具有高收入弹性（需求层面）与超长的产业链条及高生产率上升率（供给层面）。它的生产、流通和消费，直接对几百大类、几万个品种的产品提出需求；它与建材、冶金、化工、纺织、机械、仪表、公用事业、金融保险、家用电器、商业服务等近百个部门的经济活动密切联系。

住宅产业通过“后向联系”（拉动），即住宅产业作为需求市场，带动钢铁、建材、森工、机械、化工、陶瓷、纺织等产业的发展；它通过“前向联系”（推动），即通过住宅的开发和建设，直接推动建筑、装饰、通信、电力等产业的发展；它还通过“旁侧联系”（扩散）影响到家用电器、厨房用具、商贸和服务业的发展。

根据国家统计局以投入产出模型所做的测算，在我国每 100 亿元房地产投资可以诱发国民经济各部门的 286 亿元产出，拉动（及推动）

系数为1：2.86。其中诱发建筑业产出90.76亿元；诱发制造业产出123.6亿元（其中包括：金属矿物制品业产出31.45亿元，金属冶炼及压延工业产出18.81亿元，化学工业产出14.98亿元，金属制品业产出9.82亿元，机械工业产出8.79亿元，电器机械及器材制造业产出7.85亿元）；其他依次为：采矿业16.64亿元，商业11.16亿元，房地产业自身10.98亿元，电力煤气自来水供应6.59亿元，货物运输及仓储业5.86亿元，社会服务业4.98亿元，饮食业1.57亿元，综合技术服务业1.18亿元，等等[3]。

这些情况说明，高水平、大规模的城市住宅建设对国民经济其他部门发展的影响有多大。

那么住宅建设对吸收就业的影响是怎样的呢？先看住宅建设前的部门。它们包括钢铁、冶金、建筑设备、水泥、玻璃、建筑服务（科研、设计）。在这个层次里，主体是建材行业。由文献［3］的分析可知，我国今后50年住宅建设的年均规模相当于2000年的2倍左右（10亿平方米），住宅建材部门可以多吸收500多万人的就业，年均总规模达到1000多万人。

再看住宅建设中的部门。它们包括建筑预制件加工和建筑劳动，其中就业主体是建筑劳动。该部门在今后50年可多吸收2000多万人就业，其从业人员的年均总规模约为4100万人左右[4]。

后看住宅建设后的部门。它们包括住宅区设施及公共设施（如水、热、电、气等供应部门），住宅管理、住宅服务与住宅维护（含住宅装修、装饰）、住宅金融、住宅保险等部门。它们多数属于第三产业。据文献［3］的估计，在住宅建设后部门中的从业人数将比2000年的水平增加5000万至6000万人。总之，在住宅建设的产前、产中和产后的部门中，今后多吸纳的就业人数可能达到8000万至1亿这个水平。

总之，**城镇住宅产业具有吸纳就业的巨大潜力，它完全可以成为我国今后经济增长的第一推动力。但是相对于收入而言的过高房价严重阻碍着**

住宅产业的发展和吸收就业的巨大潜能的实现。道理很明显，房价过高，大多数人就买不起房、租不起房；住宅产业建设规模的扩张就受到制约，其吸纳就业的效能将明显减弱；由此，收入水平的增速将受到限制，这又进一步限制了住宅产业的发展。这样，供给—就业—收入—需求—供给流程将陷入不良循环之中。反则，反之。

合理的房价形成机制

在鹤岗市，其住宅的供给价格形成机制是全部减免了当时的24项收费，并对住房实行了零地价、建筑成本加百分之几利润的做法。这在今天看来，似乎不具有普遍性。但实际上，它只不过是用了一种极端的形态表达了其所具有的一般性。它告诉我们：住房供给价格的主体就是建筑成本加百分之几的开发商利润；然后再加上少量的适当税费，这就构成了完全的住宅供给价格。

在文献［2］中，我们对这个问题做过详细的分析。这里仅联系零地价来做些进一步的讨论。我国商品房价一般说来由以下四部分构成：毛地价，征地、拆迁和安置费，房屋建造成本，开发商利润和其他税费。

现在大多数城市采用的是毛地价，该项目包括土地出让金，大市政费和四源费。土地出让金是土地使用者为取得土地使用权而向国家支付的费用，即土地所有权收益价格，它约占房价比例的8%。如以80平方米住房，每平方米2000元计，则这部分费用为12800元。实际上，土地出让金是70年的地租一次性地进入房价，这是极不合理的。如按年租的形式征收土地使用税及房屋不动产税的话，情况又当如何？

$$8\% \div 70 \times 160000 = 183\text{ 元}$$

也就说住宅消费者（户均80平方米建筑面积）仅须每年向国家上交约200元的土地使用税或房屋不动产税即可。

大市政费和四源费是城市为筹集基础设施和有关配套设施建设的资金，其中四源费用于兴建自来水、污水处理、煤气、供热这四项服务设施；大市政费和四源费用约占房价的18%，以80平方米住房，每平方米2000元计，则这部分费用为28800元。实际上，大市政费和四源费从原则上说，不应进入房屋成本和房价。新的原则是谁受益，谁交费；受益多，交费多；不受益，不交费。例如，多用水、多交水费，其投入的折旧费用及利税应分摊在水费当中。又如城市道路建设投入应由道路使用者（如汽车、轿车）的交费来偿还。

上述两笔费用共计41600元，占房价160000元的26%。而按照新的房价形成机制来看，住房消费者只须按年向国家缴纳约200元的税费即可，它只占41600元的0.48%，与零地价相差无几。换言之，零地价政策要比现行的毛地价政策合理得多。而且从它向新的合理房价形成机制过渡也非常容易，即只需在今后每年向住房消费者征收房价的0.1%至0.2%的税费即可。

总之，在我国目前的发展阶段，对于像住宅这样的大众消费品，如想使其尽快发展起来，要务是尽可能地在经济的范围里降低其门槛（零地价和年租制度大幅度降低了住房消费门槛），使大多数人能住得进来，消费得起。如此，城镇住宅产业及其相关服务业吸纳就业的巨大潜能才能得以充分释放，就业总水平和人均收入才能持续增长，税基和税源也就不断产生和扩大；城市就会变成不断增值的财富源泉，而这正是成功地运营城市的关键所在。

三、结语

现在我们把本文的主要结论概括如下：在我国城镇住宅市场供求矛盾中，有效供给不足是矛盾的主要方面，因而增加有效供给是创造需求的关键；在加快城镇化进程的大背景下，城镇住宅及其相关产业是我国经济新的主导循环流程的核心，也是在新的发展阶段重建就业和产业平衡的关键所在，城市住宅及其相关产业将是我国今后经济增长的主要动源；在过渡时期里，建立合理的房价形成机制是大幅度增加住宅有效供给的有力手段。

2003年12月17日

注释:

［1］邓英淘:《鹤岗经验的普适性》,《调查研究通讯》No. 2002－1，中国社会科学院经济文化研究中心编印。

［2］邓英淘:《住宅经济概观之二——房价水平及其形成机制》,《调查研究通讯》No. 2003－2，中国社会科学院经济文化研究中心编印。

［3］邓英淘:《住宅经济概观之一——市场前景与形态特征》,《调查研究通讯》No. 2002－17，中国社会科学院经济文化研究中心编印。

［4］同［3］。

住宅经济概观之四

——“拟城市人口”城市化的流程

城镇住宅经济的发展与城镇化的进程密切相关，其发展方式取决于需求主体的行为模式和需求的格局。如果将2050年作为我国基本完成城市化的一个分析基点[1][2][3]，城镇新增人口（将主要来源于农村人口向城镇的机械性迁移）将成为未来近50年内城镇住宅消费的主体。目前，受就业、收入以及城乡二元经济的制约，进城的农民主体仍然处于一种我们称之为“拟城市化”的状态[4]；并且，在我国城市化进程完成之前，“拟城镇人口”将持续存在。随着我国经济增长、发展方式的逐渐改变以及进城农民的不断实践，在由“拟城市化”向城市化的转变过程中，我国农民选择了一种理性的行为模式，我们称之为农民进城的四步曲[5][6][7]。

本文的主题是在前述文献研究的基础上，分析在我国城市化基本完成之前的近50年内城镇住宅的需求主体及其理性的行为模式，进而研究与之相适应的城镇住宅市场发展方式。

一、需求的主体

决定城镇住宅未来近50年需求的因素主要包括：人均GDP的水平、人口总量及城市化水平[8]。本文将2050年作为我国基本完成城市化过程的一个时期，并对于此时期的经济、人口、城市化水平做如下的假设和估计：假设在2050年我国人均GDP达到发达国家1990年代的水平，并进而设定2050年我国城镇人口人均住房建筑面积可以达到45平方米。同时假设我国的人口总量在2050年将达到16亿的峰值，届时的城镇人口比例可以达到85%。

我们将2000年作为本文分析的起点，这是因为在上世纪90年代后期我国才基本结束福利分房体制，此后城镇的商品性住宅才得以快速的发展；同时我国的住宅设计寿命一般是50年，这也与我们将2050年作为分析的一个关键时点相对应。同时在本文中也忽略了住宅更新所带来的住宅需求，这并不会从根本上影响分析的结果。

2000年我国城镇人口总数约为4.59亿人[9]，所占比例为36.2%。根据前面的假设，2050年我国的总人口将达到16亿人的峰值，城镇人口比例为85%，则50年内城镇人口总数将净增9亿人左右。根据文献［1］的分析，在城镇人口实行一对夫妻只生一个孩子的生育政策下，我国城镇人口总量在没有机械性迁入的条件下，将保持零增长的状态[10]。因此，可以认为我国城镇人口的未来增量将几乎完全依赖于机械性迁入的人口，也就是说，来源于农村人口向城镇的转移。

对于未来50年城镇人口增量的这种分析，将使我们能够清晰地估算在此期间城镇住宅的需求。首先，对现有城镇人口（4.59亿人）的住房需求估算。2000年城镇人均住房建筑面积为20.3平方米，如在2050年增至45平方米，则产生的累计住房总需求约为113.4亿平方米建筑面积。然后，对新增城镇人口的住房需求估算。约9亿新增人口要达到人均45平方米建筑面积的住房水平，其产生的累计住房需求为405.5亿平方米建筑面积。

上述两项住房需求合计，即全部城镇人口未来50年内产生的累计住房需求，将达到约519亿平方米建筑面积。另外，即使假设1999年以后的住房均是按50年使用寿命建造的，1998年以前（含1998年）的住宅保有量约为59亿平方米建筑面积需要在这50年内更新，这样，累计的住房需求面积将会达到 578 亿平方米。要满足这样一个住房需求，按 50 年平均计算，每年新增住房建筑面积将要达到 11.56 亿平方米，当然，农民进城、尤其是其在城镇定居并不会是按照平均增长的方式进行，按照一般事物增长的方式看，最有可能的增长方式是 S 形曲线模式，因此，对住房的需求也可能是按这样一种方式增长。

在上述分析中，如果不计及更新需求，未来 50 年城镇住房累计 519 亿平方米的需求中，满足新增城镇居民的需求就有 405.5 亿平方米，占 78%；即使考虑更新需求，新增居民的需求所占的比例也高达 70%。也就是说，在未来的 50 年，城镇新建住房的 70% 以上是由进城定居的农民的需求所导致的。因此可以认为，在未来的城镇住房市场中，需求的主体将是从农村迁入城镇的人口。

前述结论是在假设前提下的结果，但发展的结果可能并非如此。城镇住宅市场的累积需求以及新增城镇人口住房需求的比例，很大程度依赖于城镇化的进程（城镇人口比例）及其质量状况（新增城镇人口的人均住房面积）。我们认为，在未来 50 年，制约城镇化的制度性限制将逐渐弱化直至消失，影响城镇化进程的主要因素将是进城农民的就业、工资和城镇生活、定居成本，城镇住宅价格水平将是其中最重要的因素之一。或者说，城镇住宅的价格水平将在很大程度上影响着市场需求（尤其是新增城镇人口的住房需求），从而决定着其自身的市场发展。

二、理性行为模式——进城四步曲

回顾我国经济体制改革的历程，以农民收入作为一个关键的观察指标，在不同的阶段，农民都做出了符合当时经济环境的理性选择。在改革初期，农民选择了家庭联产承包责任制，后来又选择了乡镇企业作为提高收入的主要生产和生活方式。目前，我们面临着一个全新的经济发展环境，全社会对于提高农民收入方式的认识达到了一个空前高度的统一，即加速城市化的进程，减少农民以富裕农民。如此，农民进城是农民在上世纪90年代开始为提高收入做出的一个理性选择。

但是，认识仅仅停留在农民进城现象和数量这一层面，还远远不足以认识进城农民的状态，农民进城与城市化的关系（特别是农民进城与城镇住宅市场的关系），以及农民在进城过程中的理性行为模式。关于进城农民的状态，文献［1］从就业、居住和消费的角度首先提出，目前进城农民的主体处于一种“拟城镇（市）化”的状态[11]，并依据公开的统计数据近似估算出处于这一状态的人口规模为6000万；“拟城镇人口”的状态特征是，在异地城镇就业和非定居式居住，他（她）们的打工收入主要来自异地城镇，而其消费支出特别是居住消费支出主要花费在农村定居地。在文献［4］中，我们进而提出，“拟城镇人口”完全城镇化的标志是，进城农民以购买或租赁一定标准住房的形式在城镇中定居，因为定居的形态表明他（她）们已经融入到城镇较高收入流程循环过程，完成了从农民到城市居民的转化。

“拟城镇人口”的城镇化是一个过程，定居地的选择和定居方式的选择是其中的关键，根据前文对城镇住宅市场需求主体的分析，这种选择对未来城镇住宅市场的发展有着关键性的意义。从经济分析的角度上讲，我们并不需要告诉农民应该在哪里定居或以什么样的方式定居，我们要做的是研究和分析农民在这个过程中的行为模式，并依据其行为模式做出市场化的引导。因为，从上世纪90年代开始的民工潮到现在已经有了15年的市场实践，而在现有制度和经济体制下，农民是最具市场化倾向的实践者。而且，农民在从拟城镇状态向完全城镇化转化过程中已经选择了我们称之为理性的行为模式。

根据近几年的调查研究，我们将农民的这种理性行为模式称为农民进城流程的四步曲，从就业、消费、居住角度的分析和从家庭生命周期角度的分析是从不同角度对农民进城流程四步曲的刻画。

进城四步曲——从就业、消费、居住的角度

我们在文献［7］中首次提出农民进城四步曲的行为模式，并在文献［6］中加以深化。分析的角度是以就业、消费、居住为特征指标，从产业就业关系、区域经济发展、宏观经济发展模式转变等几个方面研究农民进城行为模式的选择。在此，将其中有关的结论总结如下。

农民从进城到定居，是一个全方位的转变，从特征产品的分析上看，就是要完成从“食品用粮、居住在乡、生活用柴”生活模式向“食品用畜、居住在城、生活用能”模式的转换，这个转换过程难以一步跨越。如同农村土地承包责任制和乡镇企业的创举一样，农民在实践上述转换过程中，是沿着一条阻力最小、成本最低的道路实现着其合理的经济行为。

我们认为，农民完成从进城到定居的全方位转变，要经历四个阶段，即四步曲。

第一阶段是农民大规模进城前“食品用粮、居住在乡、生活用柴”的生活模式，其特征是“本地务农、消费在乡、居住在村”；

第二阶段是农民大规模进城的初始阶段，其特征是“外出务工经商，消费主要在乡，居住在村”；

第三阶段的主要特征是“外出务工经商、本地城镇居住”，这是近几年来所发展起来的新趋势；

第四阶段将是农民完成从农村居民到城市居民的全方位转换，实现完全城市化的“食品用畜、居住在城、生活用能”的生活模式。

“外出务工经商，消费主要在乡，居住在村”是农民尝试进城阶段的主要模式。在这一阶段，外出劳务者具有明显的兼业性和“候鸟型”特点，靠近大中城市、交通比较发达地区的农民外出兼业的较多，农忙时种地，农闲时外出做工经商；而到外省发达地区务工的农民则主要属于“候鸟型”，即每年大部分时间在外打工，春节或农忙时回乡。在这种务工生活模式中，青壮年外出务工，老人孩子农村居住，外出务工劳务收入的主要投资和消费地是本地农村，调查表明，带、汇回的劳务收入中有1/3是投在农业生产资料上。

“外出务工经商、本地城镇居住”的生活模式，是近几年出现的新趋势。即农村外出务工经商人员将家中的老人和孩子定居于城镇（主要是县级的区域经济中心或较发达的中心镇），以使得孩子能获得更良好的教育，而青壮年仍外出务工经商；或就地在务工经商的城市居住。根据我们在四川、湖南（农民外出务工经商人数最多的几个省中的两个）的调查，目前，在出省的外出务工经商农村人口中，有15%—20%在外省就地定居（主要是经商人口），30%在省内城镇定居；在省内的外出务工经商人口中，有40%—50%在省内城镇定居。

这一趋势形成与延续的动力来自东南沿海发达地区出口导向的加工制造业的发展，但是，这种模式已经开始遭遇越来越严峻的外部制约，沿海出口加工业吸纳就业的能力已逐渐趋于饱和，并在今后10年左右的时间面临着衰减。因此，虽然沿海出口加工业仍能容纳中西部地区务工经商者中20%—30%的人口定居，但其中70%—80%的务工经商者回归中西部地区定居是一个必然的趋势。

以城市化带动的内需拉动型增长模式，在中西部发展起来的能源工业、住宅及相关产业集群，以及公用事业集群将形成新的就业吸纳空间和机制。如此，在中西部城市化大发展的过程中，才能完成农民进城四步曲中最华丽的乐章——农民举家进城，完成农村居民向城市居民转换。

进城四步曲——从家庭生命周期的角度

从家庭生命周期的角度分析农民进城的行为模式，是我们在河北调查时根据邯郸市建设局的一个调查案例进行的归纳（主要资料来源于邯郸市建设局）。这是一个1000个样本的调查，调查对象是外出打工的农民。我们在文献［4］中将其作为一个案例进行了描述，从其内涵的实质上讲，可以将其作为“从家庭生命周期的角度”对农民进城四步曲的诠释。与从就业、消费、居住的角度所做分析不同的是，从家庭生命周期的角度所做的分析主要强调的是不同发展阶段对居住形态的需求。

首先是候鸟式的，即在城镇打工，住工棚等；但回本地乡村盖房，改善农村居住条件。

其次是鸳鸯型的，即年轻人两口结婚后在异地城镇打工，在城镇里租房，比住集体宿舍或工棚有所改善。

再次是小康型的，即有了小孩之后，虽在外地城镇打工，但开始在本地城镇买二手房或以一定的方式自建住房，把老人接到城里来照顾小孩。

最后是团圆型的，即买新房把老人也接到城里一起住，合家团圆，彻底离开农村；这时多半已是就业和居住都在同一城镇里。

我们将这种行为模式称之为家庭生命周期模型，是因为它反映了家庭演化的过程。并且这个过程与居住需求形态密切相关，即单身、婚嫁、孩子、老人这一家庭演化过程与工棚、租房、买二手房、买新房这一住房需求过程相匹配。进一步讲，这四种类型在农村外出务工人口中同时并存，又在某个家庭中呈现出一定的先后次序。这种次序的推移与需求结构变化有明显的关系，即先是婚嫁，然后是子女上学（城里的学校好）、老人就医（城里的医疗条件好）以及城镇生活方式的吸引，这种需求的变化就使得农村外出务工人员的住宅需求发生了上述相应的变化，这也可以说是农村人口对城镇化需求的变化。最后，实现了就业和居住同地化。

一个访谈实例

下面是对一个在北京打工的湖南农民的访谈实例，它涉及到了城镇户籍制度、子女就学、生活成本、定居地选择诸多方面，可以作为对农民进城行为模式的一个注解。

访谈时间：2005 年 1 月　地点：北京

问：您今年有多大年纪？什么时间出来务工？

答：我今年 36 岁，1989 年就从湖南石门县出来务工，至今已经 15 年；我老婆也在北京务工；我们是 1991 年结婚。我一直在北京，从事照相馆的洗相、冲印业务，期间换了四五家，近几年一直在这家柯达连锁店工作，月工资收入约 1300 元，我老婆也做的是这一行，工资收入和我差不多。我们有一个孩子，现在在北京的一所小学上五年级，他最早在北京上了一年半的幼儿园，小学从一年级就在北京读。

问：您的小孩上幼儿园、读小学，学费多不多？

答：都没交过赞助费，与北京市区的小孩是一样的；上小学每年交 200 元的借读费，其他与城里的孩子一样（大约每年 200 多元的学费）。但是初中他就得回去了。

问：为什么？初中不都是义务教育吗？

答：说是这么说，但要在北京读初中，得交两万元左右的赞助费，这就太贵了，而且这只是一般的初中，教学上抓得不紧，教学质量还赶不上我们县里的好中学；另外，即使你花钱在北京上了中学，将来也不让你在北京考大学，因此花了钱，也沾不上北京录取分数线低的光。所以我准备让孩子明年就回老家读小学六年级，然后考县里的好中学。

问：您现在一家三口都在北京工作、上学，怎么住呢？

答：我们在八里庄一带租了一间平房，月租是 400 元，约有 10 来个平方米，不是单元房，那个太贵了，租不起，而且只有晚上才回家，利用率太低，只有 30% 的时间在家，不划算。如果有50%的时间在家，闲暇、娱乐，那租单元房就划算了，例如有周末双休日；现在我们几乎全周都在单位上班，只是晚上回家睡觉，所以从当地居民手中租个二手房，也就差不多了。

问：您的爱人、小孩晚上都回家吗？房里有卫生间吗？能住得开吗？

答：三口人晚上都回家，晚饭在家吃，自己生蜂窝煤炉子做饭，房里没有卫生间，要上公共厕所，房里空间小，要搭双层铺。

问：有没有想过在北京市郊区附近买套相对便宜的单元房？

答：对这个事，我和我老婆想法不一样。她是想在北京买房住，我目前还不想这么做。

问：为什么？你的想法是什么？你有几个孩子？农村可以生两个吧？

答：一个孩子。一个孩子就够了，要两个干啥呢？我老婆她的想法可能考虑得远一点。我主要是考虑小孩将来会怎么样，然后再来决定这个事怎么办。比如说，小孩将来考上了北京的大学，这样我就愿意在北京买房了，不然的话，你在这里买房干什么呢？如果小孩在省里上了学，找了工作，那我就要回省里买房了。我虽然出来十几年了，但还不是长久之计，不买房就不能算定居。

问：这么说，孩子将来怎么样？是个“牛鼻子”了。

答：对，就是这样。

问：现在不是听说，在北京买房就给北京户口，这样的话，你的孩子不就可以在北京考学了吗？

答：根本没这回事，要真是这样的话，我就要在北京买房了。

问：孩子明年回老家读初中，要到县城里吧？怎么住呢？

答：对，要到县城里上学，或住学校、或在亲戚家里住。

问：像您这样在外十几年，且有较稳定的工作和收入，将来如何考虑的？例如，想回家里县城买房吗？

答：这是我目前的想法。我们村离县城有七八十公里，离附近乡镇有五六公里。要买房还是到县里，一来房子不贵，二来条件比镇里好，三来教育质量有保证。我的一个同学前几年在县城买了一套两居，只花了五六万，现在要七八万了；我们那儿还有农村的人进城买地皮、自己盖房，两间的地皮需要一万至两万，这样会便宜一些，但我还是想买房，因为比自己盖的正规，条件设施都好，质量设计都有保证，将来转手也好办。在县城集资盖房的也有，但都是在城里单位上班的人，农村进城的没有这种做法，也不允许。

问：你还会不会回农村种地？

答：不会了。今年减负了农业税，种地好一些，但富不了；往年更不行，转包地都倒贴钱——即自己出农业税和承包费，否则没人会要你这块承包地，他们一点钱都不交给你。

问：你还会不会回村盖房？

答：一般不会，我父亲（60多岁）老让我在家里盖房，我没干，因为我们小家三口人一年有近12个月在北京，在村里盖房图什么？不过，如果收入积蓄更高了，我也可能在村里盖三间房，因为农村盖房很便宜；然后在城里买套房；这样，回家种点菜，算是个休闲、娱乐。总之，在城里买房是主要的，但在哪儿的城里买，现在还不好说，最终要看你在哪儿工作，职业稳定、社会保障怎么样。虽然，我不会再从事农业了，但家里的承包地和承包山林还得占着，不能退，因为一退就要不回来了。现在你可以不经营，甚至倒贴给别人经营，但想要回来，随时都可以，而到最后这还是处能挣口饭吃的地方。

三、“拟城市人口”城市化的流程

农民进城形成的城镇新增人口将成为城镇住宅市场需求的主体，但是，这一巨大的潜在需求要转换成对城镇住宅市场的有效需求受到诸多因素的约束，其中最主要的因素就是前文分析的“拟城镇人口”向完全城市化转化时的理性行为模式。就业、消费、居住角度下的理性行为模式表明在未来我国经济的产业就业关系、区域经济发展、宏观经济发展模式转变约束下，农民进城对居住地所在区域、城镇层级的选择；而家庭生命周期角度下的理性行为模式则表明在从农民到城镇居民的身份转变过程中，农民对住房需求形态的演化过程。因此，未来我国住宅市场需求的区域分布可能与目前的需求分布有较大的不同，同时需求的形态也会更明显地体现出多元化的特征。

更进一步讲，由农民进城理性行为模式所引致的城镇住宅市场需求模式的这种转变将是一个长程的连续变化。这是因为，拟城市化向完全城市化的转变是一个连续的过程，并不是说现有“拟城市人口”完全城市化，就全部消除了“拟城市人口”，而是说拟城市化是一个长期的过程，已有的“拟城市人口”不断城市化，同时又有新的农民加入到拟城市化过程中，直到城市化过程的基本完成。同时，从一个时点的横截面观察，家庭生命周期角度下理性行为模式的四种状态同时存在，这就是住宅需求多元化的原因所在。

在分析理性行为模式的过程中，我们尚未涉及其中状态转换的限制性因素。比如，当其产生对住房的需求时，首先要在购买新的商品房、二手商品房、较旧的二手房或者是租房之间进行选择；而当其从租房状态向购买住房状态转换时，同样要在上述三种形态的房子中做出选择。我们认为，决定上述状态转换的限制性因素除了户籍制度这一体制性因素之外，商品房的价格以及购房和租房的成本比较是其中最重要的因素。

由前面的分析我们可以得出这样的结论：在未来的50年中，城镇住宅市场的需求主体是不断在城镇定居的“拟城镇人口”，也就是说，在今后近半个世纪内，城镇住宅市场主要是在为他们盖房子。过高的房价收入比将限制这部分人口对城镇住宅市场的潜在需求向有效需求转化，从而将制约城镇住宅市场和相关产业的发展，进而损害我国经济发展过程的潜能发挥和质量提升。

商品房的价格分析

2002年以来我国的房地产市场逐步升温，经过2003年的大幅上涨后，2004年继续大幅度飙升。同时，对于房地产市场泡沫的争论也日趋白热化。我们无意参与这个争论，本文将从农民进城实现拟城镇化向完全城镇化的过程入手分析高房价对这一过程的影响。

尽管有人从各种角度争论房价收入比作为房地产泡沫的指标，但从房地产潜在需求向其有效需求转化的角度看，它仍然是判断房价状态的一个较客观的静态指标。在表1中我们计算了近几年房价收入比的变化，同时，与计算城镇居民房价收入比相类比，在表中我们也计算了以农民纯收入作为收入指标的房价收入比。

表1　城镇居民家庭、农民家庭的房价收入比（人、元、比值）

	2001年	2002年	2003年	2004年
城镇居民家庭平均户人口	3.1	3.04	3.01	3.0
城镇居民家庭人均可支配收入	6859.58	7702.8	8472.2	9422.0
农民家庭人均纯收入	2366.4	2475.63	2622	2936
商品房平均销售价格	2170	2250	2359	2714
城镇居民家庭房价收入比	9.18	8.65	8.33	8.64
农民家庭房价收入比	26.62	26.91	26.90	27.73

说明：1. 2004年商品房平均销售价格数据来源于［12］。
2. 农民家庭户均纯收入按同年城镇家庭平均户人口计算。
3. 2004年城镇家庭人均可支配收入、农民家庭人均纯收入数据来源于国家统计局《2004年统计公报》。
4. 按套面积90平方米计算[13][14]。

虽然城镇居民家庭的房价收入比在2001年至2003年间有所下降，但在2001年至2004年期间，这一指标均高于4—6倍的国际适中水平[15]。但应该十分注意的是，同期农民家庭在城镇购房的房价收入比不仅是国际适中水平中值的5倍多，而且还处于持续上涨的过程中，即使是在农民收入大幅度提高的2004年仍然如此。用农民家庭在城镇购房的房价收入比作为度量“拟城镇人口”的指标肯定是一个高估的数据。因为没有“拟城镇人口”家庭的收入数据，我们可以将城镇家庭和农民家庭城镇购房的房价收入比作为拟城镇人口家庭同一指标的上下限，我们假设其在城镇购房时会考虑到在农村生活的家人的生活状况，所以，“拟城镇人口”家庭的房价收入比应该是上下限之间更偏向于农民家庭在城镇购房的房价收入比的一个数值。

由此看来，即使有争论说目前的城镇居民家庭房价收入比偏离国际适中标准的程度，仍然处于一个勉强可以接受的范围之中，那么“拟城镇人口”的房价收入比已经成为其向完全城市化转化的强硬经济障碍。如此，在城镇化水平快速提高的过程中，农民已被加速边缘化了。反过来说，在农民被加速边缘化的过程中产生的城镇化水平的提高，只是数量上的外延扩张，而缺乏质量提升的内涵。

购房和租房的成本比较

租房是“拟城镇人口”完全城镇化的另一个选择，考察购房和租房成本的一个基础指标是房价与年租金的比值，其合理的范围是15年至25年[16]，或者按通行的说法，房价是月租金的180—300倍。其含义是，当这一指标靠近下限时，更适合于买房，而当靠近上限时，租房是更理性的选择。

那么，用此指标衡量，中国房地产行业目前运行状况处于一种什么状态呢？我们难以直接获得相应的数据，本文根据中国国际金融公司研究部发表的另外两个指标数据进行转换，得出不同条件下房价/月租比率的数值，列于表2。中国国际金融公司研究部使用的两个指标分别是购房资金成本/租金成本比率和月供/月租金比率，其数据来源于对全国近20个城市的实地调查[16]。

表2　房价/月租比率[17][18]（按全国平均值计算）

用（购房成本/租金成本）比率进行的计算		
	住房贷款利率5.51	住房贷款利率6.12
首付比例20%	277	274
首付比例30%	300	299
用（月供/月租金）比率进行的转换计算		
首付比例20%	354	343
首付比例30%	404	392

说明：1. 原数据按贷款期限20年。
2. 存款年利率按扣除20%利息税后的1.8%计算。
3. 假定首付比率提高到三成后，其他情况不变。

在考虑资金成本的情况下，房价/月租金比率已经接近300的上限；而当不考虑资金成本的情况下，这一比率已超过上限，高达350。如果按中央对目前房价调控的趋势，假设首付比例提高到三成，而原数据不变，则这一比率的前者也达到了300的水平；后者更是达到了400的高风险水平。当然，最有可能的是，当首付比率提高到三成时，房价会下跌10%，以使这一比率回到原有的水平。

从房价/月租金比率目前接近其上限（或说已经超过上限）的房地产状态下，租房是一个合理的选择，但这将延缓“拟城镇人口”完全城市化的进程。如果只有租房这样一种选择的话，那只能是一种无奈的选择。

层级住宅消费的可能性

前面的分析均是在购买（租赁）新商品房的假设下进行的，在目前房地产价格奇高的市场环境中，有必要寻找满足“拟城镇人口”完全城市化的其他途径。一种可行的途径就是充分开发二手房市场，并且是主要开发1999年以前的住宅存量。在1998年完全停止福利分房制度之前所建的住宅，仍然是目前住宅保有量的主要组成部分，并且这类住房按照不同年份的设计规范，二居室的建筑面积主要集中在40平方米至80平方米的范围内，相比目前二居室90平方米至120平方米建筑面积的商品房，其租赁市场价格和二手房市场都更贴近低收入人群，尤其是“拟城镇人口”。

我们可以用下面的方法估计1999年以前所建住宅的保有量。2002年底，全国城镇住宅建筑面积为81.85亿平方米，1999年至2002年城镇新建住宅面积分别为5.59、5.49、5.75、5.98亿平方米；由于没有每年的危旧房改造、拆迁数据，为稳健估计起见，利用国家规定的最大量（即每年拆迁改造房不能超过新建住宅面积的30%[19]）作为估算系数；根据2001年全国危房大检查统计，我国尚有各类危旧房1.5亿平方米[20]，在估算中也将一并扣除。

据此，则可以估算出1998年（含1998年）以前所建住宅的保有量为：81.85－1.3×(5.59＋5.49＋5.75＋5.98)－1.5＝50.7亿平方米。以80%作为可以进入二级市场来估算，则适合中低收入人群（包含“拟城镇人口”的大部分）的这类住宅数量可达40亿平方米左右。按这类住宅建筑面积的中值60平方米、户均人口3人计算，可以有2亿人口通过这类住宅进行循环。

因此，可以这么设想，居住在上述住宅的现城镇居民不断通过购买新商品房改善其住房条件和环境，而“拟城镇人口”通过先租赁、后购买的方式实现从拟城镇化状态向完全城镇化转化，在逐渐进入到城镇较高收入流程之后，再通过购买新商品房改善住房条件。按目前“拟城镇人口”6000万的规模，即使假设其全部为单身（事实上并非如此，这样的假设只是为了估计更稳健），其全部家庭（户均3人）的总人口不到2亿人，循前述途径，可以以相对低的居住成本逐步完成向完全城镇化的转化。

四、结语

农民进城，在完成从拟城镇化向城镇化的转化过程中，对城镇住宅产业将产生巨大的需求，这部分需求将成为未来我国城市化过程基本完成之前城镇住宅需求的主体。在这一转化过程中，城镇房地产市场价格是制约其速度和质量的主要因素。由于城镇住宅市场价格制约所导致的城市化进程的减缓或城市化质量的降低，将反作用于城镇的房地产市场，巨大的潜在需求将难以转化成对其的有效需求，使其难以形成良性的互动。

城镇住宅市场价格持续上涨的态势，从“拟城镇人口”城镇化的角度看，这种态势加速了农民的边缘化，这对于我国加速的城市化进程来说，绝对是有害的。在我们正致力于拆除城乡分割的体制性篱笆的同时，事实上正在用高房价筑起一道经济城墙，将农民挡在了城外，而这将严重损害我国经济发展过程的潜能发挥和质量提升。

2005 年 5 月 30 日

注释：

[1] 邓英淘：《住宅经济概观之一——市场前景与形态特征》，《调查研究通讯》No. 2002－17，中国社会科学院经济文化研究中心编印。

[2] 邓英淘：《住宅经济概观之二——房价水平及其形成机制》，《调查研究通讯》No. 2003－2，中国社会科学院经济文化研究中心编印。

[3] 邓英淘：《住宅经济概观之三——有效供给创造需求》，《调查研究通讯》No. 2003－17，中国社会科学院经济文化研究中心，2003 年 12 月 17 日。

[4] 邓英淘、薛玉炜：《关于三农问题的几点再思考》，《调查研究通讯》No. 2005－4，中国社会科学院经济文化研究中心编印。

[5] 同 [4]。

[6] 邓英淘、薛玉炜：《解决“三农”问题的关键在哪里?》，《调查研究通讯》No. 2003 -12，中国社会科学院经济文化研究中心编印。

[7] 薛玉炜：《湖南考察观感》，《调查研究通讯》No. 2003 -7，中国社会科学院经济文化研究中心编印。

[8] 对这几个经济变量的预测并不是本文研究的重点，我们要做的是对其前景作出量级上的相对稳健估算。作为长程经济分析，追求精确的预测结果并不比在量级上的估算提供更多的信息。本文对需求主体的分析主要是总结 [1]、[2]、[3] 文章相关的资料。将 2050 年作为分析的时点，并不是一个精确的概念，而是对我国基本完成城市化时期的估计。

[9] 本文数据除注明外均来源于《中国统计年鉴 2003》。

[10] 其实，在目前有迁入人口的状况下（尽管这种迁入是严格受控的），一些大城市（如上海）具有城市户口的常住人口在某些年份也出现了负增长。

[11] 拟城市化和拟城镇化概念在本文中是一个可以通用的概念。

[12] 国家发展和改革委员会马凯主编：《2005 年中国国民经济和社会发展报告》，中国计划出版社，2005 年 3 月。

[13] 我们将住房的套面积按 90 平方米计算，这是参照了目前计算房价收入比的面积范围 [1]、[14]、[15]，并相应地取了中间值，因此计算的结果相对是中常的。

[14] 许小年：《走入迷途的中国房价：卖掉上海可换回大半个美国》，新华网，2005 年 3 月 7 日。

[15] 哈继铭、范维维：《检验房地产泡沫的试金石——级差利得税》，网络版《财经》，2005 年 2 月 19 日。

[16]《合理房价等于 15 年房租　炒房是房价上涨因素》，《扬子晚报》，2005 年 3 月 30 日。

[17] 哈继铭、范维维：《内地房地产风险凸现　买房不如租房划算》，《经济参考报》，2005 年 3 月 29 日。

[18] 在 [17] 中，对购房资金成本的定义是：购房资金成本 = 房价 ×（1 - 首付比率）× 按揭贷款年利率 + 首付比率 × 存款年利率；租金成本 = 年租金。因此，我们可以做如下的转换，（房价/月租）=12 ×（购房资金成本/租金成本）/（1 - 首付比率）× 按揭贷款年利率 + 首付比率 × 存款年利率；或用（月供/月租金）进行转换，（房价/月租）=12 ×（月供/月租金）/（1 - 首付比率）× 按揭贷款年利率。

[19] 陈淮、赵路兴：《房价谁说了算——土地与金融制度变革中的中国房地产》，江西出版社，2005 年 1 月。

[20] 同 [19]。

住宅经济概观之五

——城镇建设用地的来源与运用

二三十年以后，大多数中国人吃什么、干啥事、住在哪儿？这些问题也正是三农、两个趋势、乃至新农村建设等问题的讨论和实践所要回答和解决的。但是，如果我们在三十年前提出这些问题，则答案将是完全不同的。何以如此？所谓此一时，彼一时，此三农非彼三农，此建设非彼建设，三农大变局之势使然。

因此，在我们讨论和解决上述基本问题时，首先有一个指导思想是否正确的问题。其中的基本分野有二：一是尽可能延时抑留大多数人于农业和农村；一是加速城镇化进程并提高其质量。不同的指导思想会导致完全不同的结果。例如，设想二三十年以后，当现有的村庄 80% 以上都消失时（注意：这绝不意味着农村的凋敝），那么在这些年里我们对于农村的交通、水电、通信等基础设施的投资绝大部分就会变成巨额的沉没成本和银行呆账。

当经济社会主流处于以往的惯性变化趋势之中时，无妨运用以往的思维定势去思考和处理问题。然而，如果这个主流脱离了以往的惯性，发生了历史性转折时，则仍沿袭先前的思维定势，就将使我们坐失良机、贻误发展。简言之，今天我们所面临的政策环境、解决问题的前提已和三十年前大不相同，惯性与转折之别，宜深察之。大势若此，意欲何为？因势利导或逆势而动，其结果不问可知。

本文首先对三农大势的转折进行描述，然后对未来新增 10 亿城镇人口的建设用地的来源和运用进行讨论。

一、人到哪里去？

这句话的含义有两层：一是到哪儿住，二是干啥事。要回答好这个问题，必须看清楚经济社会主流的走势。自上世纪90年代以来，我国社会经济系统的大流向发生了明显的改变，它告别了以往的惯性，呈现出历史性的转折。为了看清这一点，我们将其投影到三农的大框架之中，略作分析。

先看农业。我国人口直接食用粮食总量从1978年的2275亿公斤升至1990年的顶点——2677亿公斤[1]，增加了400亿公斤；而后转向平稳下降，到2004年已降至2170亿公斤，减少了500亿公斤[2]。同期，我国人口直接食用的肉禽蛋却从1978年的88亿公斤一路攀升，2004年已达400亿公斤[3]，翻了两番还多。

这一降一升意味着什么？在口粮已有保证的情况下，人口直接食用粮食总量的下降趋势预示着：我国几千年以来以种植一年生粮食作物为主的农业正面临着一个大变局，即“人畜分粮”和畜牧业为主的新格局即将来临。种植业将降为大农业的配角，而畜牧业将升为其中的主角，多年生的灌草饲料作物体系将大行其道。由食物用粮转向食物用畜，这将彻底改变我国的食物生产方式。再讲一步说，随着科技的飞速发展，以粮、秸、草、灌等大农业产品为原料的新能源、新化工、新材料及其深加工产业正在蓬勃兴起，这为广义大农业的发展提供了无比广阔的前景。

再看农民。1978年我国第一产业的就业人数为28318万人，占全部就业人口的比例为70.5%；到了1991年，其人数升至顶点——39098万人，13年间增长了约1亿人，当年所占比例为59.7%。而后其人数呈波动下降之势，到了2004年，其值为35269万人，比1991年减少了近0.4亿人，占全部就业人口的比例为46.9%，已不足一半。这一比例降至50%及以下，大致是在1996年之后。

这种变化意味着什么？它说明我国几千年以来多数人搞饭吃的局面已经一去不复返了。以上述46.9%的比例来看，我国农业人口（第一产业的从业人口加上其赡养的人口）将为60964万人，比同年的乡村人口75705万人要少近1.5亿人；而非农业人口为69024万人，比同年的城镇人口54283万人多近1.5亿人[4]。另外，随着上述大农业生产方式的改变，我国传统的全能小农户经营方式将逐步消亡，淡出历史舞台。“小农万岁”的实存和理念即将休矣，无可挽回。

后看农村。1978年我国农村人口为79014万人，其量到1995年达到峰值——85947万人，17年间增加了约7000万人；而后转向逐年下降的趋势，到2004年已降至75705万人，9年间减少了1亿多人，年均减少1100多万人。这个变化亦非同小可，它预示着我国农村人口占多数的这一基本国情已经开始逆转。同期内，我国城镇人口比例从1995年的29%增至2004年的41.76%（2005年为43%），年均增加1.4个百分点，比1978年至1985年的年增0.82个百分点和1986年至1995年的年增0.53个百分点，分别高出0.59和0.88个百分点，即近10年我国的农村城镇化进程呈现出明显的加速特征。

在这里还要提及的是，作为衡量农村消费品零售市场容量的指标也发生了类似的变化。在1978年至1984年间，社会消费品零售额中县级及其以下部分（可基本看为农村居民的购买力）所占比例皆在60%以上，其中1978年和1979年为68%；1985年这一比例降至56%，1992年降至50%左右，1993年降至42%，1996年降至39%，2004年降至33%；这与1978年前后相比，完全倒了个个。

总之，我国大多数人住在乡村里、挤在耕地上搞饭吃的旧三农及城乡格局已经倒转，新的道路已经开通。今后的变化不再沿袭以往的惯性趋势，而呈现出一种深刻的历史性转折。就像河流运动一样，一弯变、弯弯变，三十年河西、四十年河东。当上述过程完成之后，完全不同于以往的一种新的惯性趋势必将勃起；天下潮流浩浩荡荡，顺之者昌，逆之者衰，此之谓也。经济社会实际过程的深刻转折将强迫人们扬弃以往的思维定势，代之以新的理念和思维方式，如此才能正确地指导新的实践。也就是说，大多数农民从土地和乡村转出来，做非农业工作，拿工资、住城镇，应成为我国今后城乡基本经济政策的基调。

二、地从哪里来？

根据近十年的趋势，即农村人口每年减少 1100 万，可以估计，在 2012 年前后，农村人口将降至 6.7 亿人左右，与当年的城镇人口数量大体相当，多数人口在农村这一基本国情将完全逆转。如展望至 2050 年，中国农村人口所占比例约在 10% 至 15%，其总量将在 2 亿人口左右。也就是说，在今后四十多年的时间里，我国城镇人口将净增 10 亿左右（含目前 1 亿左右的“拟城镇人口”[5]）。这就提出一个很重要的问题，即这 10 亿人口的城镇用地从哪里来？

按照一般的规范，每个城镇人口的建设用地（主要指居民点和工商矿业用地）约 100 平方米左右，10 亿人口则需 10 万平方公里，这相当于一个浙江省的总面积。如其全部占用耕地，则需 1.5 亿亩优等农田；这将使我国耕地从目前的 18.3 亿亩降至 16.8 亿亩，减少 10% 左右，肯定会对我国本已紧张的食物安全阈量产生较大的不利影响。那么能否既为这新增的 10 亿城镇人口提供安居乐业的条件，又能少占或不占基本农田呢？

这在以往是不可能做到的，但在今后这种可能性明显增加。因为自 1995 年以来，我国城乡人口数量由以往的同增共长态势变为此长彼消的格局。在今后的四五十年里，我国农村人口将会减至 1.5 亿至 2 亿人的水平，比 1995 年的峰值水平——8.6 亿人，减少 6.6 亿至 7 亿人。这部分人口在农村的居住和工业用地，就为自己进城安居乐业提供了条件。也就是说，一旦城乡人口从同增共长的态势转变为此长彼消的格局，新增城镇人口的建设用地就成为一个自我解决的问题。

由此可见，自上世纪90年代以来逐步显现出的三农大变局，为解决以往的很多两难困局提供了全新的空间和巨大的机会。现在的问题是我们要扬弃以往在惯性变化过程中所形成的思维定势，从而尽快跟上时代演进的新趋势，舍此不能完成新的跨越。

下面我们对这个问题做点具体的分析。到2004年底，我国城乡建设用地（主要指居民点和工商矿业用地）约24万平方公里，城市人均用地已达130平方米，远远高于发达国家人均82.4平方米和发展中国家人均83.3平方米的水平；2004年全国村庄建设用地2.48亿亩（约16.53万平方公里），人均用地218平方米，高出国家定额最高值（150平方米/人）45.3%；我国城市建设用地由1990年的1.3万平方公里增至2004年的3.4万平方公里[6]。由此可推断出，还有镇乡建设用地约4.07万平方公里（包括县城关镇），即村、乡、镇建设用地总面积约20.6万平方公里。

如以人均100平方米来计算，则24万平方公里可承载24亿城镇人口。因此，以我国现有城乡用地总量来看，已足够16亿人口达到世界发达国家水平的用地需要，不存在城镇人口增长过快会多占耕地的问题。相反，倒是农村人口太多，大大降低了我国城乡建设用地的利用效率。在城乡人口此长彼消的格局下，这点尤其明显。

2004年我国县级区划数2862个，其中县级市和县、旗等约2000个（县级区852个不在其中）。到2050年，如设每个县城平均人口达到25万人，则其总量为5亿人；在每个县如有3个中心镇的平均人口达到5万人，则其总量为3亿人；另外2亿新增城镇人口设有一半进入5万人以下的镇，另一半进入县级市以上的城市，则前三者之和为9亿人。这就是说，在未来几十年新增的10亿城镇人口中，约有90%左右是在县域范围内就地城镇化的。按人均100平方米建设用地计算，其总面积约9万平方公里，仅占现有村乡镇建设用地20万平方公里的45%。那些进入县级市以上城市的1亿人口，所需建设用地约1万平方公里，可从上述20万平方公里的建设用地中划出使用。

如到2050年，我国城镇化率达到90%，那么还有1.5亿至1.6亿的乡村人口（不一定全是农业人口），按每人150平方米的建设用地来计算，总量约2.4万平方公里。由此不难算出，还有约8万平方公里（1.2亿亩）的现有城乡建设用地可作他用，如复垦为农田或用于新增的交通用地。

总之，在未来的四五十年，我国新增10亿城镇人口的建设用地完全可以不挤占基本农田耕地，它实际上只是把原有的乡村居民点和工业用地转换成了城镇市民居住区和工商矿业用地；这种转换在原则上不存在任何颠覆性的障碍和困难。我国未来的城镇化进程大部分是在原有县域内进行的农村城镇化，这是其空间结构特征。

但在这里还有一个更加精细的结构性特征需稍加讨论。粗略地看，在未来10亿新增城镇人口中，约有一半是在其原住地从农村居民转换成城镇市民的，我们称其为原住民；另一半则要离开原住地，搬迁到前者的居住地域，亦从农村居民转换为城镇市民，我们称其为外来人口。由于原住民的居住地域集中地城镇化了，高额的地租溢价主要在这里显现；因此，这部分级差地租不能为原住民所独享，否则势必抬高城镇化的门槛并降低其质量。这部分地租必须由原住民和外来人口共同分享，才有利于加速城镇化进程并提高其质量；而只有提高城镇化质量才能消除所谓的拉美或印度式的城市贫民区现象。

从本质上说，这无非是该溢价地租在原来的农村人口中如何分配的问题。实际上，近年来各地已有不少好的经验，妥善地解决了这类问题。如山东兖州市统一规划、迁村并点、城乡一体化建设，这里不再详述，可参见文献[7]。

2006年4月12日

注释:

[1] 根据历年的中国统计年鉴，可知农村人口、城镇人口的数量及其人均粮食消费量，将城镇人口的人均消费量乘以 1.2，便折成了原粮；然后再根据各自的人口数量，就可计算出全国人口直接食用粮食总量。

[2] 同 [1]。

[3] 根据历年中国统计年鉴，可知城镇人口、农村人口的人均肉、禽、蛋的消费量，以此乘以各自的人口数后再相加，即得到全国人口直接食用的肉、禽、蛋总量。

[4] 用 46.9% 这一比例直接乘以全国人口数，得到的全国农业人口数会多少有点偏低，非农业人口数会有点偏高，但这无碍大局；因为 1.5 亿这个缺口太大。

[5] 邓英淘、薛玉炜:《住宅经济概观之四——“拟城市人口”城市化的流程》,《调查研究通讯》No. 2005 -8，中国社会科学院经济文化研究中心编，2005 年 5 月 30 日。

[6] 方烨、勾晓峰等:《我国城市人均建设用地居世界之首》,《经济参考报》，2006 年 3 月 13 日。

[7] 参天水利资源工程研究会:《工作通报》No. 2005 -31、34、35、36，中国社会科学院经济文化研究中心编，2005 年 6—7 月。

新技术经济与「技术拼盘」

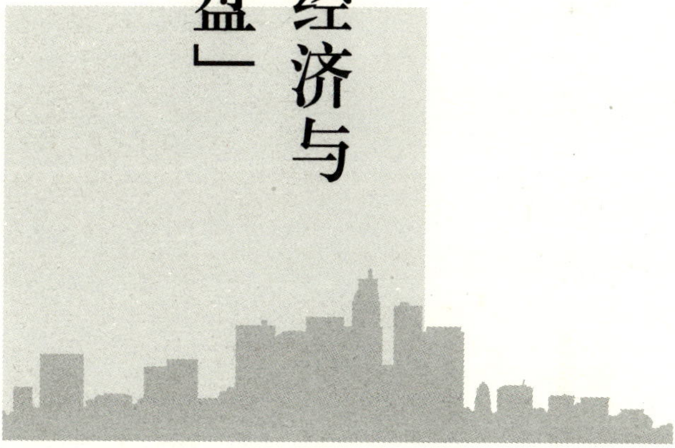

什么样的科学技术是生产力?

——大漠科技尖兵的启示

乍看这个问题，不免使人感到奇怪：难道还有哪种科学技术不是生产力吗？**实际上，“科学技术是生产力”这个一般层面上的命题，在很多的具体情况下，往往会导致“分解谬误”**。特别是在当代，技术进步的速度越来越快，各种新技术层出不穷，其相互间的融合渗透趋势愈益明显，不同技术的组合所形成的空间日益广阔，上述“分解谬误”产生的可能性和危害也就越来越大。

在这样的条件下，不同的区域及其实体（企业、研究单位、职能机构……）所面临的问题往往是这样的：即**在巨大的技术组合空间中，选择一条适合于自身情况的、具体的技术进步道路，并在实践中贯彻实施和完善，从而达到不断提高生产力的目的。如果这种选择发生错误，则一定的科学技术不仅可能不是生产力，甚至可能导致负的生产力**。例如，这些年来，我们常常听到这样的报道：国内一些耗费巨资引进的国外先进设备，因各种原因未能发挥作用，单位还因此背上了沉重的债务包袱，濒临倒闭的境地……即其明证。

因此，对于我们来说，在与发达国家进行激烈的全球前沿技术的竞争中，如何找到一条适合自身情况的技术进步道路，是实现后发优势、后来居上的关键所在。在这方面，我国空军某试验基地的科研群体用自己的行动为我们提供了一个完整而又杰出的范例。

本文从有关文章和资料中选取了若干案例，其中有正面的例子，也有反面的例子；有中国的例子，也有外国的例子，将其相互印照，以期从中引出某些普适的经验和教训。

“智者之虑，必杂于利害；杂于利，而务可信也；杂于害，而患可解也。”

倚天之剑

四十年前的春天，一批从北京、哈尔滨、长沙等大专院校毕业的高材生和研究单位的优秀人才，响应党的号召，从内地都市走进了被称为“死亡之海”的西北大漠。面对恶劣的自然环境和艰苦的生活条件，他（她）们艰苦创业、奋发图强，在基地建设、技术改造、科研训练和人才培养等各个方面都创造了辉煌的业绩，圆满地完成了一系列重大的航空武器装备试验任务，取得了一批具有先进水平的科研成果，为我国航空武器的研制和发展做出重大贡献[1][2]。

1960年代中期，他们研制成“长空一号”无人驾驶靶机，首开中国无人机的先河。从70年代到90年代中期，他们又先后研制成功了高空高速无人驾驶靶机、超音速无人驾驶靶机，使中国成为除美国之外的第二个拥有实体性超音速无人靶机的国家。他们成功地进行了我国第一枚空空导弹的试验，实现了我国航空武器试验史上零的突破；此后又先后完成第一枚及以后所有空空导弹的定型、实弹试验，签发了一至三代空空导弹的“准生证”；进行了一系列飞机武器系统性能试验和鉴定等。70年代末以来，他们对靶场进行了较大规模的现代化改造，先后完成了模拟机场的建设，动、静态假目标制作；开展了空间电子定位系统开发应用的研制等工作，初步建成了综合战术训练厂，接受和参与了多项近似实战条件下的战法研练、战术训练和检验。基地还将退役报废的坦克改制成无人驾驶坦克，为新武器的研制试验和近似实战条件下的各种对抗性训练提供了真实的地面动态靶标[3]。

四十年来，他们以祖国的利益高于一切的使命感和时不我待的紧迫感，几代人接力攻关，出色地完成了800多项试验任务，取得了369项科研成果，创造了我国航空武器试验史上76个“第一”[4]。从某种意义上讲，航空武器靶场的试验能力，实际上标志着一个国家空军战斗力的水平。目前，我国这个唯一的国家级靶场设备、科研方面已达到国际先进水平[5]。

他们是怎样取得这一系列辉煌的业绩呢？是靠大把大把的花钱投入，还是靠引进国外先进设备，或者是靠一批又一批的出国考察？迄今为止，这似乎是提高科学技术水平，向科学要生产力的“标准范式”。但这些都与他们无缘。

“向前进，就会产生信念。”“基地聚集着一群优秀的军人知识分子。在他们身上，既凝结着老红军、老八路勇往直前，敢于战胜一切敌人的大无畏精神，又闪现着当代中国军人重视科学、瞄准世界先进军事水平的智慧之光和永攀高峰、奋力攻关的顽强精神。”[6]这就是他们的答案。

有诗云：“大江东去我向西，辞家万里赴戎机。大漠风烟四十载，青锋一展与天齐[7]。”

批亢捣虚

几年前，基地领导提出“没有靶场的现代化，就没有装备的现代化”，带领广大科技人员，打响了技术改造的攻坚战。当时，上级从北京请来专家，进行技术设计论证，论证的结果是：开出的价格高达数亿元，而且建设时间需要五至七年。基地的技术部长左继章坐不住了，且不说巨额投资难以保证，时间就耽误不起。这位1960年代从哈军工毕业的高材生，决心利用自己的技术力量，对靶场进行改造。他仔细分析了靶场技术现状后，提出了**“拼盘”的建设思路，即用新思想、新技术，**

对新老装备进行拼装、组合和嫁接，让老装备重新焕发青春，使新技术发挥最大效能[8]。

基地按此思路，首先对靶场实施了“换脑”工程。他们把各路精兵强将集中起来进行攻关，独立自主地开发了靶场指挥控制系统的软件和测量引导系统软件，实现了靶场指挥、测控的现代化（两者分获军队科技进步一等奖和二等奖）。在靶场的设备改造中，他们只购买了20%的新设备，就把靶场原有设备功能全部挖掘出来了。基地有五部1950年代的老型号雷达，使用起来问题较多，别的靶场早已将其淘汰，基地的官兵们也想乘技改之机将其更换。左继章带领科技人员，运用计算机技术对老式雷达进行了一番改造，只花了两万元，就使老雷达具备了先进的数字处理技术，其性能和数百万元的新型雷达不相上下。经过他们改造的雷达、光学、测量等老设备800多套，全部焕发了青春[9]。

他们的“拼盘”建设思路还体现在花钱少、起点高、整体建设水平先进上。在改造指挥通信系统时，当时光纤通信刚刚兴起，风险比较大，为此，有人主张用电缆。左继章从基地长远发展，力主用光纤。在党委的支持下，基地建成了当时全国最长的光纤通信网，并利用这一新技术，将50年代至90年代新旧不一的上千台设备与计算机联网，实现了试验数据计算机处理和全程图像显示，使实验空域扩大了好几倍，基地的整体试验水平一步跨越到世界先进行列。经过几年奋斗拼搏，左继章和他的战友们终于“拼”出了一个现代化靶场。目前基地已成为世界上少数几个既能进行航空武器装备试验，又能进行航空武器装备研制的现代化的靶场[10]。

这个案例最全面、最鲜明地体现了大漠科技尖兵团队的技术进步道路。最初由专家提出的技改方案，其内容据我们估计，无非是把所有的老旧设备一律淘汰，全部换上所能买到的最先进设备。这个方案没有被他们接受，因为他们既没有那么多钱，也没有那么多的时间；换言之，如果把资金成本和时间成本加起来作为投入，则这个方案的投入——产出比（基地的试验水平与能力）将是不经济的或是低生产力的。

反观“拼盘”方案，只用了约1/5的资金和一半的时间，就使基地达到了世界先进水平。其关键之处在于，他们深知基地的技术现状，抓住了其薄弱环节或主要矛盾——“神经和大脑”，对症下药，方能点石成金，化“腐朽”为神奇。所谓为所为，用无用，方能无所不用其极。

大漠科技尖兵所走过的技术进步道路，对于后发国家、后发地区、后发单位，具有普适性。不过，我们也要“遗憾”地指出：要走上和走好这条路，所需的绝不仅仅是纯粹的科学技术……“此中有真意，欲辩已忘言。”

行异理同

约在20世纪六七十年代，日本小松制作所的主要产品——推土机——面临着美国货的强大压力。当时小松制作所的产品寿命只有2000小时，而美国的同类产品则高达4000小时。这样小松制作所的推土机就卖不出去了，库存积压高达几百台，生产不得不中止，公司面临着倒闭破产的厄运。在走投无路之际，小松制作所的创始人向中国的周恩来总理伸出求援之手，希望中国能够购买他们的一些产品，以解燃眉之急。出乎意料的是，周恩来指示有关部门，将其所有产品都买下了（因为与当时中国使用的推土机相比，小松制作所的产品质量要略胜一筹）。

小松制作所的创始人得到这笔救命钱之后，立即把全体员工召集到一起，对他们说：以往公司没搞好，我要负主要责任；现在我们已到了生死存亡的关头，愿意和我一起节衣缩食、背水一战的人留下；想自谋生路、不愿意留下的人，我尽可能多发给一点钱作为安置费，何去何从，大家做决定吧。结果大多数员工都留下了。

他们把自己的推土机的上千个零部件（连一颗螺丝也没放过）逐一做了彻底的检查和剖析，最后得到的结论是：在所有零部件中，80%的质量是好的，另有15%的质量存在问题，但通过自己的能力，完全可以在短期内予以解决；只有5%的零部件的质量问题，在短期内靠自己的能力无法解决，需要向欧美发达国家购买或引进专利制造技术进行生产。

如此，经由一番“拼盘式”技术改造，几年之后，小松制作所生产的推土机使用寿命达到5000小时以上，比当时世界上最好的美国同类产品还要高出1000小时。于是，他们在市场上一举击败了美国货，打赢了这场翻身仗。

不难想象，如果当时的小松制作所没有一种顽强的求生欲望和不甘落后的坚定信念，没有一种艰苦拼搏的实干作风。那么在今天的世界上也许就不会再有小松制作所这个名号了。看来，“天下事或激或逼，而成者居其半”，实乃至理名言。

在这里，我们所关注的是小松制作所的技术改造或技术进步方式。从表面看，生产推土机的公司和实验武器的基地，二者似乎是风马牛不相及，但在其间却隔行不隔理。作为后发者，要想迎头赶上先行者，只有不走先行者已走过的弯路，少犯同样的错误，才能后发而先至。为此，必须集中优势“兵力”，歼灭“敌人”（所要解决的问题）的有生力量（主要矛盾及其主要方面）：“我专而敌分；我专为一，敌分为十，是以十攻其一也，则我众而敌寡。”此乃以劣胜优、以弱胜强、后来居上的不二法门。近来流传着一个“二八原则”：即一个系统的整体性能，往往由其20%的组成部分的状况所决定（“绝热消去法则”对此作了更为学术化的表述）。这可以看成是对主要矛盾的一个粗略的数量描述。对于后发者而言，用自己的主要力量着力抓住和解决这类关键问题，是实现技术进步的要肯。所谓“顺详敌之意，并力一向，千里杀将”。

南辕北辙

太阳微系统公司总经理斯科·麦克尼利说，一些公司为在案头工作的职员安装的设备过于高级了；简言之，目前急需合理配置计算机。加利福尼亚圣拉菲尔SBT公计系统公司调查了6000名职员后发现，计算机用户每周有5个小时在计算机上闲混。设在康涅狄格州斯坦福的加特纳集团估计，企业因员工在上班时间打游戏每年要损失2600万工时，这相当于7.5亿或更多的美元，是一笔很大的款项。加特纳集团还没有估计浏览互联网所浪费的时间，但花在这上面的时间也很多，而且还在迅速增多[11]。

现在先进的200兆赫高能奔腾处理器每秒可处理系统4.4亿条指令。有一些人需要用到所有的功能，但很多人并不需要。这里存在着一种帕金森效应：计算机软件为了适应功能增强的硬件而发展，这并不是说所有的新软件都没有用，新软件一般是有用的，但并非每个人都需要它；对于一般的用途而言，令人感到矛盾的是，旧一些的软件也许更管用[12]。

保罗·马斯扎克是C.R.巴德医药供应公司数据处理部主任（该公司1年销售额为11亿美元）。他照管着1台大型机，3台中型机和4500台微机。他说："这绝对是一场噩梦。一般的商业用户只使用了其台式计算机功能的1/100。"这些用户中有很多人只需要一台电子打字机就够了。加特纳集团估计，公司拥有一台与局域网相联的微机每年平均要花1.3万美元，而购买硬件只是事情的开端，相继进行的还有：培训、手把手地指导、软件的升级等等，都是耗资巨大的事情，任何能够降低这些成本的办法都是重要的。IBM公司负责网络计算的副总裁菲尔·赫斯特甚至说，一般公司只有10%至20%的员工真正需要微机，其他人最好选用基本终端。关键的问题是确定哪个员工真正需要大量计算功能[13]。

随着电子邮件、语言邮件、传真机和互联网等技术的应用，从1990年代出现的通信过剩问题开始影响到公司的工作效率，并使工作人员忙得不可开交。新的技术工具远远不能替代已有的通信手段，而是只能以现有通信手段为基础创造一个公司世界。在这个世界里，许多主管和经理人员感到被他们的通信往来压得喘不过气来。一项调查显示，在接受调查的人员中有71%感到忙于应付大量信息。这样的信息过剩严重影响雇员的精神状态、工作质量、家庭生活和公司的工作效率。然而，问题并不在于技术本身，而在于人们如何对技术进行使用和控制[14]。

该调查显示，公司经理们平均每天收发178条信息。经理们普遍反映，他们到达工作岗位后就开始查阅电子邮件、语音邮件、传真和笔记本数据库，然后就到下班时间了。有些经理说，他们一夜之间就能收到多达100条电子邮件信息。有一半的被调查者说他们每小时要受到6次或6次以上信息的干扰。许多经理就是这样必须在家里答复语音邮件和电子邮件，工作中通信不停的干扰意味着只有在晚上或周末才能进行高质量的思考。当通信系统互不兼容时，还会出现更严重的效率低下的问题。人们为确保信息被对方收到而进行的查找和电话询问，则进一步降低了效率。现在越来越多的工作人员为保证信息能及时传送，而不得不用两三种不同的媒介发送同样信息[15]。

这不禁使人想起南辕北辙这个故事。一个人想去南方，但却乘车向北走；有人告诉他应当掉头向南，他却说：我的马好、车子好、驭手好，然后照样往北走。实际上，这个故事一点也不可笑。在日常世界里，这种行动和目的相悖之事，比比皆是；古今中外，概莫能外。

在上面这些反面例子中，给员工配备更好、更多的设备（行动），本意是想提高其生产力（目的），但效果却适得其反。因此，当你要完成某一任务时，如果不恰当地选择和使用科学技术，不仅不能提高生产力，反而会降低生产力；这时，你的设备越先进，员工素质越高，生产力的降低程度就越大。**现代技术的进展日新月异，令人眼花缭乱，其中不仅有机会，亦有陷阱。歧路亡羊，慎之，思之，三思而后行。**

后发先至

1990年代初，由于研制新一代航空武器的需要，我国是否上超音速无人靶机项目的讨论摆在了我国空军某试验基地的会议桌上。当时，世界上只有美国拥有这项技术，解决这一难题，他们用了4年时间，耗资数亿美元。为此，有人预言，中国搞这么重大的尖端项目没有20年时间是搞不出来的。面对众多的否定意见，赵熙和不足30岁的助手瞿勤、林伟东力排众议，提出“只需人民币800万元，在4年内把我国的超音速无人机送上天”。此言一出，举座皆惊。这可是一道世界性难题，不是什么人都能解开的。赵熙立下军令状：只要我们求实创新，奋力拼搏，就没有攻不下的科学难题。那是怎样的四年攻关啊！在“三天刮一次，一次刮三天”的狂风沙暴中，在这荒无人烟的戈壁沙海中，赵熙和他的战友默默地奋战着[16]。

科研的道路绝不平坦，飞行控制系统在模拟高速飞行中连续出现问题，他们连续攻关100多天也没有找到原因。经过一次次分析研究验证，他们发现飞机不听招呼的原因，是飞机在高速运动中产生虚假信号，其连同正常信号一道进入飞控程序，产生错误指令而造成的。按照世界通行的控制理论，解决这一问题的办法是将虚假信号排除掉。美国是靠先进的数字技术，运用超级计算机实施排除，而世界其他国家都还没有能力这样做[17]。

攻关进入攻坚阶段，多少个日日夜夜，多少个设想和方案，建立又推翻，推翻再建立，始终没有结果。在这山重水复之际，瞿勤大胆地提出了一个与世界现行理论相左的设想，即在虚假信号里再加入一个虚假信号，以假制假。此设想一经试验，果真产生了奇效：加入了虚假信号的“飞机”终于按人的意志飞行了。他的这一设计思想，突破了世界无人机飞行控制理论，为我国超音速无人靶机的发展开辟了全新的思路。他们如期完成了攻关任务，中国人终于有了自己研制的超音速无人靶机。这样，继美国之后，我国成为第二个拥有实体性超音速无人靶机的国家[18]。

这里又出现了两种不同的技术进步形态。一种是“美国方案”，一种是“中国方案”。两种方案的产出相同，即超音速无人靶机，但投入相差极大：前者为数亿美元（姑且算4亿美元），后者约800万人民币（约合100万美元），仅为前者的千分之二点五（耗时相同，略去不计）。二者哪个更具生产力，一望可知。

但更要命的问题是，光大把大把地花钱还不行，超级计算机是美国严密封锁的硬件，给多少钱，人家都不卖。结果是与美国同样有钱的其他发达国家都“望机”止步。但“中国方案”却异想天开，避实就虚，以软驭硬，以无厚入有间，真乃神乎其技，故能后发先至。“兵无常势，水无常形，能因敌变化而制胜者，谓之神”，此之谓也。

然将心比心，彼人也，吾人也，彼能往，吾不能往，何也？噫，微斯人，吾谁与归？

1998年7月31日

注释：

[1] 张农科、王国祥、李选清等：《大漠科技尖兵——空军某试验基地科研攻关记事》，《解放军报》，1998年5月10日。

[2] 刘国昌、邹大毅、郑固固：《扎根西北戈壁，勇攀科技高峰》，《人民日报》（海外版），1998年5月11日。

[3] 同 [2]。

[4] 同 [1]。

[5] 刘国昌、邹大毅、郑固固：《大漠风流》，《人民日报》（海外版），1998 年 5 月 11 日。

[6] 同 [5]。

[7] 前三句乃原基地司令员王良旺所作。

[8] 同 [1]。

[9] 同 [1]。

[10] 同 [1]。

[11]《个人计算机革命带来巨大计算浪费》，《参考消息》，1997 年 1 月 11 日。

[12] 同 [11]。

[13] 同 [11]。

[14] 路透社伦敦 1997 年 6 月 23 日英文电：美一项调查表明通信信息量过剩严重影响工作效率。

[15] 同 [14]。

[16] 同 [1]。

[17] 同 [1]。

[18] 同 [1]。

汽车燃料甲烷化

——能源经济概观之六

在本世纪50年代末，我国将实现高度现代化，届时人口总量将达15亿人；如人均用能水平达到4吨标煤，则用能总水平约60亿吨标煤。

按照一般的用能结构来看，交通燃料将占到1/5至1/4，即12吨至15亿吨标煤为交通系统（主要是汽车）所消耗。15亿吨标煤折合10.5亿吨石油当量，目前已知我国油气资源总量约为1670亿吨石油当量(其中石油为940亿吨，天然气和煤层气为730亿吨石油当量)[1]；以30%的采收率计，则国内资源只能支撑约50年的时间；若国内、国际资源各占一半，也只能支撑约一百年时间，而且这还将对国际油价的抬升产生不可忽视的影响。

由此，我们可以提出这样一个问题：能否依托已经成熟的、或基本成熟的技术，使这部分能源“绿化”，实现对矿物能源燃料的大部或全部替代。本文将从技术支持和资源基础两个方面对这种前景进行分析和展望。

一、范例和技术

1. 沼气力推瑞典奔向无油国家

瑞典把“节约能源和替代能源的可持续发展”作为基本国策。在这一政策指导下，瑞典政府大力推进新能源的开发和利用。其中最突出的成就就是用沼气实现节能减排（CO_2）。当各国还在为减排争吵不休时，在1990年至2006年，瑞典已悄然实现了CO_2排放量每年递减9%；与此同时，国民经济在同期里则实现了年均2.4%的增长率，堪称可持续发展的典范。瑞典的CO_2排放量甚至比《京都协定书》规定的标准还要低4%，促成这一成果的重要因素便是用沼气作为动力燃料。在瑞典，沼气被应用于火车列车、城市公共交通和私人出租车。有的城市还把垃圾收集和公共交通系统联结起来，以便更好地使用沼气。2005年10月，世界上首列沼气火车在瑞典投入使用，时速达130公里。2005年，瑞典政府宣布将在2020年摆脱对石油的依赖，成为世界上第一个不依赖石油的发达国家，并承诺这一计划将在不建核电站的前提下实现。实际上，在2006年之前的10年，瑞典已成功地把地热和废热作为供暖的全部能源来源[2]。

传统的沼气是以各种有机废弃物为原料，通过发酵生成粗制沼气，在此基础上提纯，沼气中的甲烷含量就可以从50%—70%增至97%，品质就达到天然气的水平，还能进入现有的天然气管网。900余万人口的瑞典目前已有40多家沼气提纯工厂投入运营，全国沼气消费量已超过天然气[3]。2007年，永续能源已占瑞典能源消耗量的28%，这在欧盟区是最高的；此时，瑞典只有32%的能源来自于石油，比1970年的77%已大幅降低，石油替代率堪称世界第一。瑞典也是第一个把沼气用来当作燃料的国家，拥有沼气车的比例是世界上最高的；目前，全瑞典的沼气加油站已有100多家，举世无双[4]。

2. “碳砖”大幅提高天然气存储能力

虽然天然气的成本明显低于汽、柴油的成本，但它未能广泛用作汽车燃料，其中一个主要原因就是其压缩比不高，不便于汽车携带。现在，美国密苏里大学和中西部研究所的专家已找到了解决办法。

他们以玉米棒芯为初始原料，制成一种“碳砖”，其内部布满复杂的、形状不规则的纳米孔，它在储存天然气的密度上创下新高，可轻易地把相当于纳米孔自身总体积180倍的天然气储存在内；而其内部储存压力却只有普通天然气（CNg）的1/7。标准天然气储存系统使用高压天然气，气压达25.3MPa（压强单位：兆帕斯卡，约相当于253个大气压），这种气罐体积大，会占用不少车内空间。而新型“碳砖”在高密度储存甲烷的同时，不需要额外的成本，最终储存燃料的压力仅为7MPa，近似于管道中的天然气压力。如此低的压力，可使油箱根据需要设计成各种形状。例如，可设计为薄壁、直角的轻巧型气罐，附置于车辆底部，不占车内空间。这种“油箱”的生产原料非常丰富（我国每年玉米棒芯产量约2000多万吨）。目前，研究人员已把重点放在下一代“碳砖”上，使其储气更多、生产成本更低，有关专家表示，新一代“碳砖”甚至可能储存氢气[5]。

20MPa的压缩天然气（CNg）车辆称之为CNg汽车，“碳砖”使CNg变成了吸附天然气（aNg），更具经济性和安全性。

3. 用秸秆大规模生产甲烷

中国农业部规划设计研究院农村能源环保研究所以“十一五科技支撑计划项目”为依托，优化集成了“秸秆一体化两相厌氧发酵”工艺技术。他们已在天津静海县四党口村建成了一座日产1200方的大型发酵罐集中供气示范工程，产气率比一般发酵罐高20%，年产沼气54万方，能满足1000户农民做饭烧水所用，一年可消化2000吨青贮秸秆。该技术不久前通过了专家鉴定，认为它解决了秸秆沼气发酵的难题，拓宽了沼气发酵的原料来源，开辟了秸秆综合利用的新途径，达到了国内领先水平，推广应用前景广阔。

秸秆含有大量有机物，可通过厌氧发酵生产沼气；但由于其木质素含量高，流动性差，故以秸秆为原料的沼气工程存在进出料困难、产气不稳定及发酵速度慢、效率低等问题。上述工艺技术的主要创新点首先在于处理技术上——它是在秸秆发酵前的预处理过程中引入了畜牧业的青贮技术，这既解决了秸秆的保存及消化问题，又能促进其后期发酵。在进料方式上，该技术通过优化设计饲料行业敞开式的气动输送设备，实现了大粒径物料的密闭输送。该项技术的“厌氧消化反应器”结构也是创新点——它在同一发酵罐中将产酸和产甲烷分开在不同区域，使产酸和产甲烷的菌种分别达到了最佳的发酵效果，增强了不同菌种间的互补和协同作用，提高了产气效率；此后又将沼液回流至集料池与进料混合，实现了物料的多次接种，进一步提高了产气效率。另外，该工艺的液态消化物由系统内部循环利用，无沼液外排，沼渣含水率低，无须脱水即可做肥料使用，有效地解决了产气后大量沼渣沼液的运输难题[6]。

4. **柴油车改装成 CNg/柴油双燃料车**

汽油车改装成 CNg/汽油两用燃料车的技术日臻成熟，但占全国汽车保有量约 30% 的柴油车改用天然气（95% 的甲烷含量）作燃料的却很少。从统计上看，虽然柴油车的总数只有汽油车的 40%，但其耗用的燃料总量却是汽油车的近 2 倍。这是因为 15%—20% 左右的柴油车都是大功率载重型卡车，其油耗大都是汽油车的 2 倍至 3 倍左右。因此，近千万辆柴油车改用天然气作燃料，对于燃油的节约和环保要求具有重大意义。

深圳国炬公司已成功改装了 5 台不同型号的重型载重卡车，长期以来在方案和技术选型过程中取得了如下体会和经验。

第一，改装方案应选用 CNg 单燃料还是 CNg/柴油双燃料。（1）在城市内 CNg 加气站较多的情况下，站距短且低速运行的柴油公交车辆，应首先选择单燃料 CNg 发动机。因为单燃料 CNg 车可充分发挥天然气的优势，又不用担心无处加气。（2）CNg 单燃料车最好选用专业厂生产的专用 CNg 发动机。因为车用柴油发动机改装成 CNg 单燃料车，原柴油发动机机体难以按天然气的燃烧特性进行彻底的改进加工，必然在动力性能与排放指标方面存在一些缺陷和不足（热效率降低，动力性能普遍下降10%—20%左右，需经常对火花塞进行维护更换，系统故障率较高）。（3）长途客货车的选择，与其直接购买CNg单一燃料发动机的车辆，不如选购柴油发动机的车辆，然后将其改装成CNg/柴油双燃料车。因为目前单一燃料CNg汽车价格约为柴油车的2—3倍左右，而改装费用却低得多；另外，目前城际之间加气站还很少，单一燃料CNg车难免出现中途抛锚的问题。（4）有条件高速行驶（60公里/小时以上）的长途客货车，宜选择CNg/柴油双燃料改装方案；既可获得较高的柴油替代率（约75%），降低燃料费用，又不用担心途中找不到加气站。（5）在当前加气站尚不普及的情况下，柴油车改双燃料车是较方便实用的选择。

第二，采用进口改装技术还是国内改装技术。（1）进口改装技术无论是电控技术还是高压喷射技术都很先进。改装后的车辆既可保持原柴油发动机的动力性与高扭矩，还可获得较高的柴油替代率（90%以上），大大降低了汽车尾气的排放，但其高昂的改装费用，却使国内广大用户望而却步。（2）国内自创的双燃料发动机改装技术，如深圳国炬公司的cgj系列天然气柴油双燃料电控混燃喷射改装技术，虽然其柴油替代率（75%）没有进口技术高，却有着进口技术无法比拟的许多优点。如不改变原柴油机的结构，配套适应性强，热效率高，功率与原机相同或略高；改装费用低廉。因此这项技术符合国情，易为广大用户接受，易于迅速得到推广应用[7]。

二、资源支撑

由上述可见，在使用绿色能源替代矿物能源作为汽车燃料方面，相关的技术支持体系已经成熟，但要全部替代矿物能，还取决于绿能的资源基础有多大。

如果以人均4吨标煤作为高度现代化生活——生产用能水平的下

限，则交通燃料的人均用能水平均为 1 吨标煤；如此，15 亿人口的交通用能年总量为 15 亿吨标煤，折合 10490 亿方天然气（相应的人均水平为年消费 700 方天然气，甲烷含量 95%）。这是一个惊人的数字，相当于我国天然气和煤层气资源总量 73 万亿方的 1/73 和可采贮量（以 30% 采收率计）的 1/20，大致相当于欧盟、美国、加拿大、澳大利亚和俄国当前的年总消费水平。下文将对绿能的资源基础及发展前景做一概略的描述和分析。

1. **几类广义生物质资源的绿能供给**

畜禽粪便 一般的估算是：目前，我国的畜禽粪便总量约 25 亿吨至 30 亿吨[8]，取其中值为 28 亿吨，以 75% 的含水率计算，其干物总量约为 7 亿吨。展望至 2050 年，其总量大致翻一番，约为 14 亿吨干物质；按每吨干物质产沼气 330 方，则其总量为 4620 亿方（甲烷含量 60%）。

城市有机垃圾、生活污水和污泥 2004 年我国城市生活环境清运量约 1.5 亿吨，约合 0.15 亿吨油当量[9]，折合 150 亿方沼气；今后年增按 7% 计算，到 2050 年约为 3371 亿方沼气（甲烷含量 60%）。

工业废弃物 在这类物料方面，目前粮食加工厂、造纸厂、木材厂、酿酒厂、食品加工厂（如肉类加工厂、果蔬加工厂等）等工业生产过程中产生的固体废物约合 0.48 亿吨油当量[10]。到 2050 年，其总量大致可翻一番，约合 1 亿吨油当量，折合沼气 1000 亿方。

农作物秸秆 目前我国农作物秸秆约至 8 亿吨（干物质）；到 2050 年，其总量大致可达到 9 亿吨；每吨干物质产沼气 330 方，则其总量为 2970 亿方。

新增的生物质资源 主要有以下两大类：第一，在南方的 10 亿亩草山草坡，可间种能源草——巨菌草，每亩可产 2.5 吨干物质（如满种则每亩可产 5 吨干物质）[11]，则年产干物质可达 25 亿吨。如每吨干物质产沼气 330 方，则到 2050 年，总计可年产 8250 亿方沼气。第二，在西北、东北西部、沿海盐碱滩涂，大约有10亿亩较易开发的边际性土地，如种植能源草（如巨菌草、象草）和耐盐作物（如海莲子等），亩产1吨干物质，则其总量为10亿吨干物质，年产沼气3300亿方。两类生物质之和，到2050年可年产沼气11550亿方。.

注意，在上述计算中没有包括几亿亩内陆水面、3亿亩近海海面（距海岸10公里的范围）及43亿亩森林所提供的生物质年生长量。

2. **小结**

上述五大类广义生物质资源，到2050年前后，每年可供沼气总量23511亿方（甲烷含量60%）；将其甲烷含量提纯到95%，折合绿化天然气14852亿方。这比前述10490亿方的数字高出41%，它说明供给汽车作燃料的绿能资源基础，在总量上不存在限制性因素。

从物质利用的形态上看，如果要保留相当部分比例（如50%）的汽车燃料仍以汽柴油的形式使用，则可用绿色天然气制合成油的技术（GTL），进一步改质生产汽柴油。该技术目前也已成熟，而且南非的一家公司在上世纪末还开发出具有小规模经济性的GTL技术。

进一步还可作如下设想：当动力电池技术获得突破之后，上述绿化甲烷可用来发电，再通过电动机驱动汽车行走。如设甲烷发电环节的能量效率为50%，电动机的能效为65%，则总合能效为32.5%，这比汽柴油发动机的总合能效高出约50%。如设汽车中的一半为纯电动汽车（户用小轿车、城市公共交通车辆、出租车等），则可在5245亿方（10490亿方×50%）绿能中节约出1731亿方绿色甲烷，如此交通系统的能源效率将进一步提高，而其服务效能并不降低。

三、总结与展望

综上所述，以绿化能源全面替代矿物能源作为汽车燃料，无论从现有技术体系的成熟程度，还是从绿能资源基础方面看，都没有不可克服的障碍（包括经济性方面的因素）。而绿化能源的资源基础年年再生，分布均衡，永续可用，且其使用过程绝少污染，碳排为零，超级清洁，真乃妙不可言。

就年产14852亿方的绿化天然气（甲烷含量95%）的使用前景还可以做如下两点展望：

第一，在我国经济社会于2050年达到高度现代化的水平时，人均生活用能在以下几个方面的量值为：烧水做饭、洗热水澡用气180方，冬季供暖200方，夏季制冷100方，合计500方；乘以15亿人，则为7500亿方，全可在上述14852亿方绿化天然气的范围内解决（其中：14852亿方 −10490亿方 =4362亿方，这是未用于作汽车燃料的部分，交通用能节约出来的部分为1731亿方；两者之和为6093亿方，如将其还原成75%甲烷含量的绿化天然气，则其量为7720亿方，它大于7500亿方。这种用能方式的道理在于：家庭用热不需要高品质热源，按级供热用热是最佳的用能方式）。

第二，如果上述家庭用热可用热电冷联产（如水泥厂、钢铁厂和燃煤电厂的余热利用）、或太阳能和风能的方式予以解决，则前述6093亿方绿化天然气（甲烷含量95%）便可用于制造化工产品，其产量量级约在上亿吨的水平。这就在相当大的程度上替代了石油化工和煤化工产品，从而使以往的能源重化工生产也被绿化了。其中，某些相应的绿色化工技术工艺已接近基本成熟，下面仅举一例。

等离子活化甲烷是目前发达国家在碳化工研究领域的热门课题。等离子体甲烷转化正在被证明是一种工艺简单、设备小型化、不受规模大小的制约、原料利用率高、投资小、无污染、高效的合成方法，将对未来新能源、环境保护、化工、材料领域产生重大影响，并可能由此产生新的产业（例如热等离子甲烷裂解制乙炔已经工业化了，获得的烃类产率高达78%，由此可进一步生产氯乙烯等等）[12]。

至此，我们可以说，今日矿能重化工领域里的霸主将逐步退居次席，且看明日之域中，竟是绿能生物化工之天下。

2010 年 4 月 19 日

注释：

[1] 施剑松、刘光鼎：《中国油气要第二次创业》，《中国国家地理》，2007 年 6 月。

[2] 胡英华：《瑞典：沼气成就低碳排放》，《经济日报》，2008 年 9 月 10 日。

[3] 董子凡：《沼气，不能低估的生物能源》，《科技日报》，2008 年 11 月 4 日。

[4]《瑞典打造全球首个无油国，未来汽车烧木屑》，中国新闻网，2007 年 10 月 9 日。

[5]《碳砖使天然气储存能力大大提高》，《科技日报》，2007 年 6 月 28 日。

[6] 钟燕平：《沼气发酵工艺技术获重大突破》，《农民日报》，2009 年 7 月 16 日。

[7] 刘锡麟：《柴油车改装成 CNg/柴油双燃料车的成功尝试》，清洁汽车技术创新发展论坛，2008 年 3 月 10 日。

[8] 邓英淘：《现代化需要多少能源》，《工作通报》 No. 2007 -22，中国社会科学院经济文化研究中心编，2007 年 5 月 17 日。

[9] 姚向君等编著：《生物质能资源清洁转化利用技术》，化学工业出版社，2005 年 1 月。

[10] 同 [9]。

[11] 邓英淘：《永不枯竭的生物煤田》，《工作通报》 No. 2009 -9，中国社会科学院经济文化研究中心编，2009 年 2 月 18 日。

[12] 王福安等编著：《绿色过程工程引论》，化学工业出版社，2009 年 10 月。

新型的城市化道路

我国西部地区生态环境脆弱，且又是全国大江大河的源头和上、中游，而现代城市是固体垃圾和废水的主要排放地；因此，在加快西部地区的城市化进程时，就要特别注意避免陷入以往城市所走过的老路。即西部地区的城市化要把过渡和跃迁有机地结合起来，走出一条新型的城市化道路。

一、若干技术要素

现代技术的进展日新月异，以下是一些有代表性的技术要素。

为了向普通家庭普及太阳能发电技术，日本政府正加紧开发住宅用太阳能发电系统，并对安装太阳能发电系统的家庭提供相当于装置价格1/3 的补助。目前日本安装太阳能发电系统的家庭已有 1. 3 万户。积水住宅公司在房地产业界第一个开发出“光热复合太阳能住宅”，它既有与房顶连成一体的太阳能电池，又有集热组件，不冻液在房顶和蓄热储水槽之间循环，发电输出功率为 3 千瓦，家庭能源自给率达到近 60% [1]。

加拿大两名冶金工程师开发出一种更洁净、效率更高、经济可行的垃圾焚烧新工艺，可燃烧掉旧轮胎及危险有毒的医院废弃物，而且不产生有毒排放物，其燃烧费用由原来每磅 0. 4 加元降至 0. 18 加元，且在燃烧过程中能把任何玻璃及金属制品挑选出来，进行再循环利用[2]。

日本生产出一种太阳能净水器，呈碟形，直径 10 米，上面的太阳能电池极能产生多达 5 千瓦的电能，可将水泵入过滤器和吸收器，并给水换汽。在晴天里这个净化器可去除多达 36 吨的磷酸盐和其他污染物。它是由日本电报电话公司开发的，目前正在一条河上试验运行[3]。

目前我国城市污水处理厂最普遍采用的工艺是成熟而有效的二级生物处理法。但其处理设备吨水造价 2000 元左右，运行费用在 0.8—1.4 元/吨之间，过于高昂。我国桑德公司在吸收、借鉴国内外先进技术的基础上，开发出一种适合我国国情的城市污水处理新技术。其主体工艺就是国际上流行的升流式厌氧污泥床（UASB）与曝气生物滤池。它与二级生物处理法相比，具有如下特点：1. 吨水处理设备投资低，吨水造价仅为 800 元左右；2. 运用费用低，约在 0.2—0.3 元/吨之间；3. 运行管理要求低，不要求有大量专业人员去操作管理。经处理后的水质完全达到国家一级排放标准[4]。

我国福建省陈建通发明的垃圾处理新技术，有望使垃圾真正成为联合国有关机构提出的“垃圾是放错地方的黄金”。目前陈建通已向国家知识产权局申请了“城镇生活垃圾冷条件下自动分离的技术方案”发明专利。在各项机械主、附分离中，分离出的物体都必须经过分类、清洗、消毒、干燥后分成有价值、无价值和负价值三种，分别作为原材料出厂。进入沼气池内的原料，产生的沼气可以用于发电自供和入网他供，供气以及作为农用有机肥料出厂。该方案中的用水，经净化处理后可以循环使用不排放。因此，它是一种对垃圾 100% 的分离，100% 的资源化利用方案。据测算陈建通发明的垃圾分离技术所需厂房和设备投资只是建设一个焚烧厂的 1/3 还不到的资金，处理 1 吨垃圾扣除成本外仍可获利 20 元[5]。

在可见光中，红光对光合作用的若干重要过程起决定作用，红光多，产生的热量就多，作物光合作用就强。新型多功能光转换膜就运用这种生物学原理，通过在薄膜中添加转光物质，把阳光中 80% 的紫外光转变成红光和橙光，以有效提高光能利用率和温室的保温性能。与普通薄膜相比，能使空气和土壤温度提高 3℃—5℃，从而显著提高作物产量，缩短成熟期，改善果实品质。据中国农业大学和中科院植物所检测，使用新型转光膜，蔬菜生长期比使用普通膜缩短了 30%，产量提高 40%[6]。

1989 年日本成立了植物工厂学会，到目前为止日本已有不少大企业和大公司都建立了植物工厂。日本植物工厂的核心技术是植物的“水耕栽培”，就是用砂、砾等代替土壤栽培植物，把植物所需营养先溶解到水中，以提供植物生长之需。到 1996 年日本水耕栽培面积已达 700 公顷，可向市场提供 80 万吨蔬菜（即每平方米年生产蔬菜 114 公斤）。从当时情况看，叶菜类更适合“水耕栽培”，现在又发展到油菜、菠菜、西红柿、草莓、花卉[7]。

日本在太阳能电池技术的研究开发上，从 1993 年度开始的“新阳光计划”提出如下目标：开发非晶质硅型太阳能电池和超高光电转换效率太阳能电池，开发太阳能电池—建材一体化组件。非晶质硅薄膜的光电转换效率虽较低，但它所需要的硅材料仅为晶体硅的千分之一，而且制造工艺简单，加工温度只需达到 300℃即可。因此，日本把开发光电转换效率在 20% 左右、低成本和大批量生产的非晶质硅薄膜作为今后的重点[8]。这样，太阳能的发电成本将大幅度下降，有可能降到与火力发电相当的程度；1999 年太阳能板每瓦电力投资已降至 2 美元左右，而 10 年前是 200 美元[9]。

变铜为金。通过一对普通电话专线，达到 2Mbps 的传输速率距离可达数公里，只需两小时便可施工安装完毕。这项技术完全可以把 7 亿多条埋没已久的电话铜绞线变为“信息高速公路”的一部分，不仅将“铜”线变为“黄金”，而且可大大加速“信息高速公路”的建设，节省巨额资金和大量人力；因为有了这种技术，人们已经不须“光纤到户”。

二、综合的图景

如果我们把这些新型的技术要素组合起来用之于一座城市或城镇，那将会是一幅什么样的图景呢？

家庭

在家庭住宅表面及房顶装置太阳能光热材料，这样以家庭为单位的能源需求（热、电、冷、气）便可以实现自给循环供应。这种支出在发达国家通常占到家庭消费支出的10%左右。

家庭日常食用的蔬菜瓜果可用“水耕栽培法”在房顶暖房中生产。每户如以四人计，则每户有6—8平方米暖房，就可大体满足家庭一年消费之所需。这部分支出通常占到城市中高收入家庭消费支出的10%。

在子女或家庭教育方面，标准课程（由全国最好的教师录制）可通过网络随时下载，并根据个人的需要，灵活安排进度；无须每日都去学校听课，一周只须去学校一至两个半天，满足面对面交流与辅导的需求，还可辅之以一定的网上在线交流与讨论。这样在校的学习时间可缩短至以往的1/5（减少了学校用地）。这类支出通常可占到城市高收入家庭支出的10%以上。

利用家庭宽带通信网，可实现网上娱乐、网上购物、网上投资、结算和家庭理财的功能。这部分支出约占到城市高收入家庭支出的10%—20%。

如此，家庭住宅不仅是生活消费资料，而且成为生产和投资（含教育）资料。在四口之家的两个劳动力中，有一个在家依托这种生活、生产资料，从事上述工作；子女从10岁起即可辅助家长做些力所能及的工作（如照管房顶的“菜园”），边劳动边学习。这样，现代化的生产—生活型家庭的一半收入（即支出）可来自家庭内部，从而实现了充分自主就业。货币和商品运作的范围将缩至以往领域的一半左右。

小区与社区

由几百户至一千户家庭组成的小区，可以实现固体垃圾和生活污水的资源化处理，并实现自主循环和回收利用。例如，回收的金属材料、纸张等可以出售给制造企业；经处理后的污水可以浇灌绿地，或以一定的价格出售给附近或下游地区的农林牧业企业。

在小区内，具有不同专长的居民可以“劳动券”的方式核算，直接互惠式地交换彼此的劳动。例如，有人可以教授他人的孩子弹琴，有人则为其他家庭提供家电维修或医疗服务……在小区内，设有零售服务点。

由若干小区组成的社区，设有一座或几座商品展示中心（节省了商业用地），供居民实地观察商品的实际使用功能，并根据用户的要求送货上门（多半为大型耐用消费品）。

在不同小区之间，建有公共绿地、水面（由原来的商业用地节省出来的土地），以居民义务劳动的形式进行管护。每个社区内还设有若干个教育、医疗、娱乐和咨询中心，为居民提供较为专门的服务。

如此，在小区及社区内，大体可自主实现居民支出（即收入）的70%左右。

市区与郊区

在由若干社区组成的市区内，设有能源中心，用太阳能、风能或水能生产氢燃料，供公共交通体系和出租汽车之用。在市区内建有高等教育中心、医疗中心、体育场及市政管理服务中心。

市郊区建有多年生作物体系、利用微生物和酶反应及微电脑控制的小型高效生物化工厂，生产出食品、衣料、建材和饲料，饲养牲畜，并把有关的废弃物回收资源化，或作为周围的生态体系的补充投入（如工业用水或生活用水经处理后，可再次作为生态体系的水源供给）。

市郊设有若干小镇，居住着大约20%的人口，他们主要从事农业和制造业，其居住形态，类似于前述的社区，但可能会更分散些。

这样，在全部市郊区内，可以自主地解决总支出（即总收入）的90%左右之来源。除了像太阳能材料，高级专用芯片，专用生产设备等耐用生产资料外，其他生产和生活资料，完全有可能在城市及其郊区内自主供给。这样，在这个后现代的城乡复合体内，再也不会发生失业。因为任何一种新的需求，都可通过市区内不可耗竭的能源、生物质能材料、专门技能和智能生化制造系统予以供给。

同时，这种城乡复合体再也不会与自然循环发生不可调和的冲突；因为它本质上是从加强自然循环中获利的。

2000年5月28日

注释：

[1] 张可喜：《向太阳索取光和热》，《经济参考报》，2000年2月25日。

[2]《发明新型垃圾焚化炉》，《科技日报》，2000年3月23日。

[3]《太阳能净水器》，《科技新时代》1998年第8期。

[4] 文一波：《城市污水处理的革命》，《科技日报》，1999年9月9日。

[5]《垃圾是放错地方的黄金》，《科技日报》，1999年1月4日。

[6]《新型多功能光转换膜研制成功》，《农民日报》，1996年7月15日。

[7]《日本发展高科技农业：植物工厂》，1996年1月4日。

[8] 同[1]。

[9] 金鑫：《太阳能发电用得起》，《科技新时代》，1998年第8期。

陶瓷太阳能板发电

——抽水蓄能联产淡水棉谷

引言

我国南疆地域宽广，人口众多，光、热、土、矿、油、气等各种资源非常丰富，但是由于沙漠化面积高达79.6万平方公里，年降水量仅为10—100毫米，蒸发量却极大，这严重制约了南疆地区经济的发展，人民生活比较贫困。一言以蔽之，缺“水”导致所有可利用要素捉襟见肘。可实际果真如此吗？大自然赋予我们如此广袤之地，却真的只能弃之如敝屣吗？今日笔者提供一种新的思路去解析南疆问题。

一、基本流程

南疆地区有全国最大的塔克拉玛干大沙漠，整个沙漠东西长约1000余公里，南北宽约400多公里，总面积337600平方公里。这里占全国沙漠面积的47.3%，全年日照丰富，是一个利用太阳能资源的绝佳地域，为什么这么多年竟然无人问津呢？并非大家不知道这里有丰富的日照资源，而是由于太阳能板的材料（真空管型和金属平板型）成本以及寿命问题都没有得到有效的解决，所以长久以来虽然在理论上可行却并不能被实际运用。直到近几年太阳能板的材料（陶瓷中空平板型）有了根本性的变化，一举攻克这两大难关。

原有太阳能板的成本大约是2000元/平方米，使用寿命是10年。新太阳能板（陶瓷中空平板）的成本大约是200元/平方米，使用寿命大于70年。在70年里，真空管型和金属平板型太阳能板总共要换7次，如此每平方米板子的成本造价是14000元，而陶瓷中空平板的成本是200元，仅仅是前者的1/70，其道理详见附录1。

一般来说，制约南疆发展的因素是缺“水”。但事实上并非完全如此，据可靠数据，南疆地下的苦咸水一共有8万亿立方米，所以这里并非缺“水”，而是缺淡水。如果能大规模地使用陶瓷太阳能板（以下简称“陶板”），以廉价电力为基础大规模淡化地下的苦咸水，有了充足的淡水和电力，一系列工农商等产业都能全面开展，人民就可以在这里安居乐业了。

为了系统地研究地广“水”稀的南疆，我们应先细致剖析其中一平方公里的治理问题。其基本运作流程如下：

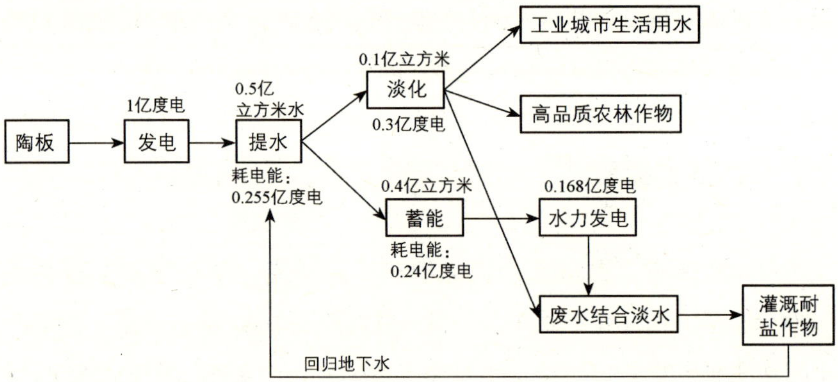

参照上图，在塔克拉玛干沙漠上铺1平方公里的陶板，由此产生的电能一部分用于从沙漠下面提取苦咸水进行淡化；另一部分电能用于抽水蓄能，解决太阳能电力的间歇性和不稳定性的问题。这个大系统可分为以下两个子系统：

（一）第一部分：淡化苦咸水

该系统利用太阳能采取多级闪蒸的方式对苦咸水进行淡化，所谓闪蒸，是指一定温度的苦咸水在压力突然降低的条件下，部分苦咸水急骤蒸发的现象。多级闪蒸苦咸水淡化是将经过加热的苦咸水，依次在多个压力逐渐降低的闪蒸室中进行蒸发，将蒸汽冷凝而得到淡水。目前此项技术主要用于全球海水淡化，优点是淡化水产量最大，技术最成熟，运行安全性高，弹性大，适合于大型和超大型淡化装置。

塔克拉玛干大沙漠的地下苦咸水大约低于地平面 150 米，那么将 0.5 亿立方米的苦咸水从地下提高 150 米耗电能：

0.5（亿立方米）×0.45（度电）=0.225（亿度电）

假设从中淡化 0.1 亿立方米的水用于城市工业生活用水和灌溉高品质农林作物，此部分耗电能：

0.1（亿立方米）×3（度电）=0.3（亿度电）

（二）第二部分：抽水蓄能

此系统从地下抽取苦咸水用来抽水蓄能，因为太阳能板只有在白天以及晴天的时候才能有效利用，所以当有阳光的时候，我们将苦咸水提到一个高于地平面几百米的蓄水库储存起来，当夜晚以及阴天的时候将这些储存的苦咸水再放下去发电，这样就弥补了夜间和阴天的电力供给问题。由于塔克拉玛干大沙漠位于塔里木盆地，其三面环山，北、西、南为天山、帕米尔高原和昆仑山、阿尔金山环绕，所以周围不乏这种蓄水的山谷地段。

如果我们在高于地面 200 米处建筑蓄水库，将剩余的 0.4 亿立方米的苦咸水抽到水库中用于蓄能，耗电能：

0.4（亿立方米）×0.6（度电）=0.24（亿度电）

当夜晚和阴天的时候将这 0.4 亿立方米的苦咸水放下来产生电能：

0.24（亿度电）×70%=0.168（亿度电）

（三）电力净产出及水电净收支

1. 电力净产出

将1平方公里沙漠铺满陶板，可以年产1亿度电。所以全年太阳能净产电能为（单位：亿度电）：

$$1-0.225-0.3-0.24+0.168=0.403\text{（约等于0.4）}$$

2. 水电净收支

电力净收入：0.4（亿度电）×1（元/度电）=0.4（亿元）（现在每度太阳能发电上网电价大约1元钱）

淡化水净收入：0.1（亿立方米）×4（元/立方米）=0.4（亿元）（目前城市生活用水每立方米4元钱）

所以出售淡水和电的净收入：0.8（亿元）

二、延伸产业链

（一）淡水和电力的利用

1. 城市工业及生活用水、用电

城市工业生活用水包括在这里生活的人洗澡、做饭、饮用、清洗东西，以及工业生产过程中或工业生产期间，制造、加工、冷却、空调、洗涤和锅炉等处使用的水，以及厂内职工生活用水。

工、农业和生活用电包括：电冰箱、电视、电脑等家用电器用电；农作物栽培及收获后处理、农产品冷藏及粮食仓储和畜牧用电；以电为原动力的冶炼、烘焙、熔焊、电解、电化和加工等一系列工业生产用电。

2. 高品质农作物

新疆经济作物种植历史悠久，种类繁多，如甜菜、麻类、烟叶、药材、蚕茧等，其中新疆棉花尤以质优而闻名全国。

棉花　新疆属大陆性干燥气候，光热资源充足，昼夜温差很大，日照时间长，无霜期长，尤其适合棉花种植，所产原棉色泽好，纤维长，品质高。所以只要供水充足，棉花非常适合在沙漠气候中生长。棉花是世界上最主要的农作物之一，产量高，生产成本低。棉花的主副产品都有较高的利用价值，正如前人所说“棉花全身都是宝”。南疆1亩地能产皮棉250公斤（最高产量可达330公斤，为世界之最），它是重要的纤维作物，可做高级布料、棉纱和针织品，地毯、棉毯和价格低廉的织物，或与其他纤维混纺。棉籽亩产500公斤，籽仁含油量可达35%—45%，含蛋白质39%左右，其商业上的重要性在于它的油和其他产品。棉籽油用于沙拉油和食用油，氢化后作酥油和人造奶油。提油后的饼渣或籽仁作为家禽和家畜高蛋白饲料。用轧棉机除掉棉纤维后留在种子上的短棉绒可用于制造粗纱和多种纤维产物。棉秆亩产1000公斤，可用于做燃料，1000公斤棉秆燃烧产能相当于一吨原煤燃烧产能。也可用于造纸及包装箱纸板，加工刨花板，加工纤维板，加工建筑材料，用棉秆皮制作麻袋和绳索。

新疆还素有“瓜果之乡”之称。这里的气候对瓜果糖分的制造和积累十分有利。新疆常见的瓜果有葡萄、甜瓜（哈密瓜）、西瓜、苹果、香梨、杏、桃、石榴、樱桃、无花果、核桃、巴旦杏等，优良品种达数百种之多。上述这些作物在有充足淡水的前提下都能够在南塔克拉玛干大沙漠种植。

（二）苦咸水的分级利用

将淡化水结合蓄能发电弃水灌溉耐盐作物，此部分的可塑性非常强：

1. 高粱

高粱是世界上重要的禾谷类作物之一，主要分布在非洲、亚洲、美洲的热带干旱和半干旱地区，温带和寒带地区也有种植。高粱具有抗旱、耐瘠、耐涝、耐盐碱的特点，适宜在沙漠地区生长，由于耐盐碱这一特性，可以将淡化水结合从地下提取的苦咸水用来灌溉高粱，以提高淡化水的利用率。

高粱用途　作为主食产业的原料，可制作传统的高粱食品、高粱甜点、高粱早餐食品、高粱膨化食品。

酿酒的原料 用高粱籽粒酿制白酒，高粱是生产白酒的主要原料，用高粱籽粒还可以酿制啤酒。

生产酒精的原料 高粱籽粒的主要成分是淀粉，现阶段我国推广的高粱杂交种其淀粉含量一般均高于 70% 。由于生产酒精的原料含淀粉越多越好，因此高粱作为可再生的能源作物，是良好的酒精原料。高粱的高光合效率、多重抗逆性以及低廉的价格将使它可以在酒精生产行业起到重要作用。

提取淀粉的原料 淀粉作为高粱籽粒的主要成分（约 32% —79% ），具有极其重要的价值，应用非常广泛。高粱粉可用于食品工业，作为胶黏剂、伸展剂、填充剂和吸收剂等。

甜高粱 生物能源的最佳原料，可用甜高粱秆生产燃料乙醇，秆渣是优质饲料。一般高粱可在含盐量 3 克升以下的土壤环境下良好生长，有的饲草高粱耐盐水平甚至可达 5 克升，这部分作物有些可直接抽取地下水（5 克升以下）来灌溉，有些可掺一部分淡化水进行灌溉。

2. **菊芋**

菊芋的生态特性 ①耐寒、耐旱能力特强。②抗风沙。③繁殖力强。④保持水土。

菊芋的经济价值 ①是高寒沙漠中生物量最大的植物，叶、茎、根块均是优质青饲料。②菊芋块茎耐储存，它的块茎既可食用，又可通过深加工制成淀粉、菊糖、食品添加剂、酒精、保健品等。菊芋的叶和茎秆还可用作饲料。菊芋块茎质地白细脆嫩，无异味，可生食、炒食、煮食或切片油炸，若腌制成酱菜或制成洋姜脯，更具独特风味。菊芋是一种无病虫危害和农药污染、适于制作绿色食品的上乘原料。③菊芋是提取高纯度低聚果糖的最佳原料。④果糖发酵后尚可制成酒精，被称为绿色石油，是很好的代用燃料，又是增加汽油燃烧质量的理想提高剂。

3. **海篷子**

它最大的特点在于生于盐碱地、盐湖边及海边、河谷潮湿的重盐质土壤上，耐盐性非常高，可以用提取的苦咸水直接灌溉。其经济用途在于其中富含维生素C，还含有18种氨基酸，是有益人体的绿色保健食品。种子成熟后，可榨油，油质富含亚油酸，是食用与药用化工的高级原料。海篷子如能在南疆试种成功，则数万亿方地下苦咸水和4—5亿亩沙漠相结合将成为不断涌流财富的源泉。

综上所述，这些被提取的苦咸水无论是淡化后用于灌溉高品质的农林作物，还是结合淡化水灌溉耐盐作物，除了蒸发和蒸腾外，还有约40%的部分渗下地表，回归地下水，用于下个循环，一点也不会被浪费。

（三）畜牧业、农林产品精深加工与生物化工业

棉籽提油的饼渣或籽仁作为畜禽的高蛋白饲料，高粱籽粒是高能饲料，高粱秆渣和菊芋叶、茎、根块都是优质青饲料，依托这些原料可大力发展畜牧业。

棉花是重要的纤维作物，可做高级布料，棉秆可用于做各种合成板，依此可发展棉纺工业，木材加工业等。

高粱籽和菊芋蕴含大量淀粉，是生产淀粉和酒精的上好原料；甜高粱是生物能源的最佳原料，可用其秆生产燃料乙醇，乙醇还可作为化工业的重要原料。总之，通过对上述每种农作物进行综合加工，就能带动一系列产业的发展，大大提高我国的国民生产力。

（四）盐化工和氯碱化工

提取完淡化水的弃水，其中各种矿物质进一步富集，浓度大增，可成为盐化工和氯碱化工的原料。

三、经济社会结构

如用这1平方公里陶板和几平方公里的沙漠（种植各种农作物，建设工厂和城镇）相配承载1万人，人均4000度生产生活用电，1年淡化苦咸水得到1000万立方米淡水，而1万人的工商业和生活用水为300

万立方米/年，还余700万立方米，如果不调配蓄能发电的废水，将淡化水全部用来灌溉高品质农作物，亩定额230立方米/年，一共能灌溉近3万亩地。如果结合发电弃水灌溉，那么将能开发更多的良田牧场，其产生的财富不可估量。如果这1万人里有5%的农业人口，每个农业劳动力就能种100亩地，其他95%为城镇人口，从事第二、三产业，这就具有现代化工农业的模样了。

四、投资概述

1. 铺1万平方公里的陶板（200元/平方米）需要2亿元。
2. 年产1000万立方米的淡水设备投资是1亿元（10元/立方米）。
3. 铺板投工0.25亿元。
4. 其他耗费0.25亿元。
5. 研发费用0.1亿元。

1平方公里陶板及相应设施建设总投资大约近4亿元，如果只算一级产出的净收入0.8亿元/年，4年到5年就能收回成本了，这是个非常可观的投资方向！

五、小结

古人云：君子生非异也，善假于物也。我们应充分利用当今世界的各项先进技术，巧妙弥补大自然原有格局对于人类发展的制约，便可成就天之道损有余而补不足的可持续发展方式。如果将这1平方公里的模式扩展到33万平方公里的沙漠，那么光是塔克拉玛干大沙漠就能养活数亿人，颇有些匪夷所思。

2010年4月21日

附录1　太阳能集热器对比

	真空管型	金属平板型	陶瓷中空平板型	备注
集热体主要原料	石英、硼矿	铜矿、铝土矿	瓷泥、提钒尾渣	储量、运距等差别大
集热体主要材料	硼硅玻璃	铜、铝	无白度要求的普通陶瓷	熔制冶炼烧结差别大
集热体主要结构	双层中空盲管	铜管焊接、铜铝翅板、平板状	陶瓷中空平板	结构与材料工艺相关
集热体强度	低、易碎、无保护	高、弹性、受保护	中、刚性、受保护	指产品而不是材料
运行原理	外层玻璃透过阳光，阻挡热辐射，单管、盲管循环	外层玻璃透过阳光，阻挡热辐射，上下管循环	外层玻璃透过阳光，阻挡热辐射，上下管循环	均为温室效应，不同结构形成不同运行方式
集热体热传导	材料导热差、导热距离短	材料导热好、导热距离远	材料导热差、导热距离短	由材料、结构主导
占用单位面积阳光利用率	中午约60%	中午>90%	中午>90%	结构决定真空管黑色面之间空隙大
热水可利用率	75%—80%	100%	100%	盲管中水不能放出
集热体自保温效果	好	差	差	平板无真空保温
制造能耗	中	高	低	烧结熔炼本质不同
制造成本	1500元/平方米	2500元/平方米	200元/平方米	陶瓷无加工过程
寿命	8—10年	8—25年	主要部件与建筑同寿命	陶瓷、水泥寿命长，结构似天然矿物
涂层	涂层易老化	涂层易老化	黑瓷层不老化	陶瓷性能稳定
腐蚀	金属支架、外壳易腐蚀	通道焊接处、金属支架、外壳易腐蚀	无机材料不腐蚀	无机材料不氧化、使用环境基本无化学反应

续表

	真空管型	金属平板型	陶瓷中空平板型	备注
减容堵塞	盲管中水垢、杂质易造成沉淀、减容、堵塞	铜管贵、通道细、通道曲折、通道容易变窄	通道宽、直通道、循环阻力小、水垢影响小	循环最低处设絮状水碱、悬浮物沉淀罐
外力损坏	无保护、易损坏	可用钢化玻璃保护	可用钢化玻璃保护	钢化玻璃强度高
效率	30%—50%	30%—50%	40%—60%	综合对比
新集热体效率	高	中	中	以单位黑色面积对比
系统效率	中，热交换面积中，单口循环	中，热交换面积小	高，热交换面积大	结构主导
效率衰减	因涂层老化、真空度下降、盲管中沉淀物，长期使用效率下降	因涂层老化，水道细、水垢有影响、长期使用效率下降	黑瓷层不老化、通道宽、水垢影响小，效率不易下降	受材料、结构、制造工艺影响，玻璃、金属难耐成瓷温度
介质双循环	能量转换影响效率、提高成本，不得已而采用	能量转换影响效率、提高成本，不得已而采用	集热体中热水可放出使用，可不采用双循环	热管原理、低沸点相变物质、防冻液体
单位采光面产热量	初期中，后期减少	初期中，后期减少	初期高，产热量始终相对稳定	前两者会老化、衰减，使产热量减少
与建筑一体化	因结构、寿命、造价原因，难与建筑一体化	结构可与建筑一体化，造价、寿命难与建筑协调	结构、寿命、造价，均适合与建筑一体化	普通建筑的造价有一定承受限度
与原房顶共用结构层、保温层	不能与原房顶共用结构层、保温层	可以与原房顶共用结构层、保温层	可以与原房顶共用结构层、保温层	房顶和平板集热器都有结构层、保温层
与原房顶共用防水层	不能与原房顶共用防水层	可以与原房顶共用防水层	可以与原房顶共用防水层	钢化玻璃板可代替原房顶防水层
是否与建筑同寿命	寿命短，不能同寿命	寿命不够长，不能同寿命	可以与建筑同寿命	陶瓷、水泥寿命长
造价	中	高	低	

续表

	真空管型	金属平板型	陶瓷中空平板型	备注
集热体造价	中	高	低	铜铝玻璃陶瓷的差别
系统造价	中	高	低	无机材料储水箱
大规模应用（荒漠热水发电、荒漠风道发电）	A 值小、造价高、寿命短、能量得不偿失、不经济	A 值小、造价高、寿命不够长、能量得不偿失、不经济	A 值大、造价低、寿命长、能量得多失少，值得试验，应该可行	A 值 = 装置寿命期间得到太阳能量/制造使用消耗常规能量

附录 2（基本参数）

1. 把 1 立方米的水提高 100 米需要 0.3 度电。
2. 因为在抽水和发电能量转换（由电能变为水能，再由水能变为电能）过程中，输水系统和机电设备都有一定的能量损耗。发电所得电能与抽水所用电能之比，是抽水蓄能电站的综合效率，早期在 65% 左右，近来已提高至 75% 左右。这里粗估为 70%，所以把 1 立方米的水从 100 米处放掉可以产生 0.21 度电。
3. 淡化 1 立方米的水最多不超过 3 度电。
4. 人均 1 年用水 300 立方米。
5. 1 亩地 1 年用水 230 立方米。

基础循环与发展方式跃迁

中国的目标是要在21世纪中叶初步实现现代化。这意味着什么呢？迄今为止，**现代化的部分含义就是在物质生产与消费上达到西方发达国家的水平。这些国家有一个基本的共同特征，那就是消费大量的矿物能源（不可再生的石油、煤炭、天然气等）**。例如美国1989年人均消费10吨标准煤，日本同年的水平为4吨[1]。如以美国的标准计，则至21世纪中叶，我国的能源年消费总量将达到160吨标准煤，这比1995年全球石油、天然气、煤炭的生产总量（74亿吨石油当量[2]，约合110亿吨标煤）还要多出50%；如以日本的标准计，我国21世纪中叶的能源消费总量亦将为64亿吨标煤，相当于1995年全球三项能源总量的一半以上。

这将对气候产生什么影响呢？1995年全球碳排放量为60亿吨[3]，如以日本的标准计，至21世纪中叶，仅中国实现现代化这一项因素，就将使当时全球碳排放量达到90亿吨，这会使温室效应明显增强。另据分析，由于大量燃烧矿物燃料，以20世纪七八十年代的氧气消耗增长趋势，至21世纪80年代大气圈中的氧气含量将不再是目前的21%（这一比例已保持了5000万年以上），而可能仅剩下8%（这就倒退到地球早期尚未出现植物时的水平），这意味着大城市和工业中心的缺氧状况将变得特别尖锐[4]。

显然，西方发达国家所曾走过的现代化道路，很难为中国所效法。中国这个世界上人口最多的发展中巨国，似乎注定只能走另外一条独具自身特色的现代化之路，即发展方式的跃迁之路——从加强自然循环过程（而

不是靠不断破坏这一过程）来发展自身之路。

就此而言，跃迁也是我国西部大开发的题中应有之意。

一、基础循环

实际上，生物的物质、能量循环（或流转）是由保持相对平衡的功能单元所组成的系统。生物体作为一种独特的功能系统，它把进入本系统的各种物质转化为有机物和被机体排除体外的代谢产物（本节的描述可详见［4］）。

可用一个由生物圈的三种基本功能单元——生产性生物、消费性生物和还原性生物，组成一个简化的循环系统；并分别用 A、B、C 来表示上述三种单元（为了简便起见，在下述分析中没涉及水、氮、磷、氧等基本循环）。

生产性生物代表植物界，它们在光合作用的过程中从大气圈吸收二氧化碳，并释放出氧气；此外植物还需要从土壤的腐殖土中吸收各种有机化合物（R）。生产性物质的活动可表示为 A：（R，CO_2）→（O_2，W_A），变换式中 W_A表示活动生成的植物物质。

消费性生物代表动物界，它们是异养生物，其生存需要消费植物物质和氧气（忽略食草动物和食肉动物的差别），同时排出二氧化碳；消费性生物的活动可表示为 B：（O_2，W_A）→（CO_2，W_B），变换式中 W_B表示活动生成的动物物质。

最后，还原性生物（如细菌、真菌、简单还原生物及其他还原生物）把死亡的动、植物转化为腐殖层中的有机化合物，以及有机矿物（M）——如煤、石油、天然气及泥炭等。这一过程可表示为 C：（W_A，W_B）→（R，M）。

分析上述各式，可知除有机矿物 M 外，A、B、C 三个单元输出端的生命活动产物，与其输入端的产物完全相同。如果把剩余物 M 忽略不计，那么作为由 A、B、C 这些功能单元组成的生物圈（Σ）的活动，可用下述更为简化的“反映”式表示Σ：$X \rightarrow X$，其中Σ =（A、B、C），X =（R，CO_2，O_2，W_A，W_B）。

另外，我们也可把生物圈本身Σ看作是：一种把 A 式（生产性生物反映式）左侧所隐含的太阳能转换成有机矿物 M 的太阳能转换器。如此，生物质、能的循环（或流转）就可看为这种转化的一种机制；而生物圈的功能作用在这里可以表示 E→M 反映式，式中 E 表示太阳能。

整个循环系统越完善，特别是因不可逆过程的结果而退出循环的物质越少，地球上的生命进化条件也就越为有利。有机物矿化过程（如煤、石油和其他矿物沉积的生成过程）中所表现出来的自然循环失调率，仅占百分之几。

在生物圈的进化过程中，单个代谢产物的总量并不是恒定的，而是不断发生某种变化。生产性生物总量的增加引起了大气圈成分的变化；例如，大气圈中的二氧化碳含量减少，而氧气含量则大幅度增加，消费性生物的总量也增加了。也就是说，在生物圈进化过程中，Σ反映式输入与输出端组成成分间的平衡经常遭到破坏。这种现象与生物进化本身一样是完全合乎规律的。因此，那种认为实现准确平衡，以及严格保持生物圈的这种平衡是生物圈顺利存在的主要条件的看法，并不一定是正确的。总之，生物圈物质循环的不平衡性是不可避免的。对此，即使从整个生物圈表现为用 E→M 反映式所描述的功能系统（而且是开环系统）来看，也是正确的。否则，地球上的生命将不可能产生和发展。以生物圈各种不同功能单元间的交换过程为前提条件的物质和能量循环（或流转），保证着生物圈的存在及完整性。

二、发展方式

根据前文的描述，我们可把高度简化的生物质、能循环流转系统表示如图 1：

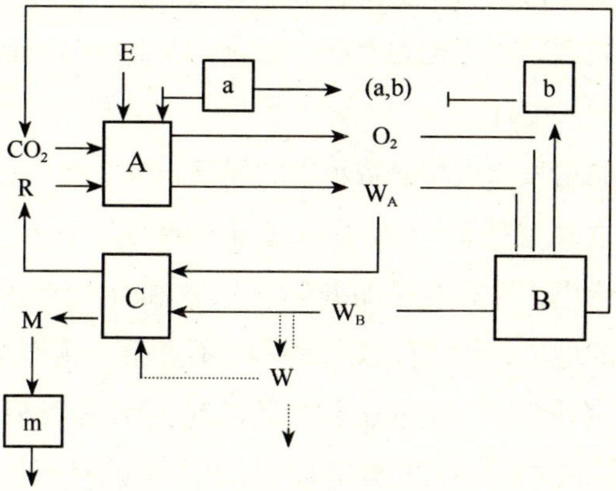

图 1 基础循环

图中所有符号的含义及过程的机理，已在前文中描述，这里不再多说。现在我们要用这个图，对以往人类社会的几个基本发展阶段作一概略的说明。

在前农村社会里，人类以采集和狩猎为生。其主要特征是从 W_A 和 W_B 的年流量中取出一部分 W 供人类生存之用，如植物界可供食用的天然果实及一部分动物，只要 W 的年取出量不大于自然界中动、植物的年生长量，上述生物圈的质能循环与流转就可以正常持续下去。

这个条件在当时的人口状况和消费水平下，是容易保证的，所以前农业社会持续的时间最长，要以万年计，也就不足为怪了。

然而，由于人类这个特殊的生物种群的总量不受一般食物链关系的制约；再加上人不能直接吃草，故而在生物圈的年生物总量中只有一小部分可供人类直接食用。因此，随着人口的增长，前农业社会的生产和消费方式不得不发生变革。

在农业社会里，原有的采集—狩猎附加循环（W）已不再居于主导地位，取而代之的是人工种植的作物和人工养殖的牲畜，这是一个新的附加循环（即 W_A—W_B）。虽然这个附加循环的可直接实用部分的比例很高，但整个生物圈的年生物总量却降低了。尽管如此，它仍与原有的生物圈质、能循环方式相去不远。因此，农业社会持续的时间也相当长，要以千年的尺度计之。

随着人口的增长和人均消费水平的提高，农业社会的生产和消费方式也不得不随之发生变革。这时候，工业社会登场了。

在这个社会里，原有的附加循环（W）和（a，b）全都退到了次要或无足轻重的地位；代之而起的是一个不具循环或流转特征的开环生产—消费系统（m）。它的基础是在地质时间尺度里积累下来的矿物（包括金属矿藏，这在图中未给出）。由于人类的时间尺度与地质时间尺度的数量级差异极大，所以对于人类而言，这些矿藏全是可耗竭的；尽管它们中的很大部分（M）仍是生物圈 E→M 反映式中的产物。简言之，这个生产—消费系统（m）是靠消耗没有补充的库存物质或靠吃“本金”来过日子的。

工业变革对生物圈原有的质、能循环影响很大，其中最重要的影响是它极大地降低了其年生物总量，这从森林面积的大幅度减少可窥见一斑。另外，从能量利用的角度来看，工业社会的生产—消费系统的能源效率是降低的；例如，在前农业社会里，用不到一卡的矿物卡路里能量便可生产出 1 卡食物能；但在工业社会里为此却要投入 10 个矿物卡路里能。这正是人们所说的“石油农业”和“石油社会”的形象数量表征。在这样一种能量收支极度不平衡的状态下，且人类种群总量又高达 60 亿人以上，工业社会的寿命只能是三个社会中最短的一个，看来它的持续时间只能以百年计之。

正是在这个意义上，人们提出了可持续发展的概念。从另一方面来看这个概念，它的主旨应该是工业社会是一个最不可持续发展的社会。

那么，应该由谁来承担这个调整的责任呢？显然，应该由只占人口 20%，但却消耗了世界资源年耗量 80% 的工业发达国家来担此重任。

这些国家人均资源年消耗量相当于其他国家 16 个人一年的资源消耗。但是造成世界不可持续发展的主要责任人和受益者并未节衣缩食，他们反而向那些受害者和非责任人大力推销可持续发展概念，这是为什么呢？另外一方面，他们对自己掌握的一些先进的节能、节物技术，以知识产权保护为名对不发达国家征收高额的转让费，甚至转移高污染行业以及直接倾倒垃圾，这又是为什么呢？难怪有人说，这是**第三次殖民主义——生态殖民主义**。

三、新的跃迁

在前文中，我们已经看到：在人类社会的三种形态中，工业社会是一个最不可持续的形态，但是可持续发展是否意味着返回到农业社会或前农业社会的形态中去呢？这是否就是回归自然呢？

很明显，没有任何人愿意回到那种自然状态中去，那么出路究竟何在呢？发达国家的主导倾向是尽可能延长享受工业社会收益的时间，而把其成本推给不发达国家。例如，日本不在自己的国家砍树，但从东南亚等国大量进口木材和纸浆。这或许就是他们对可持续发展的理解和本能反应。

不发达国家可以有两种基本态度。一种是“配合”或“协助”发达国家，在全世界的范围内把工业化尽快走到头，热带雨林砍光了有什么呢？二氧化碳可劲儿地排放又有什么呢？我们的人均排放量比美国还低得多呢。反正，生态破坏的效应是全球性的，到头来，大家一块儿玩儿完；然后再一块儿找辙。

另一种态度则是另辟蹊径、后发先至。其根本主旨乃是反工业化之道（从减弱生物圈质、能循环中获利）而行之，即从加强生物圈质、能循环中获利。换言之，就是要把旧的技术体系下形成的生态和生产、生活三个子系统的竞争关系扭转过来；通过重整技术体系，使上述三个子系统变成互补的良性偶合的循环体系。这能够行得通吗？在下文中，我们将对此给出一些原则性的描述。

近些年来，信息技术日新月异，计算机技术推动了生物技术突飞猛进的发展。到21世纪二三十年代，随着工业产业时代的终结，即将来临的是生物产业时代——一个生物产业化和产业生物化的时代。整个人类的发展方式将出现一次整体性的跃迁。

工业产业时代的基础，建立在对石油、煤炭、金属和非金属矿产等不可再生资源的一次性掠夺式开发利用上。开发利用矿产等不可再生资源，大规模的企业组织形态是先决条件，集中资金、人力、物力的所谓资本主义“大工业”由此而来。这些有限资源，在全球的分布是很不均匀的。因此，帝国主义殖民、跨国公司扩张应运而生；而且，围绕着石油等“战略资源”衍生出一系列民族与民族之间、国家与国家之间、集团与集团之间经济上、政治上、军事上错综复杂的关系和没完没了的冲突。中东产油国家经济政治格局的任何变动，马上影响西方列强的国家安全，就是典型的一例。这些千百万年乃至上亿年积累沉淀的有限资源，从整体上说，再有50—100年的时间，将会逐渐消耗殆尽。它们用完了就没有了，来晚了就轮不上了，这是掠夺性的西方工业产业时代的致命伤。随着不可再生的有限资源的耗竭与生态环境的恶化，西方掠夺式发展方式日益走向尽头。代之而起的计算机推出的信息产业时代，其原料是沙粒，俯拾即是，计算机推动的是生物产业时代的快速到来。与掠夺式工业产业时代的本质区别在于，生物产业时代建立在对可再生资源重复利用的基础之上。

其一，以现代的太阳能高效利用方式为依托（例如非成像光学技术可使地球表面阳光辐射强度提高几千乃至上万倍，被称为超级太阳炉），对生物、物种资源进行全面的深度开发，使广义的农林牧渔业成为新时代的主要资源基础，辅之以新型材料产业的开发和运用（如碳化硅、氧化硅的陶瓷基复合材料），逐步替代原有的可耗竭能源和矿物产业，使整个社会的资源基础重新建立在可更新资源之上。

其二，以生物化学、基因工程和智能加工系统为核心，形成小型的高效、无废弃物的生产工艺和技术体系；对上述可更新资源的产出和新型材料进行加工；形成新型的制造业，替代传统的以不可更新资源为基础的制造业。例如，森林化工系统可由木材制取人造丝，可以替代许多石油化工的纺织原料，如聚酯涤纶和聚丙乙烯等。

其三，在可再生资源、技术和产业的基础上，在一个范围较小的社区（如县、乡）内，就可做到基本的资源、技术和产品的内部自主循环、回收、重复利用乃至再生。以集中分布的矿物能源而产生的商品分配功能为基础的传统商业，将被限制在极其有限的范围里；传统的商业和银行将为无库存、占地极少的信息化的网上商业和银行所取代。同时，运用现代化的高效通信手段（如光纤和卫星），以信息流动替代大部分人流和物流；促进和实现教育（包括高等教育）的分散化和普及化（如网上远程终生教育），由此形成的新型的第三产业。

其四，在可再生资源、技术和产业的基础上，逐步扬弃以集中化的管理机能和科层体制为基础的组织形态；具有不断重组灵活性的小型化的新型经济组织应运而生。组织内部合作、互惠式的全员参与和管理具有更高的效率。通过新型组织内部公平和效率互补共生的基本途径，在社区内实行政治和社会的自制与民主管理，顺理成章，水到渠成。

在以上述四点为特征的后现代城乡复合区域的社会机体中，环境、生态和人类的生存发展不再是竞争的，而是互补的。可以设想：在这样的区域内，周围都是林木灌草，城镇中有以林草为原料的化工厂和食品厂（运用生物化工技术分解林草等生物质能，转化为单糖，作为新型食品加工系统的原料），太阳能或生物能源供应系统，以及循环供水系统和废弃物循环利用系统。这样的社区将与自然界的生态循环复合为一体，它不仅不破坏自然循环，而且能从加强和改善自然循环中获利。

比起石油、煤炭等不可再生资源，太阳能资源、风能资源、水能资源与生物资源在全世界的分布是分散和均匀的，而且可以再生和重复利用。不存在用一点，少一点，来晚了就没有了的问题；用不着高度集中资金、人力、物力的资本主义“大工业”，也犯不上你争我夺，用不着为了争夺普照的太阳能，非打得头破血流，你死我活不可。相反，这时用得着的倒是：**中国悠久的“桑基鱼塘”所体现的“天人合一”的经营哲学；弥补自然界的缺憾，“参天地之化育”的博大精神；人与人，人类与自然之间和谐共生的“天下大同”的仁爱之心。“平物我之心，而息天下之争”，此之谓也**。

2000 年 4 月 22 日

注释：

[1] [美] 艾伦·杜宁：《多少算够》，吉林人民出版社，1997 年 12 月。

[2] [美] 莱斯特·R. 布朗等：《塑造未来的趋势（1996）》，科学技术文献出版社，1998 年 5 月。

[3] 同 [2]。

[4] [苏] 马尔科夫：《社会生态学》，中国环境科学出版社，1989 年。

改革的经济理论分析

耗散结构理论与产业结构的演化

一、理论的直观基础及其政策含义

1. 引言

在经济和社会系统的演进过程中，有一类最重要的现象和过程就是分工的产生、发展及产业结构的变化。当今的产业结构千姿百态，既有几十万人的大产业，又有几千人的小产业，产品成千累万。但是，这一切却又都是从那几十万年以前的采摘野果、捕食野兽的原始社会演进而来的。在这样一部几十万年的产业发育史中，经历了一个从无到有、从少到多、从简单到复杂的系统发育过程，其中既有产业的夭折和勃兴，又有产业的繁盛和衰亡，既有长期的停滞，又有蓬勃的发展，既有大陆漂移式的渐变，又有山崩地裂式的飞跃。要从这样一幅波澜壮阔、千变万化的图景中理出一条清晰的线索和规律来，实在不是一件容易的事。

迄今为止，对于分工、分业和产业结构的演化机理还从未有过系统的理论解释。在我国理论界，虽然非常重视生产过程的专业化和社会化，重视分工的发展，但长期偏重于对分工的各种经济社会后果进行分析和研究，而忽略了**分工、分业究竟怎样发生和如何发展的问题的探讨**。对于这样一个困难的问题，我们将借助耗散结构理论，综合已有的成果，给出尝试性的理论分析和数学描述。

2. 分工分业中的涨落

涨落现象无论在自然界，还是在经济或社会中都是极为常见的，有时我们也称其为波动或起伏。

那么什么是分工分业的涨落呢？为了说明这一概念，我们先对什么是产业结构及其平衡和稳定做些说明。

产业结构指的是产业之间的某种关系，也就是说在某一地区或国家里，劳动力、净产值，以及投入的设备和原材料在各个产业中的分布状况或比例关系。当这种比例关系不随时间而变时，我们称之为产业结构的平衡。实际上，由于各种内、外部因素的影响，这种比例关系（即产业结构）随时都在发生变化，如果在一段时期里，其平均值基本不变，我们就称之为产业结构的稳定平衡。

当我们把眼光转向分工分业的历史或现实时，不难看到两种涨落现象。一种现象是：在一段时间里，产业结构从宏观上看是稳定的平衡，即上文所说的比例的平均值保持不变或变化很小。但从微观上看，则会发现劳动力和资金等不断地在各个产业间流动，各个产业的净产值也在不断地波动；有的企业诞生或扩大了，而有的企业关闭或缩小了。我们称这样一种波动或涨落现象为分工分业的微涨落。这种涨落的特点是它不影响宏观产业结构的平衡，而仅仅表现为在上述比例的平均值周围的波动。这种微涨落现象在整个分工分业和产业结构的发展史中频繁发生，从未停止过。

另一种现象是：一些新的产业突兀而起，例如电子工业的崛起及其迅速发展，一些产业的相对地位下降甚至消失，例如纺织工业的地位相对下降，手工织布业近乎绝迹。我们称这种现象为分工分业的巨涨落，其特点是它要改变原有的宏观产业结构，打破原有产业结构的稳定平衡。在整个分工分业的发展史上，这种涨落远不如微涨落那样频繁，但其一旦发生就要势不可挡地改变分工分业的宏观图景，而且这种涨落在很大程度上是带有规律性的。

在分工分业的涨落中，微涨落虽然极其频繁，无时不在，但却很少受到注意和研究，其原因也许是人们认为它对宏观图景的改变没有什么贡献。巨涨落虽少有发生，但因其强烈地改变了宏观图景，表现出产业的长足进步，极大地造福于人类，因而自然也就引人注目。但是我们将会看到，如果忽视了对微涨落的研究，那么巨涨落的成因和分工分业发育的机理就不可能得到正确的说明。因为任何巨涨落都是在一定的条件下由微涨落演变而来。在这两者之间有着不能忽略的重要联系，即在一定的条件下，随机的或不确定的微涨落必然演化成确定性的巨涨落。下面我们就对此做出说明。

小到一个经营项目，大到一个产业的成形，以及某些技术环节的独立，都是在相当长一段时间内，由生产者同消费者一起在或多或少的各种可能性中进行选择和反复尝试的结果。其基本模式，不是直线行进，而是既有兴旺繁荣，又有衰落萧条乃至废弃，这些都可以概括为分工分业中的涨落。注意观察一下，就可以发现分工涨落总是发生在原有分工结构的平衡被打破之际。在这个意义上，我们可以说分工涨落是分工分业进步的征兆。但是，为什么不仅把分工的展开，即所谓"涨"，同时也把分工的退缩，即所谓"落"，都看成分工进步的标志呢？

在社会生产过程中，各种生产要素都处在不断的重新组合之中，因而总会出现各种各样的可能性。其中有些可能性具有不确定性。**分工分业的变化也是一种"重新组合"，因此发生于分工过程的不确定性也就不可避免。而分工涨落恰是对付不确定性的有效手段**。"涨"是对原有分工或产业结构的突破，"落"则表明对新结构的选择没有成功，退回来准备做出再一次选择。分工分业的选择在不断的涨落中进行，失败的风险和代价得以分散并大大减少。这样，既不放过每个有利的、带有尝试性的进取机会，也能够在得到不利信号时从容退却。只要我们不仅仅把眼光局限于分工的结果，而是仔细考虑分工和产业结构变化的发展过程，那么这种涨落机制对于古今中外的任何社会分工的顺利发展都是必要的。

3. 微涨落怎样演变成巨涨落

在分工和产业结构的发展过程中，存在于微观经济结构中的微涨落能否进一步发展成为巨涨落，从而在涨落中形成具有宏观经济意义的新的产业体系，这取决于一些基本条件。这些条件构成了微观经济与宏观经济相互联结的桥梁。

粗略地说，这些基本条件是：（1）收入弹性条件；（2）生产率上升率条件。我们称这两个条件为分工分业的微涨落能否成为巨涨落的临界条件。也就是说分工分业的微观涨落若能达到临界水平（即具有一定的收入弹性和生产率上升率），这种微涨落就能得到放大而形成宏观尺度上的巨涨落，从而改变原有分工和产业结构的宏观图景；若低于临界水平，微观涨落就将被衰减，而由微涨落所引起的原有分工图景的扰动就将消失，原有分工结构的平衡也将得到维持。

为了阐明这种机制，先要解释一下这两个条件。

收入弹性指的是某种产品的需求的收入弹性。也就是说随着人均国民收入的提高，对某种产品的需求增加或减少的程度，即某一社会产品的需求增长率同国民收入增长率的比例，其公式如下：

$$(\text{需求的收入弹性})e_y = \frac{(\Delta Q/Q)}{(\Delta Y/Y)}$$

其中 Y 是收入，ΔY 是收入的增量；Q 是当收入水平为 Y 时对某一社会产品的需求量，ΔQ 是当收入水平增加了 ΔY 时的需求的增量。

例如，随着收入提高，耐用消费品将会有越来越大的需求，其需求增长的幅度超过收入增长的幅度（即 $e_y>1$），我们称这样的产品为高收入弹性产品。而对粗粮的需求则随着收入的提高而下降（即 $e_y<1$），我们称这样的产品为低收入弹性产品。

显然，一种新的产业要想发展起来，必须以它的产品有市场需求为前提条件。不难看出收入弹性条件就是从需求方面来刻画某一产品的潜在市场容量。这个条件反映了对产品的动态需求，因为它是与收入的变化联系在一起的。一种产品的收入弹性愈大，那么随着经济的发展和人均收入的提高，这种产品的市场容量就越大，而生产这种产品的产业的发展就越快，其在整个产业结构中所占的比重就越高。新产业的产品的收入弹性愈大，涨落就愈加远离原有分工结构的平衡，愈加不能被衰减。也就是说，系统愈加不能回复到原有的分工结构。这样，新产品的产业才开始由处于原有分工结构平衡点附近的微涨落，转向造就新分工结构，并在新结构中找到自身经济支撑点的分工巨涨落。

生产率上升率是指一种产品的生产率的增长率。这里的生产率指的是生产中各种生产要素的综合生产率。与收入弹性条件对比，不难理解这个条件是从供给方面来刻画产品的生产能力的。因为仅仅有潜在的市场容量还不够，一种产品要想得到实在的市场，那它就必须以一定的批量和足够高的生产率被生产出来，这样才能做到物美价廉，以满足购买力的需求。

这两个条件合在一起就构成了判定分工分业的微涨落能否变成巨涨落的条件。最初的涨落总是发生在原有分工结构刚刚开始变化之时，这时涨落本身十分微小，只能使既有分工界限产生微小变动，使原有分工结构稍稍偏离平衡点，系统恢复到原有的平衡点还是很容易的，这时原有的平衡是稳定的。只有当涨落幅度达到某个临界水平时，原结构的平衡才难以抵御这种自行增大的扰动而失稳，新结构才无可避免地得以产生。

分工分业涨落幅度的增大，由收入弹性和生产率上升率这两个条件决定。一个新产业开始可能十分弱小，它的产生也可能是完全偶然的，但只要它的产品具有较高的收入弹性和生产率上升率，它就能迅速发展起来。而一个老产业的产品尽管曾经畅销一时，但随着人均收入的提高，它若没有以前那样高的收入弹性，也注定要停滞（即对它的产品的需求已经饱和）或衰亡（产品已被淘汰）下去。

一个新产业的勃兴仅以其自身的能量，还不足以使整个分工图景和产业结构发生巨大的改观，这种勃兴仅是巨涨落中的一条干流。由于新产业的产品具有高的收入弹性和生产率上升率，所以为满足生产这种（或这些）产品所需要的其他行业也就被带动起来。也就是说一种经营项目可以刺激另一些经营项目的产业和发展，一种新产业也可以引致另一些产业的产生或发展。这样，一种新的有序的分工结构就形成了，在这种结构中具有包含大量个别产业的相干协作所形成的滚滚洪流，微涨落终于变成了稳定的巨涨落。这最终导致了分工的宏观图景的改观。这时，原有分工结构的失稳便已无可挽回，而新结构的确立也就不能阻挡了。

分工微涨落在高于临界水平时演变成巨涨落的类型和幅度主要取决于分工的连锁效应，这种连锁反应大体上有三种类型：（1）前向连锁；（2）后向连锁；（3）旁侧连锁。现分别叙述如下。

前向连锁指的是一个产业的发展对以它的产品为投入的其他产业的影响，如粮食的生产对饲料加工业的影响。

后向连锁指的是一个产业的发展对向自身投入生产资料的各部门的影响，如棉纺业的发展带动了纺织机械业、染料工业的发展。

旁侧连锁是指一个产业的发展对所在区域的影响，如形成新的城镇和服务业。

新产业的收入弹性和生产率上升率越高，所引出的连锁类型可能就越丰富，连锁效应的强度可能就越大。这样放大的倍数就越大，巨涨落的幅度也就越大，整个分工的宏观图景的改变就越充分。反之，若涨落达不到临界水平，它的连锁效应就很弱，便不易进一步形成巨涨落，从而也就无法改变原有的产业结构。

下面总结一下分工分业的涨落机制：

当微涨落达不到临界水平，自身被衰减，原有宏观产业结构的平衡是稳定的。当某种自发的微涨落达到临界水平时，不仅自身的涨落幅度增大，而且由分工连锁效应而产生三种诱生作用。第一种诱生作用是引发其他的新产业，第二种诱生作用是加速原有产业的发展，第三种诱生作用是导致某些原有产业的衰落。在实际过程中，这三种诱生作用往往是交织在一起的，并和前述的主导涨落合流，由持续的相干效应而演变成规模更大的巨涨落，这时原有的产业结构失稳，巨涨落幅度在一段时间里持续增大，而后随着各产业的收入弹性和生产率上升率的改变率的差异逐渐缩小，巨涨落幅度逐渐减弱，最后达到新的稳定的产业结构。这样一个过程，我们称之为通过分工分业涨落而达到有序的过程，或称之为新的稳定的产业结构形成的自组织过程。

通过微涨落、巨涨落、平衡、稳定、失稳、临界点、相干效应等新概念，我们展示了分工分业和产业结构发展过程的普遍机理，那似乎不可捉摸的整部产业兴衰史便清晰地摆在了我们的面前。

4. 某些政策性的结论

通过上述分析，我们不难引申出一些有意义的政策性结论。现概括如下。

第一，应选择收入弹性大和生产率上升率快的产业为带头（或主导）产业，这个结论的道理是一目了然的。

第二，当有若干个收入弹性大和生产率上升率快的相互可以替代的产业可供选择时，应从整个国民经济的远景考虑出发，做出慎重的抉择。例如私人小汽车和公共运输系统在功能上基本可以相互替代，但其所导致的环境后果和今后的产业链条却有较大的不同。

第三，确定了主导产业之后，应运用政策手段改善主导产业自组织过程的环境，使主导产业的分工链锁在时空上更好地协调，减弱主导产业微涨落转化成巨涨落的摩擦和时滞。例如降低主导产业的税率，为其提供优惠的信贷等等。又如，假定在经过分析之后，决定主要发展公共运输系统，就可对小汽车征收重税，以限制对其的个人需求和供给。

第四，各种微涨落是客观存在的，宏观决策者尽管可以利用行政手段压抑某些微涨落，降低其幅度，但要想消灭这些微涨落是不可能的，生硬地不加分析地把一切自发的微涨落一概说成是盲目性的活动，而加以尽量排斥，其结果是无视分工分业发展的自组织过程的特点，抹杀了系统发育过程的基本环节，这在生产和消费日益复杂化和多样化的今天将会带来更不利的后果。应该看到各种自发性的微涨落虽然具有某种盲目性，但却是进行正确选择、降低宏观决策失误的前提和条件，也是避免因决策失误而造成严重后果所必须付出的代价。以往不少在所谓“计划性”掩盖下的集中性的分工决策，使得我们丧失了在充满着不确定性的环境下进退自如的能力。今天，我们应该学会善于利用各种微涨落，因势利导，推波助澜。

二、分工分业中涨落的数学描述

1. 分工分业的分支点

在第一部分的分析里，我们较为详尽地考察了分工和产业结构发展过程的普遍机理。从现在开始，我们要将上述考察转化成数学表达形式。

分工和产业结构演化的总图景可用分支数学理论来描述（见图1）。

分工分业就是一个“分支”过程。当 λ 的值小于 λ_1 时，也就是当新产业的收入弹性和生产率上升率低于临界收入弹性和临界生产率上升率时（两个临界条件在这里合称 λ），原有分工结构的平衡是稳定的，不会被分工的微涨落所打破，微涨落只能不断发生又不断被衰减。但是当新产业的收入弹性和生产率上升率高于临界水平时（即 $\lambda > \lambda_1$），原有的稳定分工结构（从O点到A点这一段）变为不稳定的（图1中A

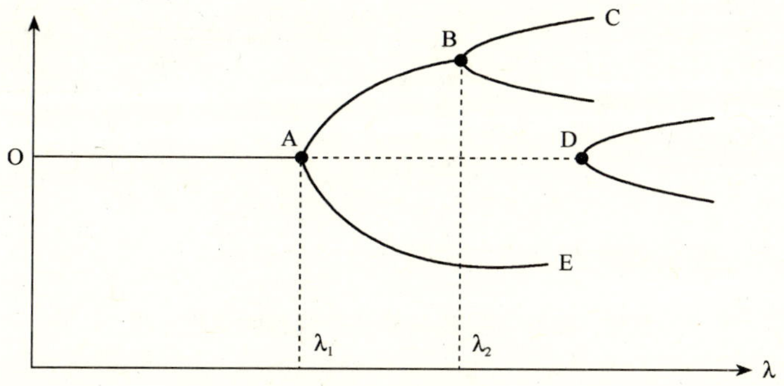

图1　分支图

点到D点的虚线），微涨落再也不能被衰减，系统再也不会回复到原有的结构。这时，系统可以走上AB分支，也可以走上AE分支，这两个新的稳定分支被中间的不稳定虚线AD隔开了。究竟走向哪一分支要看大量微涨落中哪些微涨落有最快的增长，或者说要看我们的产业政策有助于加速哪些微涨落的增长。为了分析上的方便，不妨认为AE分支对今后产生更多、更好的机会不利。从图上可直观地看出，若已走上AB分支，当$\lambda > \lambda_2$时，则会有更新的分支点B，这样又可以使宏观产业结构发生新的变化；但若已走上AE分支，就不会有这种机会了。因此，在机会成熟时，妥善地选择产业政策，对于促进不断的良性循环有着不可低估的作用。这是因为处在分支点上有多种前途可供选择。

出于促进分工分业发展的立场，我们只讨论OA和AB段。首先把第一部分的内容总结一下（见图2）。

原结构中的微涨落最初发生在OA线周围，涨落不断发生，但又不断被衰减（见图3）。此时分工涨落离平衡点不远。由于涨落幅度没有超过临界水平，因此系统不断回到原有的平衡点（这时该点是稳定的）。

但是，在改变了的条件下，微涨落则可能远离平衡点，使原有的稳定平衡点变成不稳定的（即失稳），这时涨落就不会被衰减，从而使系

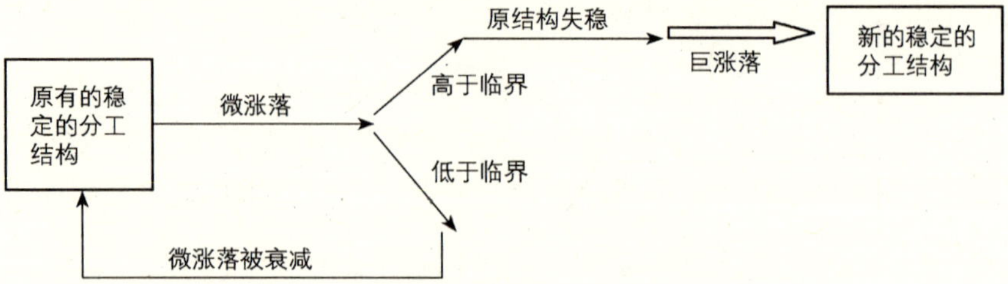

图2　旧分工结构向新分工结构的演化过程

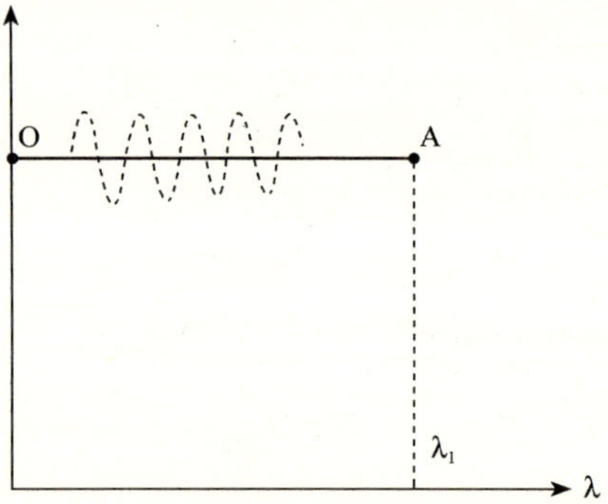

图3　微涨落

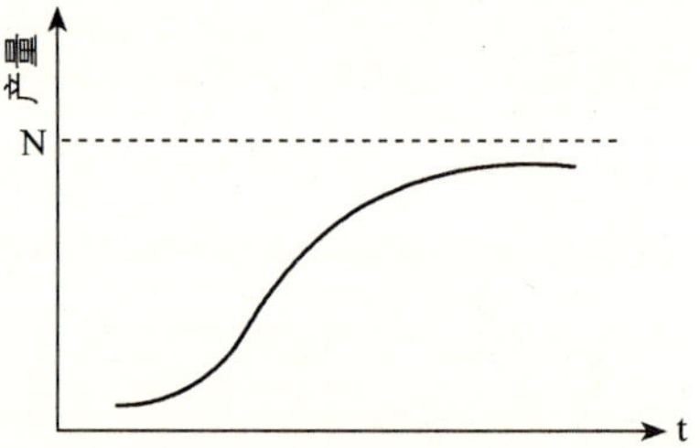

图4　产量的增长曲线

统走向新的稳定分支。

这样，我们就得到了对分工分业和产业结构演化的动态说明，呈现在我们面前的是一个“活”的结构，不平衡成为新分工体系的有序之源。

2. 一个部门的增长模型

我们先分析一个部门是怎样增长的，然后再讨论新产业如何产生以及新、老产业之间的关系。

当一种新产品刚刚开始出现时，由于生产技术还不够完善，生产费用较为高昂，产品的市场需求也较小，所以产量的增长速度也较低；在第二阶段，由于技术改进和收益增加，仿效的人涌入新的产业，投资和生产能力增加很快，生产技术日趋完善并转向批量生产，成本下降，该商品的市场日益增大，于是产量加速增长；接着进入第三阶段，这是产品市场的饱和时期（随着收入的提高，该产品的收入弹性降低），于是产量增长就变得越来越缓慢，到了最后，几乎完全停止增长，产量稳定在仅够用于更新的水平上。任何一个产业都大致经历过这样的三部曲。显然，如果没有新产业形成，整个分工图景和经济增长就将长期停滞不变。

上述增长曲线的微分方程是：

$$\frac{dY}{dt} = KY(N - Y) \tag{1}$$

其中 dY/dt 是产量的增长速度。等式右边的含义是这样的，即产量的增长速度 dY/dt 与下面两者成比例：（1）t 时的产量 Y，（2）由饱和水平到 Y 的差（N－Y）。N 代表饱和水平，称为饱和参数；K 表示产量增长速度 dY/dt 与 Y 和（N－Y）的积之间的比例系数（为常数）。

显然，饱和参数 N 的大小与收入弹性的高低密切相关。系数 K 的值与生产率上升率的高低密切相关。

随着时间 t 的增长的 Y 称为动态因子。（N－Y）则是减速因子，因为这个因子的量随时间推移而减小。当一个产业的扩张过程接近饱和时（即 Y 的值接近 N 时），减速因子（N－Y）就接近于零，这时增长速度 dY/dt 也趋向于零。这时，该产业的扩张开始停止，产量开始稳定在N＝Y附近。

3. **新产业的形成及产业结构的变化**

现在考察在资源有限的情况下，新产业是怎样产生的。

首先将上述方程修改如下：

$$\frac{dX_1}{dt} = K_1X_1(N_1 - X_1) - M_1X_1 \tag{2}$$

这里新添加的一项是 M_1X_1，这是为了表示产业 1 的一件产品使用时期的长短，使用的时间越短（相当于 M_1 越接近于 0），就要有更多的产品用于更新，以补偿被消耗掉的产品。在公式（2）中，X_1 表示产业 1 的产品产量或以不变价格计算的产值，K_1、N_1、M_1 为常数。

显然这时的饱和水平不再是 N_1 了，而是 N_1-M_1/K_1。当该产业的产品市场趋向饱和时，整个产业向稳定的状态 $X_1^0=N_1-M_1/K_1$ 移动。这种状态代表着正在生产出来的产品和正在消耗掉的产品之间的一个动态平衡。

现在假定由于某个“偶然事件”，在某瞬间产生一个新个体 2，它的数量为 X_2，这是原有产业结构中的一个偶然变异——微涨落。过了一些时间，可能有足够数量的 X_2 存在，那么就可以用下述方程去描述它们的增长或消失：

$$\frac{dX_2}{dt}=K_2X_2(N_2-X_2-\beta X_1)-M_2X_2 \tag{3}$$

产业 2 可以具有参数 K、N、M 的不同值；此外，它还可以开发不同的经济资源，这可以由引入因子 β（0≤β≤1）来表达。如果 β =1，则新产业 X_2 与老产业 X_1 一样，精确地使用着同一资源；如 β =0，则表示它们使用的资源完全不同；如 0 <β <1，则表示两个产业在资源的使用上有重叠的部分。

这样，对于整个系统而言，方程不再是公式（2）了，而是下述方程组：

$$\left.\begin{aligned}\frac{dX_1}{dt}&=K_1X_1(N_1-X_1-\beta X_2)-M_1X_1\\ \frac{dX_2}{dt}&=K_2X_2(N_2-X_2-\beta X_1)-M_2X_2\end{aligned}\right\} \tag{4}$$

在新个体出现的瞬间状态是：

$$X_1^0=N_1-\frac{M_1}{N_1}\quad 和\quad X_2^0=0 \tag{5}$$

该系统对新个体的这一小量的响应是确定性的，可以精确地用微分方程

的方法计算，从而建立其特征方程的根具有正实部的条件。而这就是“增长”以及新产业“进化”发生的条件。如果

$$N_2 - M_2/K_2 > \beta(N_1 - M_1/K_1) \tag{6}$$

则新产业的产量将增长到某个有限值，并占有系统中的“小经济环境”。

下面具体分析一下几种可能发生的情况。

第一，如果新产业 X_2 是一个新个体，它精确地占据与 X_1 完全相同的“小经济环境”——经济资源，则 $\beta=1$。同时不难证明，如果

$$N_2 - M_2/K_2 > N_1 - M_1/K_1 \tag{7}$$

则 X_2 增长，并将完全取代 X_1。（7）式无非是说，若反映产业 X_2 的收入弹性参数的 N_2 与反映产业 X_2 的生产率上升率的参数的 K_2 的综合值比 N_1 和 K_1 的综合值大（不妨假设 $M_2=M_1$），这时整个系统向着 $X_1^0=0$ 和 $X_2^0=N_2-M_2/K_2$ 运动，产业 X_1 走向衰亡，原有的稳定状态 N_1-M_1/K_1 被打破，而新的稳定状态 N_2-M_2/K_2 建立起来。反之，若 $N_2-M_2/K_2<N_1-M_1/K_1$，则新产业 X_2 将被抑制，微涨趋向消失，系统回到（5）式所示的原始状态。

当新产业取代老产业时（见图5），不难得出一个结论：产业结构的进化将导致资源开发的稳定扩展，每一资源带所具有的产品数量将增加，也就是说新产业能更有效地利用资源。这个结论不难从（7）式得出，因为 $X_2^0=N_2-M_2/K_2>X_1^0=N_1-M_1/K_1$，即新产业的稳定产量 $X_2^0>X_1^0$ 原有产业的稳定产量。因此，进化具有图5的形式。X_2 完全取代 X_1 的那一段与棉纺工业取代手纺业的过程非常相似。这是一部对资源具有完全竞争性，产品完全替代的产业兴衰史，是一幅适者生存、劣者淘汰的“残酷的”分工进化图景。

第二种可能的进化情况是，新产业 X_2 可以在其资源的选择上不同于旧产业 X_1，而是开发一个完全不同的经济环境，此时 $\beta=0$。这样，X_2 的成长条件由下式给出：

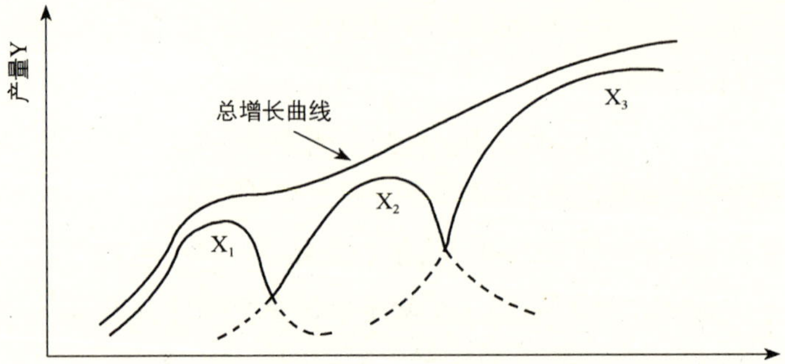

图5　完全替代的分工进化图景

$$N_2 - M_2K_2 > 0 \tag{8}$$

这样一来，如果 X_2 在其经济环境中能生存下去，那么它将增长到一个稳定的产量水平 $X_2^0 = N_2 - M_2/K_2$，这个水平完全取决于它的收入弹性参数 N_2 与生产率上升率参数 K_2，以及产品的使用寿命参数 M_2。在这种情况下，X_2 与 X_1 和平共存。这是一种资源和产品完全独立、互不相干的分工进化图景。由于（假定都用产值度量）

$$X_2^0 + X_1^0 = N_2 - M_2/K_2 + N_1 - M_1/K_1 > N_1 - M_1/K_1 = X_1^0$$

所以我们又一次发现，分工和产业结构进化导致对环境和资源更充分的开发。同时，稳定状态从 X_1^0 过渡到（X_1^0，X_2^0）。

第三，资源使用有重叠部分的情况，这时 $0 < \beta < 1$。这里还可区分两种情况加以讨论。

（Ⅰ）当

$$N_2 - M_2/K_2 > \beta(N_1 - M_1/K_1) \tag{9}$$

并且

$$\beta(N_2 - M_2/K_2) > N_1 - M_1/K_1 \tag{10}$$

则产业 X_2 将取代 X_1，且最终的产量水平将高于原来的水平 $N_1 - M_1/K_1$。这是一幅资源部分竞争、产品完全替代的分工进化图景。

（Ⅱ）当

$$N_2 - M_2/K_2 > \beta(N_1 - M_1/K_1)$$

并且

$$\beta(N_2 - M_2/K_2) < N_1 - M_1/K_1 \tag{11}$$

则 X_2 将增长，但是与 X_1 共存，最终状态可表示为

$$X_1^0 = [N_1 - M_1/K_1 - \beta(N_2 - M_2/K_2)]/(1 - \beta^2)$$

$$X_2^0 = [N_2 - M_2/K_2 - \beta(N_1 - M_1/K_1)]/(1 - \beta^2)$$

总的产量水平为

$$X_1^0 + X_2^0 = (N_1 - M_1/K_1 + N_2 - M_2/K_2)/(1 + \beta)$$

这个水平大于原来的水平 $N_1 - M_1/K_1$。这是一幅资源和产品部分竞争的进化图景。

总之，我们不难看出，新的分工分业要能够站得住，新的产业结构要取代旧的产业结构，只能是对环境和资源更充分开发和利用的结果。

4. 分工深化的连锁效应

我们可以把上面的模型稍加修改，用来说明产业分工深化的连锁效应。

前述的模型说明了新产业诞生的三种情况：完全竞争替代、完全独立共存、部分竞争替代或部分竞争共存。产业分工的连锁效应一般应是一种结合互补共存的分工进化图景。例如对汽车需求的增加，将引起对石油需求的增长。

现在我们假定生产汽车的资源与生产石油的资源完全不重叠［若重叠的话，则说明两种产业的产品是结合互补的，而两种产业所占用的资源是部分竞争的；这时可用第三种情况的类型（Ⅱ）来处理］。

这时我们只需把第二种情况的模型稍加修改即可。设 X_1 为石油产业，X_2 为汽车产业，$\beta=0$。当汽车产业还没有萌生时，系统的方程为：

$$\frac{dX_1}{dt} = K_1X_1(N_1 - X_1) - M_1X_1 \tag{12}$$

这时石油产业的各项参数为 K_1、N_1、M_1。现在由于汽车产业的萌生和发展，刺激了对石油产品的需求，这就使石油产品的收入弹性得以提高，并刺激石油产业提高自己的生产率。这样方程（12）就变为

$$\frac{dX_1'}{dt} = K_1'X_1'(N_1' - X_1') - M_1'X_1'$$

由于 $K_1' > K_1$，$N_1' > N_1$，且假设 $M_1' = M_1$，便有，

$$N_1' - M_1/K_1' > N_1 - M_1/K_1$$

于是整个系统的方程就不是（12）而变为

$$\frac{dX_1'}{dt} = K_1'X_1'(N_1' - X_1') - M_1'X_1'$$

$$\frac{dX_2}{dt} = K_2X_2(N_2 - X_2) - M_2X_2$$

这时整个系统离开了原有的平衡态 X_1^0 向着新的平衡态 $N_1' - M_1'/K_1'$ 和 $N_2 - M_2/K_2$ 运动。总产量水平为 $N_1' - M_1/K_1' + N_2 - M_2/K_2$，它大于 $N_1 - M_1/K_1$。我们不难看出，由于石油产业受到汽车产业兴起的推动，石油产业的新的稳定产量水平为 $N_1' - M_1/K_1'$，大于原有的产量水平 $N_1 - M_1/K_1$。也就是说不仅新的总产量大于原有的总产量，而且由于分工连锁效应，在新的产业结构中，原有产业的新产量水平也大于它原来的产量水平。

以上处理的是两个产业的情况，但也可以推广到具有 n 个老产业和 m 个新产业的分工图景中去。同时，我们可以清楚地看到，通过宏观产业政策影响各产业的参数 N、M，就可以对分工的总图景施加影响。

1985 年 10 月

城乡经济关系的新格局

农村的改革与发展促成了城市就业和农村非农就业的空前增长，结束了多年来我国就业结构演进缓慢的格局，大大提高了城乡相互依赖的程度，同时也使城乡间的利益关系复杂化了。由于我国农村经济下一步发展趋势的核心是加快第三产业的发展和城市化进程，这就与扭曲的城乡利益关系及现行的城乡分割体制势必产生严重的冲突。这个矛盾再也无从回避了，理顺城乡利益关系，改变城乡分割体制，已经不仅是城市内部体制改革的事情，而且关系到农村经济和整个国民经济的进一步发展。

在本文中，我们首先对城乡经济利益关系的扭曲程度进行度量；然后对城市的“大锅饭与铁饭碗”制度的改革方式进行探讨；接着分析如何用商品化的方式加快城市建设步幅；最后对城乡经济关系的改革策略进行概括和总结。

一、扭曲的度量

在对这种扭曲进行度量之前，我们有必要对城乡分割体制的成因和特征稍加概括。从中我们可以更清楚地看到，这种扭曲对于农村经济的进一步发展有着怎样不利的影响。

1. 城乡分割体制的成因与特征[1]

我国出现城乡分割体制的根本原因，是我国的工业化和城镇化依据当时的情况，走了一条非商品经济的道路；城市的建立和发展是通过行政力量集中资源的结果，而不是工商业在商品交换的发展中自然集聚的产物。因此，与绝大多数国家相比，我国的城乡格局，除了在城镇化水平、城镇结构等表象层次上存在着明显的差异外，更重要的是存在着制度性的差别。中国的城乡差别和分割不仅与城乡的经济效率、生产技术、组织过程等方面的差异相联系，而且与城乡间两种截然不同的收入分配制度直接相关联。城乡分割既是这种制度的结果，也构成了这一制度持续的条件。

每个获得城市户口资格的公民都有权享受由中央财政保证的同等权利：政府安排就业，并按全国统一的工资制度领取报酬。这种分配上强烈的平均主义倾向，使我国城市居民平等的权利逐渐演变成全世界最平均、风险最小的城市收入分配格局。然而，受到中央财力的制约，政府很难把对城市居民的义务扩大到农村居民。

在长期的城乡分割和非市场环境下发展起来的中国城市经济体系，有着很强的历史惯性，其内部结构和微观行为与市场条件下形成的格局有着很大的差异。这些差异不仅表现在供求结构、组织构造、生产布局等方面，更重要的是表现在：城市居民已形成了与原有体制相协调的工作方式和生活方式，维持了三十多年的城市福利和就业制度造成的既得利益，铸就了在这种环境下生长起来的两三代城市居民的人文性格和价值观念。

实际上，这种偏向城市重工业的发展战略，自1960年代中期即明显地陷入困境。1979年以来，农村的变革与发展打破了这一僵局；从城乡关系的角度看，这是一个具有历史意义的转折。也就是说随着农村非农产业（特别是工业）的高速发展，以往的城乡交换格局被扭转了。但在另一方面，我们也必须看到扭曲的城乡经济利益关系的实质在不少方面依然如故。下文的分析将验证这一点。

2. **两个层次的补贴及其度量**

在这里，我们把扭曲分成两个层次来加以考察：第一层次与农产品的低价统销相联系；第二层次与其他的补贴（如房租补贴）相联系。

与农产品有关的补贴　这方面的补贴可分为两类：一类是粮棉油的价格补贴，另一类是与商业、粮食系统的企业亏损相联系的间接补贴。1989 年，我国每个非农业居民享受的第一类补贴约为 130 元，第二类补贴约为 80 元，两者合计为 210 元。以 2.3 亿有城市户口的居民计算，则全年的补贴额约为 480 亿元。

依照近十年粮油肉市场价格的趋势估算，到 2000 年如按市价收购，并按现在的价格平销，人均第一类补贴很可能要翻一番，增至 260 元；按增加 50% 这样一个较低的水平来估计第二类补贴的增长速度，则人均第二类补贴增至 120 元。再设届时的城市人口增至 5.2 亿人，那么与农产品有关的总补贴将近 2000 亿元。

在 1978 年，上述两类补贴的总额约 60 亿元，以 1.8 亿非农业居民计算，则人均仅 33 元，仅相当于现在补贴水平的 15.7%。12 年后，城市居民人均补贴的增加额为 177 元，这相当于同期农民人均纯收入增加额 468 元的 37.8%。

其他补贴　上述补贴是以户口为依据的，实际上城市职工还得到大量的福利性补贴。据有关资料（参见 1990 年 10 月 21 日《信息日报》）可知，目前我国每个职工平均每年可以享受到福利性补贴 347.1 元，其中以非货币形态（房租补贴、取暖补贴、医疗补贴等）直接获得的福利性补贴平均每年为 201.13 元。

上述数字实际上是一个相当低的估计。据国务院发展研究中心王育琨的测算，1978 年的住房补贴总规模为 47.15 亿元，在 GNP 中所占比例为 1.32%，每个职工平均年享受住房补贴 49.64 元；1988 年住房补贴总额达 583.68 亿元，在 GNP 中所占比重达 4.21%，每个职工平均年享受住房补贴 428.93 元。如果假定在上述非货币形态的直接福利性补贴201.13元中，住房补贴为128元，那么目前我国职工平均每年可以享受到的福利性补贴则为648元。以赡养系数1.78来计算，则有城市户口的居民人均年享受到的福利性补贴为364元。

假定1978年这种补贴的水平相当于现在的20%，则那时的人均年福利性补贴为72.8元。

补贴小计 将上述两个层次的补贴加起来，便得到1989年我国有城市户口的居民人均年享受到补贴额为574元（=210+364），比1978年增加了468.2元，相当于同期农民人均纯收入的增加额。1989年，全体有城市户口的居民享受到的补贴总额为1320.2亿元，比1978年的190.4亿元增长了近6倍。从这里，我们不难看到，城乡经济利益关系的扭曲程度确实有增无减。

现假定上述有城市户口的居民人均年享受到的福利性补贴，每年以4%的速度增长（这并不是一个高的估计），则到2000年时，这种补贴的人均水平将达到546元。以5.2亿城市人口计，则这种福利性补贴额高达2840亿元。那么两个层次的补贴总额近5000亿元。显然，这种负担难以为国家财政所承受。

这意味着，如果我们不改变这种扭曲的城乡经济利益关系，继续用非商品化的方式来推进城市化，那么将面临着一种两难困境：或者在财政不堪忍受的情况下，强行保持一定速度的城市化进程，最终难以持久；或者继续用强制的手段来抑制城市化进程，为保持财政的平衡而牺牲国民经济的整体发展质量。

3. 1990年代城乡关系所面临的主要矛盾

在上文中，我们已经看到，随着1990年代的到来，我国城乡经济进入了一个崭新的发展阶段，这个阶段的特征就是城市化水平的较快增加和第三产业的加速成长居于经济发展的中心地位。从这种角度看问题，我国未来城乡经济关系的协调面临着以下两个主要矛盾：第一，在城市方面，新的发展阶段对发挥城市综合功能所提出的更高要求与目前城市体制改革的艰巨性之间的矛盾；第二，在农村方面，过多的剩余劳动力及过低的人均资产存量与新发展阶段加速产业高度化、城镇化的要求之间的矛盾。

解决这两个主要矛盾的基本想法是：在确保政治基本稳定的前提下，逐步解决城市的“大锅饭与铁饭碗”制度；在保证财政基本平衡的前提下，寻求新的资金来源，加快城市建设的速度。在本文以下各节中，将沿着这两条线索对上述矛盾的处理进行具体的分析和测算。

二、新型城市体制的形成与扩展

原有城市的大锅饭体制有两层含义，第一层是以城市居民的身份为中心的各种农副产品的价格补贴制度。第二层是以城市职工的身份为中心的各种福利性的补贴制度。因此，城市大锅饭体制的改革应以消除这两种特殊的身份为核心来展开。

1. 城市居民身份的改革

在上文中，我们所做的粗略估算表明，每个具有城市户口的居民，每年可以享受到的与农副产品有关的补贴为 210 元，全年所有非农业居民享受到的补贴总额为 480 亿元。这种补贴制度不仅降低了城市收入分配制度的激励效率，而且是造成我国农业（特别是种植业）困境的主要原因之一。

在这种补贴制度下，我们只能日益处于一种两难困境：要么牺牲农业的发展，以确保财政的平衡；要么牺牲财政的平衡，给农业的发展留有一定的余地。然而，在 1990 年代这样一种两难选择的余地已越来越小。因为十分明显，财政的平衡与农业的发展，对我国经济的发展已缺一不可。

从当前的情况看，只有走改革农副产品的购销制度才能使我们摆脱这样一种两难困境。为了兼顾政治的基本稳定，在改革的策略和步骤上必须有所考虑。

第一，应设法严格控制农转非。城市居民的特殊身份主要表现在非农业户口上，只有具有非农业户口的居民才能享受与农副产品有关的价格补贴。今后，除极特殊的情况（可由国务院直接掌握少量指标）外，要严格控制农转非。如能做到这一点，就等于消除了吃平价粮油人口的机械增长（这是当前非农业人口增长的最主要部分），我们称此为釜底抽薪。理由很简单，由于城市实行一胎化，所以从长期看，原有城市人口的自然增长至少非常缓慢；在一定时点后，甚至可转向下降。

第二，完善和推广农民在自理口粮（及油、肉等）的条件下移居小城镇小城市，甚至中等城市或大城市的有关措施。以此为起点，逐步打破我国在人口迁居方面的僵局，建立新型的城市人口制度（即他们虽是城市人口，但不再享受任何价格补贴），这对加速我国全面现代化的进程具有深远的意义。据统计，自1984年小城镇对农民移居开放以来，至1989年底，自理口粮进城的农民约有450万人。今后，应创造条件，加大这部分人口的比重。

如果说严格控制农转非是堵住迁居的旧路，那么推广自理口粮进城则为放开迁居的新路。这一堵一放，相辅相成，它应该成为改革原有城市居民的特殊身份的核心政策。

第三，在吃平价粮油的人口很少增长的基础上，从容地对补贴进行消化。首先，在定量范围内，向不补优质粮油过渡；然后转向减少低价定量标准（如压平销、或逐步提高定量的销价）；最后达到只对原有城市人口中的贫困人口进行定量救济。这样原有的补贴就会逐步消化殆尽。

第四，在过渡的各个阶段中，可利用土地税保值法来对因粮油市场价格上升造成的额外财政负担进行补偿。必要时，可实行一段时期的粮棉油实物税，但应允许农民按当年的市场价格交钱抵税，以消除实物税对资源配置效率的影响。

通过上述四个方面的措施，就把造成种植业困境的最后一个制约因素——国家为了保持财政平衡而低价购粮——消除了，从而为放开种植业以使其正常发展提供了必要的宏观条件。由于上述过程可以连续小步进行，且从严控制农转非、推广自理口粮进城对现有城市人口的既得利益没有太大影响，估计不会引起过大的社会振荡。因此，这种改革的策略不仅可以实现改革的最终目标，而且与保持政治稳定的要求具有兼容性。

2. 城市职工身份的改革

现有的城市大锅饭体制不仅造成了种植业的困境，而且使乡镇企业面临极大的外部不经济性，这与城市化不足所致的乡镇企业的布局分散有密切的关系。

由于城市职工不仅享受着农副产品的价格补贴，还享受着低价住房、低价水电等一系列的福利性补贴，因此，沿用现有的城市就业制度来使乡镇企业走向城市是根本不可能的。

另一方面，目前我国农民向非农产业的转移，通常是用自己的投资就地或就近创造非农就业机会，而不是被城市所吸收。实际上，这种“就地转移”是长期城乡分割的产物，是在城市就业等制度未作根本性改革，因而不允许对劳动力转移的控制方式做出重大调整的前提下，我国农民唯一可选择的劳动力转移方式。把这样一种模式理想化并作为长期发展的战略方针，背离了现代化进程要求增加劳动力流动的速度、提高转移层次的普遍规律。在90年代，我国新发展阶段的中心任务之一是农村劳动力向城市的第三产业转移，以及农村工业向城市集中，这就要求改变80年代我国农村非农产业就地工业化的模式。

在这种情况下，用简单的行政强制手段来避免一些发展中国家因劳动力和人口过量向城市转移所带来的问题，付出的代价将更大。问题的核心在于，面对农村巨大的劳动力转移压力，从长期以来我国对劳动力转移实行严格行政管制转向有领导的有秩序的自由转移，确实存在着严重的困难；而“就地转移”和“农村工业化”并没有完全解决和回答这个问题[1]。特别是进入90年代后，这种转移模式将日益不适应新发展阶段的要求。

改革现有的城市就业制度及其相关的福利制度，是一件远比改变现有的城市居民身份更为复杂和困难的事情。为了在改革的过程中保持政治的基本稳定，我们认为应采取如下措施。

第一，尽快改革现行的传统招工制度及其相伴的福利制度。在目前招工制度（主要指全民所有制职工招收制度）下，每年多招收一个职工，以后国家每年就要多付出648元的福利性补贴。1989年全国职工总数约为1.3亿人，福利性补贴总额约为840亿元；这种福利制度与职工的工作状态和效率越来越缺少积极的关系，甚至成为强化平均主义和大锅饭的主要根源。如果说在温饱阶段国家还可以以此控制城市劳动力成本，并高速推进民族工业化；那么随着我国经济走出温饱阶段，国家再用大包大揽的方式来推进小康的进程，将越来越力不从心，财政补贴总额及其在财收支出中所占比重的迅速上升对此做出了有力的证明。极而言之，**国家对城市职工及其家属的温饱可以包得起，但无法背动“小康”的包袱**。

第二，加速推广和完善合同工制度。“七五”期间，全民所有制职工增加了1200多万人，合同工增加了330万人，占前者的比重不到28%。我们认为应在“八五”期间，至迟在“九五”期间，使城市新的就业人口不再进入传统的招工渠道，彻底堵死这条老路。

与此同时，应完善合同工的招收和就业制度。目前有情况表明，合同工与非合同工在吃大锅饭上有趋同倾向。解决这个问题的关键有三：其一，使合同工的收入和福利全部货币化；其二，企业招收合同工用自筹的办法解决工人的工资和福利来源，不再增拨工资指标；其三，用加强竞争的办法调节合同工的工资水平和增长速度。简言之，就是要对新工人实行彻底的新办法。

第三，在招工和就业制度上继续创新。例如，国营和城市集体企业招收农民工（结合农民自理口粮进城的制度），用公开招考的办法，通过公平的竞争控制工资水平；借鉴日本的经验，在城市大企业和乡镇企业之间引进分包制，吸引乡镇企业在小城镇、小城市甚至大中城市投资设厂，深化工艺环节的分工，然后由这些乡镇企业招收城里人做工；大型企业或国家的有关部门在兴办新企业（如新矿山的开采）时，除高级管理人员和技术人员外，一律采用合同工制度。

如果说第一条措施是堵住招工和就业的旧路，那么第二、三条措施则为开辟招工和就业的新路。这一堵一放，相辅相成，它应该成为改革原有城市职工身份的核心政策。

第四，在具有特殊身份的职工人数放慢增长、甚至停止增长的基础上，加快原有职工的福利制度的改革。例如对医疗、住房、失业保险和退休基金等制度进行改革。

通过上述四个方面的措施，可以把造成我国城市化过程过分滞后的制约因素——受国家财力所限而不得不以行政的办法限制农村人口向城市的转移——加以消除。这就为农村非农产业逐步向城市集中、加快城市化进程和第三产业的发展，铺平了道路。显然，上述措施可以连续小步进行，且对现有的城市职工的既得利益不会造成很大影响，由此而致的社会振荡是可以控制在可承受的范围之内。因此，这种改革方式可以兼顾社会和政治的稳定。

三、用社会主义商品化的方式加快城市建设

在对原有的城市居民身份和职工身份进行改革的同时，我们还必须考虑如何运用社会主义商品化的方式来加快城市建设。在下文中，我们首先讨论加速城市建设的资金来源问题，然后探讨筹集资金的体制问题。

1. **城市建设的资金来源估计**

1983年、1984年全国住宅建设总投资占当年国民生产总值的比重分别为7.58%和7.24%，以6.5%作为今后估算的标准，再以市政公用设施的投资占国民生产总值的3.5%作为今后估算的标准，两项合计约占GNP的10%[2]。

根据10年规划的要求，从1991年至2000年我国GNP年均增长6%，到2000年当年GNP应达到31100亿元（1990年价格，下同）。如以累积占GNP的比重25%来计算，则10年积累总额为60657亿元；取其中的40%作为住宅和市政公用设施的建设资金，则其数额为24263亿元（其中，住宅建设资金为15771亿元，市政公用设施的建设资金为8492亿元）。

1989年基本建设中住宅投资每平方米372元，按今后每年新增城市人口人均10平方米建筑面积来计算，则每个新增城市人口所需的住宅投资为3720元，市政公用设施投资为2003元，合计为5723元。根据前面的估计，在2000年要使城市人口比重达到40%，则新增城市人口为2.2亿人，为此所需的住宅和市政公用设施投资总计为12591亿元（其中住宅投资为8184亿元，市政公用设施投资为4407亿元）。

其余资金（11672亿元）用于现有城市人口的住宅改扩建和农村每年的住宅投资。总的来看，加快城市建设的资金来源虽不宽裕，但大体是有保障的。问题在于通过什么方式筹集和运用这笔资金。

例如，在前些年的全国住宅投资总额中，约有55%来自于农民，以这个比例来分解上述15771亿元的住宅建设资金，那么在今后的10年中，农民的住宅投资潜力约为8674亿元。1989年农村人均居住面积已达17.2平方米，今后再增加数量已经没有太大的意义。如果我们能够进一步采取开放城镇的政策，完全有可能把农民住宅投资的相当部分引向城镇的住宅建设中去。

2. 形成新型的城市人口群体

在 90 年代，要为新的经济发展阶段创造一个协调的城乡关系，必须打破原有的城乡分割体制，其核心内容就是要形成一个新型的城市人口群体。它的载体就是具有新型体制的城市群体。这样一种城市群体应当以何种规模的城市或城镇为依托呢？下面我们对此略作分析。

1988 年，全国城市（市区）总人口约 2.98 亿人，其中非农业人口 1.4 亿人；全国县辖镇（建制镇）镇区人口 2.37 亿人，其中非农业人口约 0.62 亿人；这两部分城镇非农业人口约 2.02 亿人，1978 年的相应数字为 1.2 亿[3]。除此之外，还有约 0.2 亿的非城镇非农业人口。我们假设旧型非农业人口在 1989 年至 2000 年的自然增长率为 1.2%，则到本世纪末，整个旧型非农业人口数量将为 2.56 亿；假设今后采用严格的措施使农转非的人数每年不超过 360 万人，那么到本世纪末具有特殊身份的非农业人口总数约在 3 亿人。根据前面的估计，到 2000 年我国城镇人口约为 5 亿人，也就是还要增加不具有特殊身份的新型的城镇非农业人口约为 2 亿人。

从 1978 年至 1988 年，我国城镇（旧型）非农业人口从 1.2 亿人增至 2.02 亿人，平均每年增加 820 万人，10 年间共增加 0.82 亿人；假设在 1988 年至 2000 年的 12 年间，每年的增加数仍为 820 万人，到本世纪末，我国城镇（旧型）非农业人口约为 3 亿人，12 年间共增加 9840 万人，并设这 9840 万人全部进入我国的特大、大、中等城市。这意味着新型的城镇非农业人口的增加额的绝大部分要进入小城镇和小城市，这种设想是否可能呢？

1988 年我国县辖镇约 9000 个，县辖镇人口约 2.4 亿，镇均人口 2.7 万人，其中镇均非农业人口不到 0.7 万人。这说明，我们只要使目前县辖镇人口基本成为非农业人口，则上述设想是完全可能的。

到 1988 年底，我国有特大城市（100 万人口以上）28 座、大城市（50 万—100 万人口）30 座、中等城市（20 万—50 万人口）110 座、小城市（20万人口以下）266座；此外还有1万多座小城镇（比1978年增加了8000多个县辖镇）[3]。即我国每个县已有约5座小城镇，其中县辖镇约4个。

以上的一些数据和估算表明，**在90年代，不宜再过多地增加小城镇的数量，而应把着眼点放在提高小城镇人口中的新型非农业人口的比重和增加镇均人口的规模，这意味着要把现在的乡镇企业分期分批向小城镇集中。与此同时，继续增加其他规模的城市个数**。

这样，我们就导出了把发展和改革结合起来的我国城镇化和产业化的政策思路：首先，在小城镇和小城市聚集新型的城市人口（包括劳动力），这些人不再具有特殊的城市居民身份和职工身份。到2000年，在小城镇中，这种新型的非农业人口的数量和比重居于压倒优势；在我国整个城镇非农业人口中，这种新型的非农业人口与旧型的非农业人口大体相当（即2亿多人对3亿人）。

其次，在使新型的城镇非农业人口向小城镇、小城市集中的同时，使乡镇企业逐步向小城镇、小城市集中；从质量和水平上让小城镇和乡镇企业上一到两个台阶。这样就可使我国的城镇化和乡镇企业的发展进入商品化的轨道。

最后，在限制旧型城镇非农业人口的增长的过程中，继续增加特大、大中城市的个数，并逐步改革原有的城市体制。

上述过程可以用十五年左右的时间来完成：这意味着在下世纪初，我国将在城乡一体化方面取得巨大进展，从根本上扭转四十年来城乡分割的局面。

3. 几条重要的措施

根据上述思路，并结合当前的实际情况，我们认为，要建立新型的城市体制，加快新城市建设，还需要采取以下几项措施。

第一，要形成一支实力强大的城市建设规划队伍。他们懂得现代的科学技术，了解世界城市和我国城市发展的经验教训，并对我国的环境状况、资源特征和约束具有深刻、全面的洞察和认识。

第二，从现有的小城镇、小中城市入手，选择具有少占耕地、水源充足等条件的地区，作为扩展的基地，进行新城市长期发展的全面规划和设计。

第三，进一步放开城镇化的政策，不仅允许农民自理口粮到县以下城镇兴办企业，而且应允许农民自理口粮、有组织地到县以上城镇兴办企业、自盖住宅和定居，形成新型的城镇人口群体。

第四，依托前面所说的各种民间金融组织，在国家的政策性经济组织的帮助下，以地方政府为核心，利用土地税体系（包括国有土地有偿使用的各种规定），筹集、调度和运营建设新城市所需的大量资金。

第五，成立国营的商业性的新城市开发公司，发行新城市建设债券，筹集短、中期商业或准商业资金，建筑商品住房、商店，然后出卖或出租。

第六，把工业小区的规划、设计与新城市体制的建立、新城市建设结合起来，逐步将乡镇企业向新城市集中，彻底改变乡镇企业布局分散、外部不经济和规模效益低下的特征。

实际上，在上述某些方面，农民已经先走了一步。例如，浙江温州的农民城——龙港城的建设花了 4 亿多资金，国家投资仅 6000 元的规划费。这里的人可称为名副其实的新城里人。如果到本世纪末有 2 亿多这样的新城里人，那么整个城市中的大锅饭体制（即使原有城市大锅饭体制原封不动）就已经解决了一半。从某种意义上说，很可能要靠这部分新型城镇人口逐步增加，直至最后占了压倒的优势，原有城市的大锅饭体制才能最终解决。

四、小结

我们认为在今后的十年至三十年里，无论是从改革的角度、还是从发展的角度，无论是从农村（或农业）的角度、还是从城市或国民经济的角度看问题，都应把打破城乡分割体制、加快城乡一体化进程这样一种考虑，放在整个政策框架的中心地位。

如果我们把本文的主要内容概括一下的话，不外乎三个字：堵、开、改。即堵老路、开新道、改旧制。所谓堵老路（如从严控制农转非），其含义就是不要让旧的矛盾再增加了；开新道（如允许农民自理口粮进城，成为新型的城市人口）不仅意味着要给出路，而且，要使后来者成为推动改革、促进发展的新动力；在堵疏结合的基础上，改革原有体制的难度就要小得多了。例如，我们不妨设想，原有的旧型城镇非农业人口在2000年达到3亿人后不再增加了；那么到2010年或2020年，新型的城镇人口达到5亿至6亿人，旧型的城镇人口甚至有所下降（少于3亿人），在这个过程中，逐步改革原有的城市大锅饭体制将是一件容易得多的事情。因为，在数量上居于压倒优势的新型城镇人口对于旧型的城镇人口既是榜样，又是压力；而且后一群体在改革过程中出现的振动，很容易被前一群体所吸收。

如果我们不太性急的话，就可以看出这样一种改革和发展的道路：以新型城市带动农村，并同化、融解原有城市，不仅稳妥可靠，而且具有很强的适应性和灵活性，所引起的社会振荡也最小。当然，这样一场“持久战”可能要“打”上二三十年，甚至更长时间。

最后，将本篇有关的政策建议加以概括，并用图1予以表示。左上图表示1977年以前的格局，右上图表示1988年的格局，下图表示今后可能发展成的一种格局。

从下图可一目了然地看出，今后农村发展与变革的复杂程度将大大增加。从这几年的情况以及今后的趋势看，我国的农村发展与变革已经进入一个相对困难、相对漫长的时期。其理由有四：第一，解决今后中国农村发展问题的政策与手段已大大超出了我们已有的亲身经验的范围；第二，借鉴国际上各种有益的经验和教训，需要与我国的具体实践

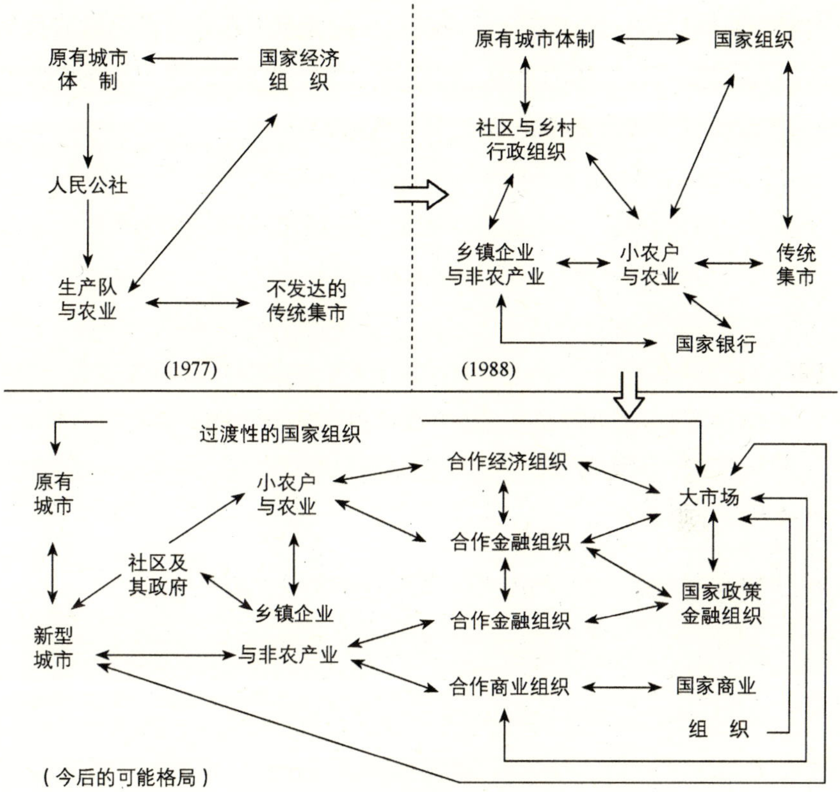

图 1　不同阶段的基本格局

相结合，而这种结合必定要经历反复的实验和比较，乃至挫折和失败；第三，组织和制度的创新的识别、成形以及推广需要很长的时间，才能真正在长程和全局的意义上发生持续、富有成效的影响；第四，如何处理和消化历史遗留问题，一方面使今后的发展过程不致出现令人难以接受的振荡，另一方面又能逐步减轻前进中的负担，减少失误的累积性影响，难度是很大的。

基于这种判断，我们认为做好“持久战”的准备，逐步积小胜为大胜；避免急于求成、希望出现戏剧性变化的心理，实乃至关紧要。没有冷静的头脑、全局的眼光、长期的打算、认真的态度和韧性的工作，是绝对无法处理好今后的复杂问题的。在这里仅有善良的愿望是无济于事的，而如果它与发热的头脑、狭隘的眼光、短浅的打算、浮躁的态度及马虎的工作相结合，则多半会导致灾难性的后果。

1992 年 2 月

注释：

[1] 国务院农研中心发展研究所著：《走向现代化的抉择——关于中国长期发展问题的报告》，经济科学出版社，1987 年 12 月。

[2] 孟昕、白南生著：《结构变动：中国农村劳动力的转移》，浙江人民出版社，1988 年 11 月。

[3] 中国社会调查所：《中国国情报告》，辽宁人民出版社，1990 年 12 月。

国家经济组织的功能分解

农村经济的变革既解决了很多老的问题，又产生了一些新的矛盾。其中一个突出问题是，在国家经济组织内部形成了功能冲突，这种冲突是以往不存在的。面对蓬勃发展的农村商品经济，国家经济组织能否和如何做出适应性的调整，这对于农村经济与农村市场的进一步发展有着重大影响。

在本文中，首先对功能分解的必要性做出进一步分析；然后对实行政策性功能的国家经济组织的体制特征、活动方式进行描述；最后讨论实行营利性功能的国家经济组织的体制特征、行为方式和激励机制。

一、功能分解的必要性

首先，我们将描述国家经济组织的功能冲突由来和特征，以及对市场状况的影响，并从中引出分解的必要性以及分解的类型。

1. 功能冲突的由来及特征

1984 年以后，国家对农产品统派购制度、流通体制和农村金融体制进行了一系列改革。这些改革使国家金融组织、国营商业与供销组织的行为发生了剧烈的变化。

在改革前，这些组织的基本功能是执行政府的政策意图（如组织收购和保障供给），其成员的工资、福利以及组织运行所需资金均由国家统筹解决，与其运营状态无关。因此，这类组织自身的盈利冲动很弱。在这种状况下，尽管预算是软约束的，但由于统收统支的行政约束很强，故仍然保证了政策意图或目标的实现。也就是说，既不负盈、又不负亏的统支统收体制与组织的单一政策性功能是相互协调的。图 1 可以形象地把这样一种基本特征表示出来。

在图 1 中，曲线 P_1 的形态是由体制的特性所决定的。由于上述的体制与目标的协调性，决定了组织状态的稳定平衡点只能是 A。从图中不难看出，如果由于某种扰动使组织的状态向左（或向右）偏离了组织的目标 A，那么由于 P_1 的形态，组织的状态迟早要回到 A 点。更直观的图像在图 1 中的右边显示出来：容器中的流体只有一个出口 A，也只有一个入口，国家通过入口和出口的开关可以完全控制流入和流出的流量大小以及液面（存量）的高低。

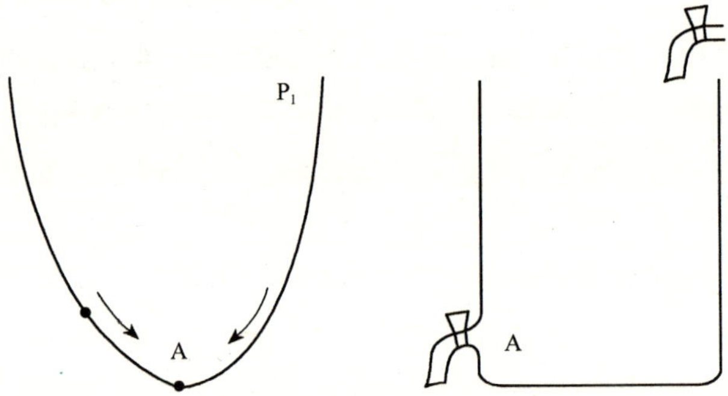

图 1　改革前的状态

在改革之后，情况发生了很大的变化。最明显的变化是：由于扩权让利式的改革，使国家的各种经济组织自身的盈利性冲动大大增强；组织产生了新的功能——盈利性功能，以及自己的目标——奖金和福利。但是，预算软约束的特性并没有实质性地改变，且其所负担的政策性功能依然如故。由于扩权让利式的改革削弱了预算的行政约束，又没有相应加强预算的经济约束（即自负盈亏），因而负盈不负亏的局面出现了，并得到强化。

原有体制既不负盈、又不负亏的对称特征发生破缺，变为负盈不负亏的体制特征，这导致原有的体制与目标的协调性发生破缺：现有的负盈不负亏的体制难以协调政策性目标与盈利性目标之间的尖锐冲突。于是，组织内部的功能冲突——政策性功能与盈利性功能的冲突——形成了，这在原有组织内部是没有的。这种功能冲突又使组织行为发生畸变，从而产生了一系列不良后果（参见下文）。图 2 可以把上述特征形象地表示出来。

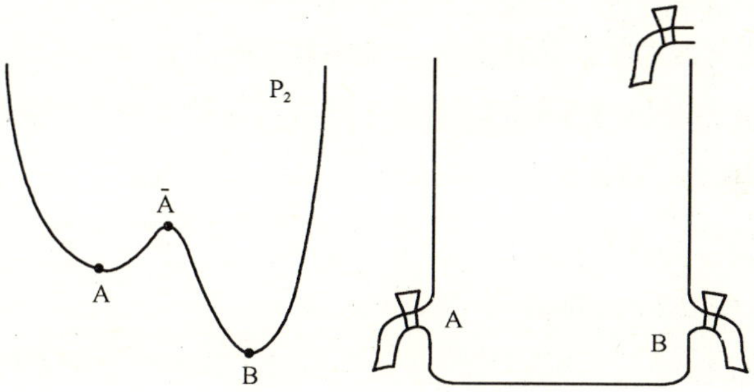

图2　改革后的状态

在图 2 中，曲线 P_2 的形态是由负盈不负亏的体制特征所决定。正是放权让利式的改革使图 1 的曲线 P_1 变为图 2 的曲线 P_2。曲线 P_2 上的 A 点是原有的政策性目标，B 点是新的目标（盈利性目标）；这两个点是稳定的平衡点。但十分明显的是，B 点比 A 点的稳定性更强。这是容易理解的：因为改革后的国家经济组织已有了自身内在的目标和利益，它们把国家的政策性目标看为外在的；因此只要条件许可，它们就更倾向于首先实现自身的内在目标（例如，近年来农副产品的收购资金被有关部门大量挪用于更有营利性的其他项目）。

从 B 点到 A 点之间的转换取决于当时的政策条件：如果中央政府强化了政策性目标的取向，组织的状态就从 B 移至 A；反之则移向 B。在通常情况下，组织为了实现国家的政策性目标（A），往往要对自身的目标（B）和利益产生不利的影响；反则反之。这种对立性可从曲线P_2上的$\bar{A}$点的特性得到印证。$\bar{A}$点是政策性目标和盈利性目标相容的点，然而点$\bar{A}$是不稳定的平衡点，只要稍有扰动（例如国家对政策目标的取向减弱了，或者市场上的盈利状况看好），组织的状态就会偏离点$\bar{A}$，且不会自动恢复到该点。更直观的图像在图2中的右边显示出来：现在容器有了两个出口，而B这个出口的口径比A更大。国家对A的开关有完全的控制能力，但对B的开关的控制能力就要弱得多了；因此容器的流体在A、B间的分流状况就取决于“政策”与“对策”间的竞争状况，而不能再由国家单独决定了。

2. 冲突的后果与分解的类型

上述功能冲突使国家的各种经济组织的行为发生畸变，其主要特征是：组织常常把实现国家政策性目标所需的资源（包括资金）挪用于自身的内在目标，以使自己的利益内部化和最大化；同时，把成本尽可能外部化——即把成本尽可能甩给国家；前者就是自己负盈，后者就是国家负亏。

这样一种基本行为导致了一系列不良的后果。首先，那些对经济全局发展有重大影响的政策目标的实现，成为越来越困难的事情。或者说，为了实现同样的政策的目标，要比以往付出更大的代价。例如，在当前的情况下，为了保证农副产品的收购资金，由于组织内部的功能冲突、行为畸变以及监督、识别的困难，国家面临着这样一种困境：要么更多地投放货币，使市场物价的上涨难以控制；要么更多地打“白条”，打击农民的生产积极性。

其次，组织的政策性亏损和经营性亏损越来越难以识别和控制，致使国家的财政收支状况每况愈下，“富了和尚穷了庙”已成为一种普遍现象。这就是人们常说的统收的局面被打破，而统支的局面依然故我；从微观上看前者意味着各层组织负盈，后者则意味着各层组织不负亏。中央财力的拮据使得实现全局性政策目标的投入能力下降。例如，财政支农资金占财政支出的比重逐年下降，这无疑会对农业的宏观生产条件产生不利影响。

再次，由于组织的行为畸变使政府的宏观调控能力下降。随着农村市场的开放和搞活，这种调控能力的下降已经产生了严重的后果，即加剧了市场的波动，造成了严重的宏观效率的损失。前几年红黄麻大战是这方面的典型事例：由于国家强调出口创汇，增加了出口补贴，于是各种组织一拥而上，拼命抢购，致使价格暴涨，产量剧增；后来国家强调控亏时，各种组织则一概拒收，又使价格陡跌，产量锐减。从这里我们不难看到，国家的经济组织不仅没有起到平抑市场物价的作用，反而人为地加剧了市场波动。显然，这将恶化农村生产者的预期，使资源配置效率降低。

上述这些后果正是负盈不负亏体制下的功能冲突和行为畸变的必然产物。**要想消除这些后果，必须从体制的进一步变革和组织的功能分解入手。简言之，就是把目前国家的经济组织分解成两种大的类型：一种是执行政策性目标的组织，另一种是执行盈利性目标的组织**。具有不同功能的组织应有不同的体制，以确保目标之间的协调。这种分解可用图3形象地表示出来。

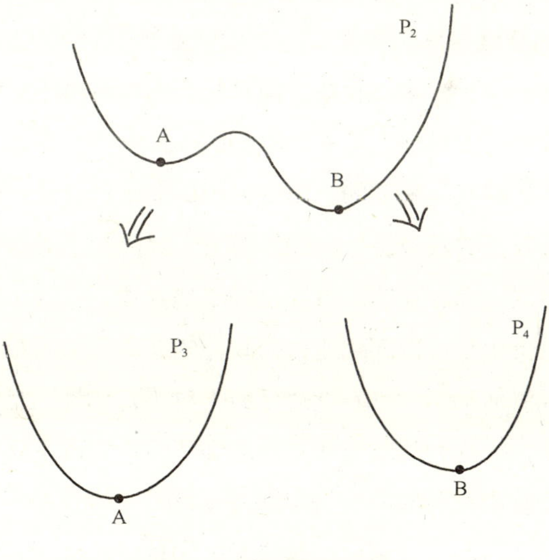

图3　功能分解的类型

在图 3 中，原来具有功能冲突的复合组织分解为两种不同的单一功能组织。曲线 P_3 代表实现政策性功能的经济组织，曲线 P_4 代表实现盈利性功能的经济组织。从直观上看，功能冲突消失了，不同的组织各司其责，国家可以从整体上来使两种功能得到整合。这样，也就消除了行为畸变及其所致的一系列不良后果。

在本文后两节中，我们将分别对这两种组织的某些特征进行具体的讨论。

二、实行政策性功能的国家组织

单纯依靠农户、农合、农村的个体与私人企业、农村的集体企业与工合组织等民间经济组织还不可能解决农村发展中的所有问题。例如，在对国土（包括领海及其专属经济区）进行全面整治中的一些长期甚至超长期投资的问题，只有具有长远眼光、集中的投资能力、富于效率的政府及其职能机构，才能在这类活动中起到核心的作用。

1. 活动的领域与体制特征

在经济活动中，成本和收益之间常常会出现种种不对称现象。下面是几种最主要的不对称性。第一，时间的不对称性：即成本的支出是短期的，而收益的回收是长期的。第二，规模的不对称性：即成本的支出是集中的，而收益的获得是分散的。第三，风险的不对称性：即成本的支出是较确定的，而收益的获取则是较不确定的。第四，范围的不对称性：即成本的支出是可内部化的，而收益的获得无法内部化。

当某种经济活动至少具有上述任何一种不对称性，且需要出的成本高到一定程度，而这种活动又和其他的经济活动构成互补关系时，则这种活动就不适宜由营利性的经济组织来承担了，例如大江大河的治理。显然，这种经济活动具有第一、第二和第四种不对称性，活动的成本很高，且它和农业的进一步发展有明显的互补关系；因此，这种活动所需的费用和组织一般只能由国家的非营利性机构来承担。

根据上述分析，**我们可以用不对称性、高支出性和互补性来界定国家的政策性组织的活动领域。这种活动领域的特殊性质决定了这种组织的体制特征只能是：统收统支，既不负盈、又不负亏。**它的目标就是实现国家赋予它的政策性职能，实现目标的手段则是那些长期性的低利财政资金，并通过行政性的约束保证这些资源用于既定的目标以及收支相抵。因此，这种组织的激励不是靠市场信号来实现，而只能由国家根据其目标的实现程度及相关活动的效能来进行奖惩。

2. **几种重要的政策性的国家组织**

在执行政策性功能的国家经济组织中，比较重要的是以下几种组织。

制度金融（或政策金融） 目前在国家经济组织中与农村经济发展联系最为密切的是农业银行。由于它具有两种互相冲突的功能，今后应把它的营利性功能分离出去，然后一分为三：其一是农业银行，它专管农业中的长期投资，使用无息、低息、贴息等政策性手段进行政策导向，全面改善农业的基础生产条件。其二是农村中小企业银行，对农村中小企业的中长期设备更新和技术改造等项目进行融资。其三是不发达地区开发银行，针对一些落后地区的开发项目，分期分批有重点地进行扶持。

对于信用社也可一分为三：其一是并入国家的上述三种制度金融组织；其二是与农村合作金融组织合并；其三是独立成区域内的合作金融组织或地区性的金融组织。

政策购销 对于一些与人民基本生存有关的生活资料（如粮、油、棉）的市场波动，采取一定的平稳措施，保护生产者和消费者的利益，实属必要。然而，在上文中我们已经看到，现有的国家商业和供销组织由于其自身内在的功能冲突，往往无法起到这种作用。为了实现平抑市场波动的功能，我们建议从现行的国家商业和供销组织中分离出一种专门履行这种稳定功能的组织。它们掌握一定的仓储和运输能力，盯住几种基本生活资料的市场变化，以低购高销、吞吐库存的方式将市场价格的波动控制在一定幅度之内。控制目标与所需的资金由国家下达和拨付。应该特别指出的是，切忌将更多的产品的市场价格纳入这种组织的管理范围。物价总水平的控制应通过宏观的财政、货币政策来进行。

特殊购销 1985 年以后，农副产品收购企业的盈利功能和职工福利功能大大增强，造成了大量农副产品收购资金的挪用和流失。我国粮棉等主要农副产品收购企业在很大程度上依靠国家补贴进行经营活动，而攀比效应迫使这些企业必须增加盈利和提高职工福利；于是将农副产品收购贷款挪用于其他用途，就成为这些企业或组织及其主管部门实现盈利和获得福利的重要途径之一。这种状况对原有的政策性功能产生了极大冲击，或是使“白条”现象大量出现，或是增加了货币投放量。

为了消除由于功能冲突所导致的上述不良后果，我们认为，在有关农副产品收购的贷款中，应以票据贴现或票据抵押贷款代替目前的信用贷款形式。即用票据作为识别信息的载体和功能分解的工具，以保证中央银行对信贷资金投向的控制和农业银行对收购企业使用资金用途的监督。这是解决农副产品收购中“白条”现象的关键所在，也是控制货币投放的一条途径。只要粮油购销倒挂问题还没有解决，民间的商业组织（如农合商业组织）尚未发育起来，这种特殊的购销组织就有必要一直存在下去。

3. 小结

总之，应逐步对现行的具有多种冲突功能的国家经济组织，进行功能分解，使其独立化和专业化，不同的相互冲突的功能应由不同的组织来承担。在发育营利性的国家经济组织的过程中，应特别注意加强政策性功能组织的建设和发展。

毫无疑问，在推动农业和农村下一步变革与发展的过程中，执行政策性功能的国家经济组织的作用是无可替代的。

三、实行营利性功能的国家经济组织

通过功能分解或分离的变革方式，一方面可以加强政策性功能，另一方面又可以重构营利性功能。也就是说，消除组织内部的功能冲突是为了强化各种应有的功能，并使不同的功能更好地整合。

如果说在国家经济组织中强化政策性功能还较易实行的话，那么重构营利性功能则要困难得多；对于这样一个复杂的问题，本节只能结合农村经济的进一步发展略作讨论。

1. 活动的领域和体制的特征

执行营利性功能的国家经济组织的活动领域是比较容易界定的。首先，它们所从事的经济活动应具有成本和收益的对称性。显然，这种对称性使得任何营利性组织都可以从事该类经济活动，因为它在短期内就可以做到以收抵支。第二，经济活动具有自然垄断性。第三，经济活动的初始投入很高。第四，由于某些原因，非国家的经济组织还未成长起来，因此还只能由国家经济组织来承担某些活动。

当某种活动具有对称性和其他三种性质（垄断性、高投入性和先入性）中的任一种时，我们就认为这类活动可以由国家的营利性组织来承担。例如大型灌溉工程的运营和管理，这类活动显然具有对称性和垄断性（即不适宜于多家进入进行竞争）。

营利性组织的首要目标当然是使利润最大化。对此，国家的营利性经济组织也不例外，稍有不同的是这类组织有时也要承担某些政策性职能，但是由此导致的损失应由国家予以弥补。

一旦在功能上实现了这样的分离，国家的营利性组织应在体制上全面转向自负盈亏。为了保证这样一种体制特征的实现，这种组织应成为独立的法人企业，在市场上与其他经济组织平等地竞争；国家也不再向他们下达指令性计划，同样也不再给予补贴和拨款。

可以这样设想，这类企业或组织的最高决策机构是董事会，最终的投资决策和利润分配权以及工资总水平的决定权均由董事会控制，董事会的成员由国家有关部门委派，并只对国家负责。经理或厂长及其他高级管理人员由董事会聘用和任免，不再具有国家干部或公职人员的身份，经理或厂长的工资及其他待遇由董事会根据其经营情况来决定。企业的一般管理人员和工人由厂长或经理聘用，实行合同制，不再具有以往的全民所有制干部或工人的特殊身份，他们的工资和其他待遇由经理根据其工作状况来确定。

在这类企业中取消统一的工资等级，劳动人事部只制定工资等级指导标准，而企业有权根据自己的情况自主做出决定。企业的初始投入来自国家，运营资金和扩大再生产的资金应该完全自筹，国家不再对此承担任何义务。相应地，企业完全根据市场的状况自主决定生产什么、生产多少，而国家也主要根据企业的盈利状况、经营水平、资产增值等指标考核董事会的工作，决定对董事会成员的任免和升迁。

2. 几种重要的营利性的国家组织

在执行营利性功能的国家经济组织中，比较重要的是以下几种组织。

商业组织 现有的国合商业组织，一部分与农合组织合并，一部分独立成为执行政策性功能的经济组织，另一部分根据前面所述的营利性的国家经济组织的活动领域和体制特征实行重组，在一些已经完全放开的领域里进行营利性的购销活动。

特别值得提及的是，目前我国农村市场发育中所遇到的种种困难与以下两种因素直接相关：第一，非国营的商业组织规模太小，组织化程度很低，成长尚需时日；第二，具有较强实力的大型国营商业组织，由于负盈不负亏的体制特征，又很难成为高品质、多层次、专业化的市场形成过程中的自组织核心。为了尽快解决这类问题，目前较为可行的办法，就是使经过改造的国营商业（营利性）组织成为市场跃迁过程中的自组织核心。

在一些已经完全放开、商品流量很大的农副产品流通领域里（如水果类、水产），可以建立一些专业化程度很高的国营贸易公司。这样我们才可能形成具有层次化配置的商业体系：个体运销、联营合作运销、大型的国家商业（营利性）组织，后者可以成为整个商业体系的龙头。

考虑到我国农村中的小企业数量庞大，借鉴日本综合商社的经验，也可设想由国家成立若干个类似的综合贸易公司，在为广大中小企业推销产品、购进原料的过程中，还为它们提供转贷、出口、技术指导和信息咨询等综合服务业务。

金融组织　在目前我国的金融领域里，最为缺乏的就是大型的营利性的金融组织。十分明显，缺少这类组织，市场跃迁过程的实现同样是很难设想的。另外，在这个领域里，非国家的金融机构的成长要比商业机构更为困难。

出于这种考虑，我们认为在现有的农业银行、信用社等金融机构中，除了分离出政策性的部分、合作性的机构外，应该考虑建立营利性的国家金融机构。特别是在农村非农产业的活动领域中，有着大量的盈利机会，而民间的金融机构在近中期内很难为实现这种机会提供广泛的规范化的服务。

按照前面所说的完全自负盈亏原则重组的营利性的国家金融组织，可以和营利性的国家商业组织相互配合，成为农村商品经济发展过程中的自组织核心。

1992 年 2 月

中国经济体制改革方略的选择

在中国经济发展的过程中，面临着经济增长的物质限制与发展方式的选择、产业结构的高度化、区域和城乡经济的协调等一系列必须解决的战略问题。在这些问题上我们所能做出的选择及其后果，对于中国的现代化进程有着十分重要的影响。我们能否实现合理的选择，不仅取决于对这些问题的认识和判断，而且还取决于进行这些活动的共同基础——组织及制度的状况。当前所进行的城乡经济体制改革就是为了解决这一类问题。

为了更透彻地分析这类问题，需要在更广泛的范围、更大的历史跨度和更深的层次上认识我国社会经济发展所面临的组织制度方面的变化。本文试图以此为出发点，更冷静地把握当前经济体制改革可能的发展方向。

一、中国现代化的历史回顾

1. 国际现代化进程中的经验和教训

国际间的比较研究表明，无论是较早实现现代化的国家（如英、美），还是较晚实现现代化的国家（如俄、日），在组织制度方面，都大体具备了集中进行政治控制和协调的能力、进行资源管理以支持经济增长的能力、促进社会相互依赖的能力，以及通过研究、教育产生和分配知识的能力。总地来看，它们共同实现了一个国家为现代化动员社会资源的能力[1]。

与先进入现代化行列的国家不同，现代化的后来者还面临着一些特殊的困难：（1）虽然可以借鉴现代化国家的发展模式，从而大大降低为寻找这种模式付出的痛苦和代价，但是由于这些模式距离它们的实际情况太远，又很容易受到这些模式的妨碍；（2）很难直接把传统的物质积累和技术工艺用于现代化建设，因而被迫接受一种依赖已现代化国家的国际关系；（3）必然要经受政治、经济和社会各领域相当急剧的结构性变革，为此需要在自己以往从未需要过、也难支撑的规模上进行协调和控制；与此同时，以往的那种协调和控制的深层基础，却很可能被现代化的进程所破坏。因此，对于进入现代化行列较晚的国家来说，一方面要借鉴已现代化国家的模式，以便更有效地变革自己的社会；另一方面又要保持本民族的一体性，防止自己社会的解体。

2. 中国现代化变革早期阶段

在20世纪初至20世纪40年代末，即中国现代化变革最初的40多年里，除了经济方面某些现代化工业部门的成长取得了类似于日本和俄国相应阶段（19世纪80年代和90年代）的成绩之外，在其他方面，均没达到日、俄的水平。其中最突出的有以下几点：

第一，现代因素虽然已经出现，但没有一个可以指导社会变革的强有力的中央政府。国民党的统治没有消灭非官僚的军阀和政治分裂，政治领域的衰落加深了。这个时期，中国仍然不能形成协调和控制的基础。第二，中国的统治者没有表明一种深入农村或改变城乡关系的能力。第三，在教育方面，中国扩展大众教育的努力显然缺乏活力。

3. 中国现代化变革的中期阶段

1949年以后，在共产党的领导下，中国一改一盘散沙的旧貌，实现了空前的政治统一，克服了长期阻碍现代化进程的五个方面的障碍：（1）中国在国际关系中全面恢复了国家主权，并且表明自己能够很好地使用建国初期在外部援助下建立的现代企业；（2）一个强有力的中央政府指导着所有部门的社会变革，并且持续地重组社会，以不断加强中央的协调和控制；（3）重工业以非常高的速度增长；（4）相对于传统社会而言，很快达到较高的社会整合水平，国家领导人在以往未达到过的规模上，动员了全社会的资源；（5）教育和现代化知识的传播，大体适应了迅速增加工人和管理人员的要求。但是，现代化变革进程的突然加速也产生了一些新问题，最突出的是组织结构的脆弱性和城乡的隔绝。中央到基层的新组织结构对经济和社会生活的协调和控制，过分依赖于垂直的行政系统。当权力过于集中时，就严重束缚了地方和基层的主动性和活力，使控制和协调的成本增加，效率下降。在分权时，各种组织很难通过相互协调的自组织过程改善社会整体协调的能力和效率，而往往陷于混乱。在城乡关系的整合方面，城市和农村的联系相当有限，集体化并没有使城市的生产和生活方式深深渗入农村，定期的集市贸易仍然是农村商业的主要形式，交通运输仍然是落后的，从乡村到城市的迁移相比于农村人口的激增显得十分缓慢，农业中人均产出的提高也十分有限。城市人口和农村人口实际上生活在两种不同的世界里。

这样的组织结构和城乡关系，在高速度、大规模建立工业化基础的时期，适应了动员和集中资源的要求，实现和保持了社会的一体性。但是，随着现代化的进一步发展，经济和社会生活日趋复杂化和多样化，它们不利于有效配置资源和充分利用资源的弱点也就日益明显起来。

4. 中国现代化变革的晚期阶段

20 世纪 70 年代末，以农村改革为发端的社会各领域中的组织和制度的变革，将中国推入了现代化变革的晚期阶段。在某些方面，则开始了向高度现代化的转变。

在 1979 年至 1988 年这 10 年间，最引人瞩目的是中国经济体制的变革和农村经济的突破性发展。在 1979 年至 1984 年，首先是农业的高速增长，年平均递增速度在 7% 以上；继之而起的是农村非农产业的迅猛发展，在 1984 年至 1988 年，农村非农产业的适当的年均增长速度在

30% 以上。

这种发展成就与农村经济体制的变革密不可分。从微观上看，改革后最主要的变化是大大强化了经济单位的预算约束，具体地说就是全面实行了家庭联产承包责任制，这意味着整个农村经济的微观基础有了大幅度的改变。应该说，这是一步实实在在的进展，它强化了经济单位的内部预算约束，改变了激励体制，使生产的内在动力明显增强，这正是 1978 年至 1984 年农业和种植业高速增长的主要原因之一。

从经济单位之间的联系看，农村市场有了一个飞跃的发展。它从以往受到很大抑制的状态，经过 1978 年至 1980 年迅速复苏；在 1981 年之后，则大踏步地向前发展。与 1978 年相比，1988 年乡村集市贸易成交额增长了 7 倍。这不仅为农业的高速增长提供了适当的市场条件，而且为农村产业的加速分化与迅猛发展做好了准备。

从宏观上看，一方面在 1979 年至 1984 年间实行了休养生息和减购提价的政策，这对于同期农业和种植业的高速增长起到了很大的诱导作用。另一方面，在整个农村的产业政策上，提倡农民搞家庭副业，发展多种经营，扭转了以粮为纲、单一经营的农业生产方针，揭开了农村产业结构变革的序幕，为农村非农产业的迅猛发展提供了一个良好的宏观政策环境。到 1987 年，农村非农产业所占比重第一次超过了农业。

在下图（图 1）中，我们简要地概括了 1978 年前后农村经济体制的基本特征及其转换。

简言之，在 1979 年至 1988 年间，农村经济体制改革取得了较为实质性的进展，其主要体征就是微观基础的巨大变化，以及市场机制在一定程度上发展和农村非农产业的高速增长。然而，从 1985 年至 1988 年，种植业的停滞在很大程度上表明了农村第二步改革所面临的特殊困难，主要有以下几点。

其一，**规模狭小，弊端已呈**。家庭联产承包制一方面强化了农业生产单位内部的预算约束，强化了激励机制，使生产的内在动力明显增

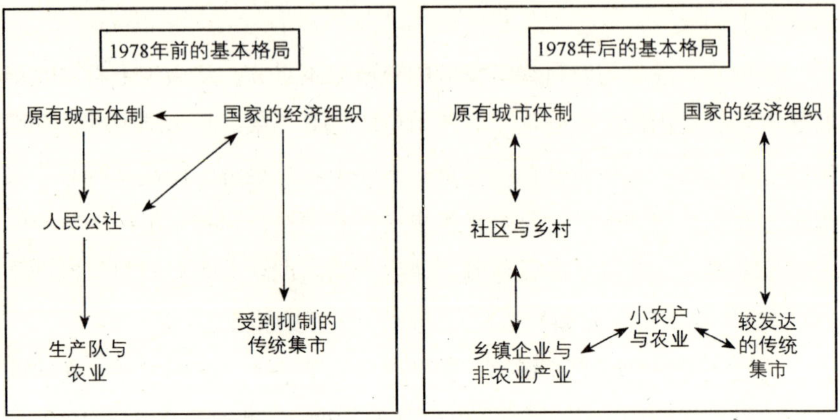

图1　农村经济体制在1978年前后的不同特征

强；但另一方面，它所形成的小规模的、平均化的耕地经营格局，又使得农业生产要素的综合利用效率降低，这已经成为耕地和劳动力产出率进一步提高的限制因子。

对于农村乡镇企业而言，有三个主要问题：一是注重社区就业人员的福利导致工资成本增加过快；二是低水平的、平面式的数量扩张是其主要增长模式；三是企业实际留利水平过低。因此，怎么清理乡镇企业的财产关系，处理好它与社区及乡村行政组织之间的收益分配关系，充分发挥其自负盈亏、市场导向较充分的特点，并逐步使其微观基础规范化，是今后乡镇企业发展必须解决的难题。

其二，**市场费用，不容忽视**。自1978年之后，随着城乡集市贸易的开放，传统型的集市开始迅速恢复和发展。但是这种市场发展到一定程度之后，由于它一直和大量的、分散的小农户相结合，其交易成本必将随着交易种类和交易来往的扩大而成倍增长，这又反过来限制市场的层次和质量的进一步改善。这种交易摩擦的增加，以及国有商业组织的行为畸变，导致生产者和购买者很容易对各种市场信号做出过度反应，从而加剧市场波动。

随着全国各地区乡镇企业的迅猛发展以及他们的产品之间的相似性，在乡镇企业间已经开始出现“同类种群高速增长后的拥挤效应”，这导致乡镇企业在投入品和产出品市场上面临着日益增长的购买和实现困难。由于乡镇企业在产品结构和组织形态上缺少层次化和专业化的特点，随着生产的扩展，“拥挤效应”亦随之增强，这必然导致“种内”的低水平过度竞争，它与市场状况的恶化互为表里，推动市场费用上升。

其三，**宏观环境，全面趋紧**。在1978年至1984年间，对农村发展的外部经济环境改善起主要作用的是国家的减购提价政策，使用这种办法刺激种植业增长的主要限制因素是国家财政的负担。但在1984年以后，国家通过减购提价这类办法刺激农业和种植业增长实际上已难以为继。特别是农村非农产业的发展，使种植业的机会成本增加很快，面对这样一种格局，国家财政利用补贴来改善农业的环境，势必越来越力不从心。

对于农村非农产业而言，在治理整顿压缩投资的大背景下，与国民经济全局联系日益密切的乡镇企业实难幸免，而且很可能在“紧日子”中首当其冲。其次，经过10年的高速发展，大多数地区的乡镇企业都已初具规模。各地区出于自保心理对原材料和产品的封锁愈演愈烈，这必然使农村非农产业的外部经济环境更加严峻。

从1979年开始推出的以放权让利为主要特征的城市改革模式，其正作用约在1984年前后达到了顶点。在改革的最初阶段里，这种模式的负作用尽管已经存在，但不显著；因此整个经济的实际增长率很高，通货膨胀率也较低，这是一个皆大欢喜的阶段。

随着暂态过程的结束，这种模式的负作用在1984年以后逐渐表现出来，并且越来越显著，而这正是1985年以来人们对经济和社会状况的意见和不满越来越多、越来越严重的根源之一。

以放权让利为主要特征的改革模式与原有体制的差别在于：从微观

上看，改革后的最主要变化是强化了以利润和物质利益为中心的激励机制，但预算的软约束并没有实质性的改变。真正的自主经营、自负盈亏的企业经营体制并未建立起来，随着时间的推移，大多数企业最终会发现，在财务变量上做文章（如虚报利润、压低承包基数、巧立名目滥发奖金和实物等），与在实际变量上下工夫（如改进产品质量、降低消耗等）相比，将更为容易。一旦这种行为模式普遍化后，这种微观上的"最优"行为必将导致宏观上的严重不良后果，而这是原有改革模式无法解决的。

从宏观上看，原有改革模式与原有体制的差别在于全面放松了宏观控制。在原有体制下，工资指标是非常硬的，轻易是不能突破的；国家对整个基建规模和投资方向，也有很强的控制和调节能力。现在这两个方面的控制已被大大削弱，整个信贷、货币和工资增长基本上是被动地追随着企业、部门和地方的行为而变化。在改革初期，由于暂态过程中较强的正作用，这种宏观控制全面放松的负作用还不十分明显。但随着时间的推移和暂态过程的结束，其负作用的严重后果现已表露无遗。

在企业之间的经济联系上，以往实行的是产品调拨体制，推行扩权让利式的改革以来，市场的作用似乎有了较大程度的加强。但是，我们只要看看经济生活中的种种"奇特"现象：贿赂成风，假货充斥，劣胜优汰……就会发现这是一个畸变的市场。有人认为这是市场发育的必然阶段，不足为怪。实际上，如果我们不是太天真，或对我国经济现象不太缺乏实感的话，就会发现，原有的改革模式只能形成这样一种畸变的市场。只要上述那种微观和宏观的格局没有根本的改变，这种市场就不可能改变。这三者是原有改革模式下的共生物，是一个因果反馈链环上的三个基本环节，即软约束、软杠杆与畸变的市场。

在下图（图 2）中，我们概括了城市改革在 1978 年前后的基本特征及其转换。

简言之，**自 1979 年开始逐步推开的、以放权让利为主要特征的城市改革模式，其根本缺陷是在企业自身约束和经济交易关系约束都很软的情况**

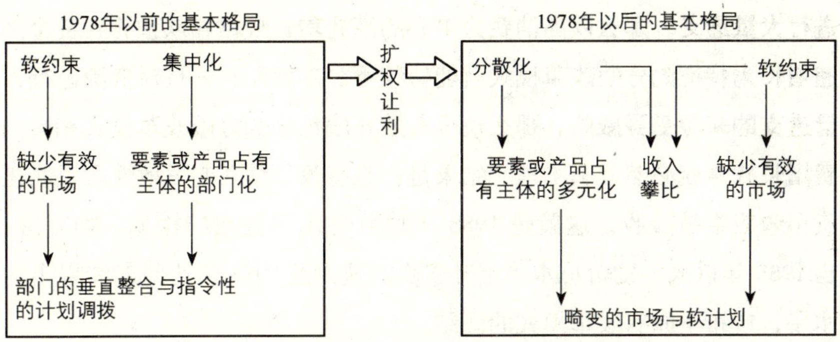

图2　城市经济体制在1978年前后的不同特征

下，强化了以利润为中心的物质激励机制（在这点上与农村改革有着很大不同），同时又全面削弱了层次计划和垂直管理约束，而混合双轨制又无法提供有效的补偿约束。这种体系的发散性质是非常明显的，因此其特性是不可能长期保持的。

在改革的最初阶段里，由于多年来消费压得过低，使得劳动者的积极性受到抑制；而高积累率又形成了利用率不够高的数量可观的资产存量，只要放松层次计划和垂直管理约束，强化以利润为中心的物质刺激，这两部分潜能就可以很容易地结合起来，释放出巨大的能量。

但是这种现象是不可能持久的。由于这种改革模式存在着上述根本缺陷，使经济的高速增长主要不是靠提高效益得到的，而是建立在投入越来越多的资源的基础之上。这可以从几方面得到说明：其一是外债，至1988年底，我国外债余额已达400亿美元，按调剂汇价算，折合人民币2400亿元；其二是自然资源，每年生态赤字500亿元左右；其三是资产的巨大损失，每年有500亿至700亿元的资产折旧转化为消费基金。以上三项10年共计约15000亿元，占10年GNP累计增加额30000亿元的50%左右。

10年来，经济的高速增长与这种巨额的资源投入是分不开的。更准确地说，这种改革模式是以高消费和高投入为基础，只要还能对资源进行大量透支，那么以高消费为中心的高速增长战略和以预算外资金高速增长为特征的分散改革模式就能持续下去。然而，一旦对资源进行大量透支的来源受到威胁，那么缺少有效补偿约束的分散改革模式和高消费增长战略就必然面临困境。结果是：原有改革模式的发散性质只能在货币效应中被吸收，这就是1988年物价总水平陡增的根源。换言之，自1985年以来，物价总水平上升逐步加速，至1988年达到20%以上的水平，宣布了原有改革模式的终结。

二、中国现代化的基本制约因素

尽管自1978年以来，中国城乡经济体制改革与经济发展取得了很大的成就，但是必须承认，中国组织结构和城市关系这两个基本慢变过程的状态，并没有在整体上得到根本认识。

1. 城乡体制改革的基础比较

自1979年以来，农村的初步变革获得了巨大的成功，由此产生了对下一步改革更为乐观的估计。实际上，城乡经济体制改革的基础有着以下几个十分不同的方面。

首先，城乡经济主体的行为及其环境存在着根本的差别。农村的经济主体——农户，从未由国家包起来。即便是改革前的农村，也只是在集体内部存在着“大锅饭”，得不到全国统一的福利制度、就业制度的保障。在这种情况下，不同集体间存在着相当大的差别，农民对此一直是认可的。在观念上，农民对国家的依赖性也不强，他们不可能指望由国家保证自己收入逐年稳定增长，而一直认为应依靠自己的劳动来改善生活。同时，国家也从来没有承担把农民包起来的义务，相反倒始终认为农民应积极地为工业增长的城市发展做贡献。只是在灾年的必要救济上，国家和农民双方才有共同的默契。因此，农村是我国预算约束最硬，或者说没办法依靠国家金库向高收入集团看齐的部分，农村成功地打破集体内部的大锅饭至少在事后是不难想象的。

城市中的主体——居民与企业，则几乎处处与农村不同。30 多年来，国家有统一的工资规定，不同企业间不存在很大的收入差别，工人也不认为应该有很大差别。国家对城市居民有一整套福利制度，工人认为国家应保证几年提高一次工资，国家对此也有很强的（强制或非强制的）义务感。可以说，城市始终是我国预算约束最软的部分。因此，工资限制稍一放松，竞相攀比之风就很快蔓延全国。中国城乡差距与西方国家的不同，不仅在于收入水平、生活水平和生产方式上，更深刻之处在于，由国家包起来的人和未由国家包起来的人之间形成了极不相同的社会性和价值观。

其次，城乡经济同市场的联系程度和方式存在着许多差别。长期以来，农村自由市场虽时起时落，但从未消失过，农民在这个环境中久已形成对市场变动作反应的习惯。在城市经济中，长期实行统购包销，企业的购销业务往往是由上级部门管理的，价格又长期不变。引入市场因素后，企业无法在短期内建立起正常的市场联系，对市场条件变化很难做出正常的反应。同时，农村供需流程简单，环节又少，一旦放活，农民通过自己的努力，可以恢复和建立起其中相当一部分较为简单的联系。而城市经济的供需流程复杂，环节又多，在缺乏市场发育的情况下，一旦放活，极易陷入混乱。

再次，从生产的技术和工艺看，两者也十分不同。农业产业链条短，品种简单，加工程度低，不同农户大体生产同类性质的产品，彼此在投入、产出之间很少相互依赖，因此农村系统很像一个由和很多子系统并联而成的大系统，某一子系统甚至较多子系统出了问题，对全局影响并不大。这就给我们较彻底地分解农村系统提供了技术基础，从而大大简化了改革过程中的协调任务。城市经济链条长，品种繁杂，加工程度高，彼此在投入、产出间的相互依赖性强。因此，城市系统的关联性很强，一两个环节出了问题，就可能对全局产生较大影响。这种工艺上和技术上的内在联系，给分解城市系统造成了较大困难，使协调城市改革各个环节的任务复杂化了。

最后，从生产资料的某些性质上看，两者也各有特点。我国农业的主要生产资料是土地，它不能移动，在短期内也不易损坏。这就在初步变革中降低了改革措施的不确定风险。但在城市，机器、设备较易损坏和流失，改革措施稍有失当或衔接不好，便可能形成对财富的破坏。

所有这些都决定了农村初步改革在社会、政治、经济、技术等诸多方面，都比城市优越。如果结合组织结构和城乡关系这两大慢变过程看，由上述四方面的基本特征所决定，农村的初步变革对组织结构脆弱性的反应并不很敏感。因此，原有政社合一的垂直行政系统的瓦解和一定程度的管理真空不容易造成混乱，而城乡隔绝的状态反而有利于农村微观层次的改革可以进行得相当彻底。相反，城市经济体制改革的进展却对两大慢变过程的变化反应敏感。从各个子过程的进展看，农村要比城市均衡得多，这是整个农村初步改革较为顺利的根本原因。

2. 进一步推进城乡经济体制改革所面临的基本问题

不可否认，上述对比的后两条，以及组织结构这一基本慢变过程对于农村改革的有利性，只在一定时期内成立。随着农村改革的进一步发展，农村系统在这些方面的差别将越来越小。例如，当经济活动的规模和性质越出了农户所能容纳的范围时，小生产与大市场的矛盾就越来越突出，其中产前产后的服务体系，仅靠农民自身的反应已无法适应经济发展的需要。又如，垂直行政管理系统在公社这个层次瓦解后，尚没有新的组织来填补。面对千家万户，历史上曾经长期阻碍中国现代化的顶端政治结构沉重、两级控制的脆弱、平衡极易倾覆的难题并非不可能再现。回到原有直达基层的垂直行政管理框架显然不是良策，但自由放任也未必能导致好的结果。农村变革的深化，将对组织结构这一基本慢变过程的演进方向和程度变得敏感起来。

城市的情况就更不容乐观。直至目前为止，我们在城市体制改革过程中，始终没有找到类似于农村包产到户这样一个基本的微观基础。尽管有关的说法不少，例如股份制、资产经营责任制、中小企业承包出租等等，但是每种说法都还需要实践证实。如果有人认为某一种说法可以普遍适用于社会各种企业，以为经过某些试点就能推广全国，并获得全局性的突破，那么这不仅在理论上是天真的，而且在实践中也是危险的。我们仅仅指出这样一点：城市企业以及农村工业企业的制度急需进行系统尝试，这包括设想、理论分析、小批试点、中间试验和对比，乃至分区分类推广不同的定型设计。所有这些需要时间，仓促上阵，“成败在此一举”的良好愿望只能通向灾难。

此外，城市中长期形成的工资和收入向下的刚性和向上的无限伸缩性，将会强烈抵抗任何实质性拉开差距的做法，对此决不可低估。联系到组织结构的脆弱性，放活之后，每个躺在国家身上的企业寻求进可攻（乘乱使“小锅饭”增加）、退可守（不仅“大锅饭”一口不少，而且要求国家给予扶持以向别的企业看齐）的微观最优策略，很可能导致宏观上的不良结果。

不论农村还是城市今后改革的难度都大大增加了。通观改革全局及其长期动态，我国组织结构的脆弱性对农村改革深化的制约开始增加，而城市改革不仅始终受到它的有力制约，而且还受到城乡隔绝中城市独特“生态环境”的不利影响。总之，这两个基本慢变过程制约中国现代化进程的状况，既难以改变又不能绕过，忽略这两个特征中的任何一个，只会产生不切实际的想法和做法，从而贻误我们的工作。

3. 冲出现有樊篱的思考

国际比较研究表明，“成功的”现代化后来者的状态必须是保持有利于自身的不寻常的集中因素，同时在不同层次上使力量与资源的配置得到平衡。中国自近代以来的现代化屡遭失败，与组织制度的脆弱性有极大关系。新中国成立以来，现代化不均匀的高速进展，也与一定程度上抑制了这个弱点有极大关系。我们当时的组织制度创新，如从中央直至基层的垂直行政管理系统、人民公社制度，在相当大的程度上克服了组织制度脆弱性对现代化的障碍，从而为动员和集中社会资源，以建立较为完备的工业系统提供了保障。但是今天，当我们的眼界突然打开，感到与世界如此大的差距时，变革的意识突然加强；与此同时，我们却发现，由于长期以来没有未雨绸缪，自己又一次面临组织制度创新的难题。在这两者的巨大空隙里，我们发现自己在垂直的行政管理系统与历史上的两级控制的脆弱平衡形式之间，找不到能够立即发挥全面作用的替代物。我们没有给新的组织制度创新准备好适当的台阶。

城乡隔绝中城市独特的“生态环境”，是新中国成立以来的新因素，它不利于城市中的组织制度创新。在农村，超出农户范围的宗法力量也是组织基元和制度创新的障碍。再一个不容忽视的因素，是20世纪五六十年代整个民族精神和民族意识达到的巅峰状态已经由于种种原因正在被侵蚀。而在组织制度创新和重建的困难过程中，这种精神、信念和意识是至关重要的。所有这些，都决定了我们今后所面临的考验相当严峻。

在上述两种基本的慢变过程中，如果考虑城乡其他子过程的时间尺度，再次引起我们注意的是，农村主体的特性与这两个基本的慢变过程的时间尺度差别最小。它对收入差别的态度、它没有被国家包起来的特性、它对市场的反应，以及变革后的“小锅饭”，都是我们在城市体制改革中孜孜以求而难以得到的东西。简单地说，农村初步变革成功后的主体，是我们深入进行现代化变革的可靠微观基础。只有看到这点，我们才能深刻理解到，当今世界的最大社会实体——中国农民，是谋求各种经济资源、积极充分就业，同时实现收入最大化、促成新经济流程形成、并推动国民经济结构变革不断深化的积极的社会力量。

“多亏”有一个城乡隔绝，给我们留下了一支没有被“大锅饭”包下来的社会力量。考虑到我国的现代化进程绝不能脱离80%的人口，考虑到以城市目前的生活方式吸收这部分人口是现有城市系统绝对负荷不起的，考虑到今后中国发展的健康程度将越来越明显地依赖于农民从农业生产中转移出来的积极程度，考虑到有 80% 的人口将以不由国家包起来的方式从事现代生产和生活的可能性，那么我们就不难越出现有种种思路和说法的樊篱，对城乡经济体制改革作一番更彻底、更大胆的思考和尝试。

三、行动的分析和筹划

更深层次的思考和尝试，是在以下一些若明若暗的前提下进行的。它们包括：第一，直至今天，我国两个基本慢变过程的状态还没有实质性的改变；第二，更深刻的变革缺少经过实践检验的较为完备的改革理论；第三，在坚持社会主义公有制的前提下，把计划调节与市场调节结合起来，目前尚无现成范式可资全面借鉴；第四，我们前进的大方向和大目标虽已明确，但具体的目标模式还比较模糊。如，国营企业的经营权和所有权如何分离，它们的法律含义和实际含义究竟是什么，随之而来的收益分配形式又该怎样，都还很不明确。总之，无论在客观，还是在主观方面，上述前提都无法在短期内根本改变。

我们要解决的问题可以概括为：以已确立的一些基本原则为出发点，在既无完备的理论又无现成的系统范式可资借鉴，更无一致而明确的具体目标模式，且两个基本的慢变过程过分滞后的状况下，实现产业结构高度化和城乡经济体制改革这两项历史性的任务。初看起来，约束如此严峻，此题的可解性确实令人忧虑。

更抽象地说，上述问题可概括为，在本质合理性不清楚的情况下，需通过程序合理性逐步识别本质的合理性，并通过程序合理性逐步逼近本质合理性。

若如此，那么当前最重要的是，依据已提出的原则和方向进行实际活动，将活动的结果与前提相对照，并将活动与前提进行调整，而不是等待完备的理论、范式和明确的模式。于是问题又被归结为，如何合理地筹划和调整行动的方向、范围、次序和步调。

1. 观点与方针

在对行动进行分析之前，首先把中国下一阶段改革所面临的难点明确提出来，想必是有益处的。这些难点主要包括以下几个方面。

第一，缺少准备。也就是说缺少物质、干部、组织和理论上的准备。

第二，目标识别。尽管大的改革方向已经明确（如打破大锅饭，坚持公有制下的计划经济与市场调节相结合等等），但改革的具体目标并不明确。必须在实践中予以识别，因为没有成功的全面范例可以借鉴。

第三，在线作业与风险共振。经济和社会生活是不能停顿的，并且由于上面两个难点的存在，使我们只能边干边改，而不可能把所有的活动都停下来，等一切都想好了、有把握了再去启动社会和经济生活的进行。但只要是边干边改，就存在看不准和失误的可能，如何使失误不致扩散开来，形成较大的振动——风险共振，这是边干边改战略所必须解决的重要策略问题。

第四，组合谬误与分解谬误。由于第一、第二个难点，改革的实验在所难免。但是如何保证成功的局部实验在全局推广的可能性，这就必须防止出现组合谬误。另一方面，一项全国性政策出台之后，如何使之能对中国这样一个区域间极不平衡的大国具有较大的普适性，而不至于顾此失彼，这就必须防止分解谬误。

第五，遗留问题。在改革前后，某些方面的规则发生了很大变化，这就产生了纵向不公平的问题，例如企业内部老工人与新工人对于同一改革政策的很不相同的看法；如何处理这类问题，关系到上亿人的切身利益，绝不可疏忽大意。否则，就不利于团结最大多数人一起支持和进行改革。

中国下一阶段改革要想成功地进行下去，上述五个方面的难点是无法回避和绕过的；能在何种程度上处理这些难点，关系到中国下阶段改革的成败和顺利程度。实际上，自 1985 年以来，经济生活和社会生活中所出现的一些突出问题，都与在处理这五个难点上的失误有较大的关系。为此，我们针对这五个难点，提出一些行动方针。

第一，统筹考虑，系统实验。主要是为了解决上述第一、第二个难点，因为只有系统性的实验，才能解决目标准备不足中的问题。必须说明的是，这里的统筹考虑与通常所说的一揽子改革方案等有很大的不同，因为后者很难避免在第一、二个难点中的在线作业所产生的风险共振。这里所说的统筹考虑指的是，对各种主张和说法进行全面的分析，然后依次来对不同实验做出安排。

第二，局部全息与分区突破。这条方针专门针对的是上述第三、四个难点。具体地说，在进行实验时，不仅要进行单项实验，还必须进行综合性试验，而这样的试验区域必须具有局部全息的特征，太小则难以避免组合谬误，太大则又加大了风险共振。分区突破有利于控制共振风险和分解谬误，还利于在边干边改的过程中，以干养改，以改促干，解决物质准备不足的问题。

第三，先易后难，各个击破。这条方针不仅对于处理遗留问题——第五个难点——有效，而且可以运用于解决共振风险问题。例如，为了减少包下来的城市人口问题，可以首先停止农转非，降低吃补贴的人口的机械增长；又如全民所有制企业的大锅饭问题，可以在某个时点之后都采用合同工制，然后实行老人老办法、新人新办法。**总之，对于中国这样一个区域间、城乡间极不平衡的大国，设想一下子搞出什么一揽子改革方案，如举止稍有失当，后果就可能不堪设想。妥当的方法则是利用这种不平衡，对改革实行分解，降低每一步的风险和难度，在条件不成熟时，要避免“决战”。其中最重要的三种分解形式是：城乡间的分解、区域间的分解和城市中吃大锅饭程度的分解。**

第四，序贯决策，分步整合。这是从全局角度解决难点。根据原则系统的或局部全息的试验，使具体的改革目标越来越清晰，并在分解基础上的操作经验的反馈，使有效信息越来越丰富，准备越来越充分，决策和控制能力也自然就越来越强，这时就可以逐步提高整合的层次、范围和程度，即实现在分解基础上的协调。

第五，综合运作，逐次逼近。这是从调控的角度，解决各个难点，这条方针主要是针对这样一种情况：对于内部不完全可知的系统，主要着眼点不应该放在初始方案的正确性（因为这是不可能的），而应放在提高运作能力，通过对系统的探索，逐步明确具体的目标，然后实施逐次逼近。只要有足够的运作能力去控制误差的程度及其方向，则在具体目标能逐渐明确的前提下，收敛只是时间问题。

依据上述方针，我们在下面对可能采取的行动方式做些分析。

2. 行动的分析

现在我们要探讨四种不同性质的活动及其作用。

搜索性活动　为了逐步明确和统一目标模式，当前需要开展三方面的工作。首先，以各种设想进行一定的鉴别和系统的试点，并对试点的情况进行持续可比的跟踪、观察和研究；其次，对于已经出现的各种新现象进行系统的分析和总结；再次，对于国际上的一些有关情况进行有针对性的比较研究，我们称这类活动为搜索性活动（或前规范化活动、前制度化活动）[2]。它的作用在于，为下一阶段的改革提供后续手段和目标，使目标模式的基元和联系方式逐步明确并一致起来。在搜索过程中，不破坏整个国民经济的基本稳定性。这类活动是整个组织和制度创新的核心部分，是解决两个基本慢变过程过分滞后的基础。可惜的是，这类活动目前还未得到应有的重视，所提供的信息质量和数量都很差。

规范化活动（或称制度化活动）　当上述活动的结果呈现相当的稳定性，对其取舍和限制的数据达到基本明确，就要将那些在某种具体条件、时间、地点内进行的活动逐步整形和定型。我们称之为规范性活动

（或制度化的活动）[3]。例如，已推行10年的农村联产承包责任制，就可以在系统的调查和研究的基础上，制定一些临时法规。这类活动使组织和制度的创新得以完成和整合，从而提高整个国民经济的结构素质、稳定性及总体效率。

常规性活动 当新的规范还没有建立起来的时候，人们只能按着以前的规矩行事。这类活动的作用不言自明，主要在于保持连续性和稳定性，使已有成果的积累不致因未经实际检验的偶然性或局部性的搜索活动突然膨胀而遭到过度破坏。这类活动中的某些活动与第一、二类活动会发生矛盾，但它是使改革较为平稳地进行、不发生过大动荡所必须付出的代价。

过渡性活动 在改革和发展过程中，旧规章部分地失去了约束力，而新规章又未建立起来，这时，前两类活动与第三类活动间会经常发生冲突。为使这类冲突不致过分尖锐起来，需要有一种过渡活动（或机变性活动）居间协调。例如，当前金融改革无法在短期内获得突破，但资金投向不合理的问题却日益尖锐起来，已直接危及到国民经济运行的一系列重大问题，必须尽快改变。这时，借助长期解决方案显然难解燃眉之急，完全采用常规性手段也不可取；为此，中央银行采取直接掌握一部分再贷款，对专业银行实行票据再贴现的过渡性活动，并辅之以第一类和第三类活动，就是较好的可行办法。这类活动的作用在于衔接新老体制，填补在改革过程中二者间的真空。这是使改革与发展之间的摩擦减弱，互补性增强的重要手段。

在改革早期，常规性活动的比重开始下降，局部搜索性活动出现，规范性活动和过渡性活动几乎没有。在改革中期，常规性活动的比重有较大幅度的下降，全面搜索性活动的比重大幅度增加，半规范化活动和过渡性活动的比重也有显著增加。在改革后期，常规性活动比重的下降速度减弱，搜索性活动和过渡性活动的比重下降，规范性活动的比重大幅度增加。在改革的全过程中，这四类活动的时空分布必须得到恰当的协调，才能使整个活动的效率提高，改革进程加快。例如，在改革中期（我们当前所处的阶段），如果第一类活动的范围的比重过小，则在改革后期，第二类活动就无法有效进行，从而使改革进程受到延误。

3. 行动的筹划

根据上述分析，进一步完成我国经济发展所面临的两大历史任务——体制改革和产业结构高度化，关键似乎在于合理地筹划和实施各种类型的活动，同时改进实践与认识间的反馈方式，提高反馈的质量和速度。具体来说，包括以下几方面的内容。

近中期，首先在微观层次，重点围绕国营大中型企业，提高常规性活动的效率。例如，对其指挥系统的成员加以考核、选拔和淘汰，实行对领导干部的重奖和重罚，严格劳动纪律和经营管理；加强过渡性活动，如授权厂长在突破工资总额的情况下，决定企业内部的工资分配方式。这类活动的主要作用在于稳定经济的支撑点，维持必要的经济增长。

在宏观层次，有针对性地强化过渡性活动。如在一些重点产业中明确产业指导政策，并用变通性的行政措施强化垂直和横向整合；提高专业银行的纵向分工程度，实行中央银行部分再贷款的票据评审和再贴现制度，以配合产业指导政策。这类活动的作用在于加速产业结构高度化，改善资金投向，以便在中期内保持一定经济发展速度和效益。

在全国各类地区，增加局部搜索的类型，扩大搜索活动的范围，如允许各种设想在一定范围内实验；提高搜索的频率，如加密观察，跳跃性地推进试点步骤；改进搜索的方式和手段，如组织和训练试点的人员，相对稳定这支队伍，并给予一定的财力支持。这类活动的作用在于提供大量的、类型丰富的、重复率较高的组织制度创新胚芽，从而逐步明确目标模式的基元，扩大具体选择的范围。

在较大的区域里进行系统的搜索活动和半规划活动，如对目前看来较有希望的设想进行较大范围的试点，在一些经过选择的中、小城市，依托农村人口建立新型的企业、城市管理制度和机构等等。这类活动的作用在于探索各种组织基元联结方式和一致性，并加速其发育。如果说前述活动的作用在于提供基元“元件”，那么这种活动的主要作用就在于提供一些基本的“集成块”。在实践中，后一类型的活动可以收到集中优势兵力，击破改革的各个难点，分区域整合改革活动的效果，从而减轻改革在全局上的压力。

有选择地加强单项建制活动。如农户的财产关系的法制化，某些税制的改革等等，都可以较为独立地推行。这类活动的作用在于使某些已成熟的基元得以稳定和制度化，使已经取得的改革成果得到必要的保护。

4. **小结**

今天的国际环境已与第二次世界大战后的时期大不相同，分解外部压力和内部压力共振的努力遇到更大的困难。在这种压力下，既要进行新的全面而深刻的变革，又要保持社会的一体性，这使我们面临着十分艰难的协调和控制问题。

当前我国正在进行的体制改革是我国整个现代化进程中的一个重要阶段，具有深刻的必要性和历史性。但由于组织结构和城乡关系长期积累下来的缺陷，在体制改革和保持社会一体性的要求之间出现了较大的不一致性。正是在这一点上，我们深切感受到它绝非三年五载所能弥补。换言之，在进行体制改革克服现有体制的弱点（如资源的配置和利用效率低）的进程中，要做到不失去现有体制的优点（如调动资源和保持社会一体性的能力），同时必须找到新的相应的组织形式、组织结构和组织制度，并形成相应的新城乡关系格局。舍此，我们别无出路。

1990 年 9 月

注释：

［1］西里尔·E. 布莱克等：《日本和俄国的现代化》，商务印书馆，1983 年。

[2] 搜索性活动可细分为两个亚类：（1）局部搜索活动，其作用在于发现某种活动的可能性和有利性；（2）全面搜索或系统搜索活动，其作用在于确定某种活动可行性的范围。

[3] 规范性活动也可细分为两个亚类：（1）半规范化活动；（2）严格规范化活动。前者对制度化的重大环节进行鉴定，后者则使制度形式化和普遍化。

工商业调整与陈云模型

在五十五年前，中国大地上相继发生了一系列极富戏剧性的重大事件，其间蕴含着通古今、贯中西的大道理和大学问，非常值得我们认真学习和思考。古语有云：轻议先贤者罪小，使先贤之旨不得传于后者罪大。笔者甘冒“轻议之罪”，欲求“先贤之旨”，以期温故知新，识往察来。为此，唯有以经解经，经史合参。

一、由来与结果

在1949年底到1950年初，横行旧中国十数年的恶性通货膨胀被治服了，用时不过半年，实为经济史上一大奇迹。但由此又引出了新的问题，由于当时为打破通胀的恶性螺旋上升，财政和金融等方面的紧缩力度很大，致从1950年3月、4月份开始，货币流通量减少，流速降低，接着而来的是私营工厂停工，商店歇业，市场萧条，工人失业激增。

据当时上海市统计，1950年4月大米和棉纱的批发市场交易量分别比1月份下降了83%和47%；同年3月和1月相比，大商号的百货营业额减少了约一半，中小商号的减少了90%。到了4月份，全市倒闭的工厂有1000多家，停业的商店有2000多家。另据统计，全国14个大城市在1950年1月至4月倒闭的工厂合计达1945家，16个较大城市停业、半停业的商店达9347家。当时，上海的失业工人有20万，全国大约有100万工人处于失业和半失业状态（当时全国的产业工人不过

300 来万)[1]。这是一种什么局面呢？这是通缩，是经济萧条。真可谓前门打虎，后门进狼。

当时，工商业困难的一个主要表现是产品卖不出去。因此有人认为工业品生产过剩了，断定造成这一现象的主要因素是工农业产品价格剪刀差的扩大，主张从降低工业品价格促销入手来解决问题[2]。可以设想，那时如果按照这一思路来运作，必将出现恶性的通缩螺旋上升，那么中国经济将陷入更加严重的萧条乃至衰退状况。

当时，主持全国经济工作的最高领导陈云同志是如何分析问题的呢？他在全面、深入地掌握实际情况的基础上，深刻分析了造成工商业困难的以下几点原因。第一，金融和物价的稳定，暴露并停止了过去社会上的虚假购买力。他说：自抗战以来，通货一直膨胀、物价不断上升，人民重货轻币（笔者注：即形成了很强的通胀预期），都囤积物资，为数不小，形成很大的虚假购买力，工商业在此基础上成长起来。物价稳定后，人民心理改成重币轻货，都想保存货币，不想存物资，过去陈货纷纷外抛，致使工商业销路停滞。其次，过去适合于半殖民地、半封建经济发展起来的若干工商业，由于帝国主义统治以及封建主义和官僚资本主义在中国消灭，许多货物失去市场，另有许多货物也不适合人民需求的规格，新旧政府的更迭反映到消费上也有很大的变化。陈云认为："商品滞销和生产过剩的原因很多，主要是 12 年来通胀所造成的虚假购买力的迅速消失，其他的原因都是次要的；目前的不正常滞销状态一定会过去，原因是货物的囤积量并不多。"[3]

对此，应怎样解决工商业的困境呢？是不是一般地扩张总需求就可以了？陈云没有这样做，因为这会危及刚刚稳定的金融和物价。陈云指出："现在政府挑的是两筐鸡蛋，不要碰破一头，任何一头失落，另一头也保不住。这要反对两种错误倾向：一是片面强调调整工商业而忽视稳定金融物价，二是置工商业的困难于不顾。"[4] 如何才能使这两者相辅而行，鱼与熊掌兼得？

对于这样一个两难困局，陈云见人之所不易见，为人之所不易为，胜人之所不易胜。在1950年4月初召开的七大城市工商局长会议上，受邀参加的工商业资本家纷纷反映存货过多，希望准许出口外销，各地工商局长则反映农村土特产品没有销路，希望政府收购。陈云了解到这些情况后，明确指出这是十二年战争和通货膨胀使城乡物资交流阻塞所造成的后果，商品不是过多而是还少；并当即命人指挥各地开展城乡物资交流大会[5]。这样，陈云就敏锐地把握住了城市过剩的工业品和农村没有销路的土特产品之间的内在联系，即农产品收不上来，农民手里没有钱，工业产品也就销不出去；**通过重建和发展当时已基本不存在的城乡贸易流程这一关键环节，带动了整个经济链条**。

当时，陈云提出如下办法：一、重点维持生产。在华东，最重要的是纺织工业，采取国家拨给原料、私营工厂加工的方式。部分工业，如机器制造工业等，采取国家对私营工厂订货的办法……二、开导工业品的销路。分两方面：（1）以收购农产品来增加农民的购买力；（2）政府给予优惠条件，组织目前暂时难于出口的工业品出口。三、联合公私力量，组织资金周转。四、帮助私营工厂改善经营管理。五、重点举办失业经济。上述办法中最重要的是加工订货和收购农产品。对于收购农产品，陈云想得很周到，他说："中国农民经济的经营方法是小生产，所以农产品进城是一件大事；农产品怕塞不怕流，流得愈快愈好，对整个国家及农民都是有利的。"[6]

在调整工商业的过程中，陈云不仅在大政方针的制订和指导上发挥了重要作用，而且对关键细节和具体问题的处理也极其得当，令人叹服。针对当时要求降低工业品价格、以缩小工农业产品价格剪刀差的意见，他指出：现在的问题，不是把每匹布的价格降低几毛钱（按战前价格计），以减少农民的一点支出，而是如何尽快恢复和搞活城乡物资交流，使农民手里的农副土特产品能很快卖出去，以增加农民收入，提高农民购买力。为了说明这个问题，他还把做好这项工作可能增加的收入详细算了一笔账[7]。而加工订货实际上是国家出钱购买私营企业的产品（然后工业品下乡），这就更加保证了私营产品的销路，这对于处于“休克”状态的私营企业来说，不啻为一种人工呼吸，使其得以复苏[8]。

调整工商业之后，私人工商业者犹如吃了定心丸，各地市场的情况发生显著变化。一是私营工商业户从歇业多、开业少，转变为开业多、歇业少。其中1950年上海市8、9、10的三个月平均，工业申请开户较同年4月份增加28倍，商业方面增加16倍；而工商业申请歇业户，8、9、10的三个月平均仅为4月的20%。二是市场活跃，成交量显著增加，城乡物资交流增加，全国各城市的货物成交量都从6月份起逐步增加。上海市棉布成交量10月较5月增加了10倍。有些城市的工商业家反映，目前市场的活跃和繁荣，为抗战以来十余年所未有[9]。于是一场工业品停产的通缩危机在不到半年里即告克服。

陈云在总结调整工商业的经验时，特别强调收购农民手里的农土特产品所起的决定性作用。他说：“（1950年）3月物价稳定，5月中旬全国各地工商业都叫喊货卖不出去。于是我们发出了两路救兵，一为加工订货，一为收购土产；起决定作用的是收购土产，因为这就发出了钞票（笔者注：这是有效的货币投放），农民有了钱就可以买东西。当时我们问中小城市工商业者要上海的什么东西，他们说：只要我们的土货能运出去，什么货都要。所以加工订货之后，我们就是收购土产，这是6月以来主要的一条经验。我们收购蚕、茶、猪，这样也不用借钱给他们，也不要加工订货，他们就可以搞好了；这样就救活了城市。这是中国经济的钥匙。这一收购的结果，商人也有事干了，东西也卖出去了，工厂开工，失业减少，税收增加。”（在1950年底的政务会议上）陈云说：“4、5、6这三个月调整工商业后，8、9、10的三个月工商业情况好转了，北京、天津、上海、武汉等大城市的霓虹灯很亮，生意很好。这样好转的原因，除调整工商业外，是由于贸易公司收买农民的粮食、棉花、出口物资和土产，以90%的农业和手工业经济，带动了10%的工业经济转动起来。”[10]至此，建国初期经济战线的第一大战役获得完胜。

二、陈云模型的建立与运用

建国初期，陈云从中国的农民占人口绝大多数这个实际情况出发，把扩大农副土产品购销摆为经济工作头等大事，意义是十分深远的。他在1950年11月的一次会议上，对这个问题作了进一步论述：“扩大农副土产品的购销，不仅是农村问题，而且也是目前活跃中国经济的关键。半年来的财经工作完全证明，城市繁荣是农村经济转动的结果。农副土产品卖出去了，就增加了农民的购买力，促进城市工商业的发展，减少或消灭城市的失业现象，城市购买力也跟着提高；工商业繁荣，又增加了国家的税收，减少了财政上的困难，物价更趋稳定；这样，可进一步促进工商业的发展，打击投机，使城乡交流更趋活跃，这是一连串的收获。因此，我们说扩大农副土产品购销，是中国目前经济中头等大事。”[11]这段话清楚地表明，陈云已从用扩大城乡贸易治理暂时的通缩，进一步将其推广到恢复和发展整个国民经济，完成了从感性认识到理性认识，乃至用其能动地指导新的实践的飞跃。三年经济恢复工作的巨大成功，即其明证。“头病腿治”，打通经济机体的关键经络循环，如此医国圣手，令人心神往之。追昔抚今，不禁唏嘘。

至此，陈云模型已经确立。他在1950年12月8日的一篇文章中指出：“财经领导机关有了经验，摸到了转大圈子的办法，以百分之九十的农业和手工业经济带着百分之十的工业经济转动。今年三四月时，我们无此经验。我个人只有1948年3月在东北的经验。东北的情况与关内不同，东北经济中，国家经济占的比重很大。因此，3、4、5月情况比3月估计的厉害，以后才摸到兜大圈子的办法。”[12]**这里所说的“转大圈子”、“兜大圈子”的概念，是对建立城乡贸易循环流程的形象表述**。陈云这一城乡经济大循环回路，名为“恢复”，实同“再造”，厥功至大，故而我们称之为“陈云模型”。下面我们用图论的表示法将其框架勾勒出来。

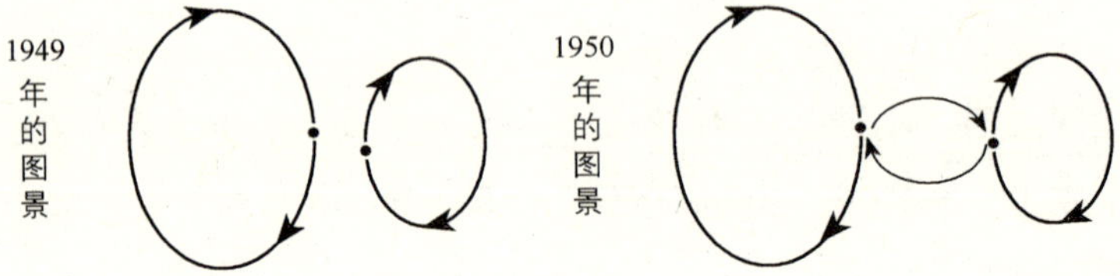

在1949年前，国民经济是由两个相对孤立的内部循环子系统组成，而在1950年之后，国民经济则是由两个联系日益密切的子系统组成。当时中国农村人口约占总人口的90%，如以3个农村人口消费工业品的能力等同于1个城市人口来计算，则可推断出工业消费品的主要市场潜力（2/3以上）在农村；而要使之成为现实，就要增加农民的购买力，或者说要通过大量收购农副土特产品来实现之。因此，陈云在1950年12月的一次会议上说：“根据1950年5月间工商局长会议的经验，也证明了农民的购买力是很旺盛的。但是，由于他们手中的土产没有办法销出去，所以弄得城市的工业品也无法找到广大的市场。因此，今天如果要想达到城乡交流的目的，其基本环节，还是要求我们面向农村。现在老百姓所要求的是内外交流、城乡交流、全面交流。如果我们能够解决这个问题，就可以减少失业，改善老百姓的生活[13]。

以上所述是陈云模型的定性特征。在城乡贸易扩大对国民经济发展所起作用的程度估量上，陈云也作了相当准确的计算。陈云在他亲自拟订的1951年财经工作计划中明确指出：1951年全国财经工作要点共六项，其中第一项就是城乡交流。他说：“为什么要把城乡交流摆在第一位呢？因为我们接收过来的是一个破烂的旧中国，农业经济占主要地位，所谓城乡交流，一是将农产品、土产品收上来，一是将城市工业品销下去。这件事从去年提出，这是历史上没有一个政府提出过，但却是关系全国人民经济生活的一件大事。我们如果不管，怎么能算人民的政府呢？现在仅猪鬃、桐油、茶叶、鸡蛋、药材等项，平均占农业收入的10%，有的地方占20%，甚至更多。如去年全国产粮以2400亿斤计，土产收入即相当于240亿斤粮食，去年公粮大概是220亿斤，如果我们帮助农民把土产推销出去，农民的收入就相当于交公粮的数量（农民有了钱，工业产品就好卖了）。土产销不出去，还要交公粮，老百姓就会有困难。……如果没有廉价的工业品供应农民，并且把他们的土产推销出去，那么工农联盟就不会巩固，……所以城乡交流是一件大事，要动员全党的力量去做。去年5月有人说：工业品生产过剩了。我看，根本说来，中国的工业生产力还很不发达，农民经过土地改革，加上城乡交流，购买力必然会大大提高，只是这一点，工业生产也是不相适应的。所以摆在我们面前的问题不是工业品过剩，而是工业品不足。我们要大大提高工业品生产，以适应这种情况。所以推销土产，提高工业生产，使两方面能够平稳的交流。这是一件大事。"[14]由此可见，陈云对于城乡贸易乘数的作用是胸有成竹的。

这里补充说一句，在建国以后的约半个世纪里，陈云模型一直发挥着重要的作用。从工商业调整开始，三年恢复时期、"一五"时期，1960年代初的三年调整、1978年到1984年的农村改革，每当国民经济遇到困难或转折时，陈云总是从农副产品、轻工业产品和农业生产资料（即排序农轻重）这一经济的主导循环流程入手进行调节，发挥城乡贸易乘数的作用，往往立竿见影，倍见成效。

三、结语：进入新的阶段

城乡贸易乘数能够发挥重大作用的前提是：农村居民在社会消费品零售额的购买中占大头。笔者曾对1980年代中期的情况做过初步测算，其值达2.32，即在国民经济增长的每个单位中，约有43%是由城乡贸易的增长所致。在1978年至1984年间，社会消费品零售额中的县级及其以下部分（可基本看为农村居民的购买）所占比例皆在60%以上，其中1978年和1979年为68%，1985年这一比例降至56%，1993年降至42%，1996年降至39%，2004年降至33%，与1978年相比，完全倒了个个。这些情况说明，我国城乡经济关系已经进入了一个新的阶段。

陈云在1988年5月18日曾说过一段意味深长的话："根本问题是农民从土地转出来，拿工资，比当农民好得多。但这个事很不容易。"[15]1995年我国农村人口达到峰值——约8.6亿人，而后逐年下降，到2004年约为7.6亿人，9年间减少了1亿多人，年均减少1100万人；依此趋势，估计在2013年前后，农村人口将降至6.7亿人左右，与城镇人口数量基本相当。多数人口在农村这一基本国情由此逆转。这说明今后我们所面临的政策环境已和1978年前大不相同。所谓时移则事易，事易则情变，情变则法不同。也就是说：农民从土地转出来，拿工资，住城镇，应成为今后城乡经济政策的基调。

行文至此，笔者想到这样一个故事。法国大物理学家、大数学家拉普拉斯反复告诫自己的学生："学学欧拉，学学欧拉，他是我们所有人的老师。"是为跋。

2005年9月19日

注释：

[1] 陈业礼、熊亮华：《共和国经济风云中的陈云》，中央文献出版社，1996年。

[2] 同[1]。

[3] 金冲及、陈群：《陈云传》，中央文献出版社，2005年。

[4] 同[3]。

[5]《陈云与新中国经济建设》，中央文献出版社，1991年。

[6] 同[3]。

[7] 同 [3]。

[8] 同 [1]。

[9] 同 [3]。

[10]《陈云文选》第二卷，人民出版社，1995 年 5 月。

[11] 同 [3]。

[12]《陈云文集》第二卷，中央文献出版社，2005 年 6 月。

[13] 同 [12]。

[14] 同 [3]。

[15] 同 [3]。

也谈陈云同志的“摸着石头过河”

一、片言居要　见智见仁

有人曾称，中国的改革开放是以“两论”——“摸论”和“猫论”——为指导的。这里所说的“摸论”，即陈云同志一贯坚持的“摸着石头过河”，本文将对此稍事析评。

在上世纪90年代以前，赞许其者居多，并称之为“渐进式改革范式”之总纲。而时之今日，诟病者渐增。实际上，无论是赞许者还是诟病者，他们都有各自的“摸论”版本，其语义和实质各不相同，乃至相距万里。不过，究其大要，各种误解以及由此而致的误评无非以下两大类。

其一，认为“摸着石头过河”等于“走哪儿算哪儿”。这种误解或误评，把“摸论”看成是一种实用主义或机会主义的策略大全，所谓“运动就是一切，目的是没有的”。对此，有些人认为，“走哪儿算哪儿”恰是“摸论”的精髓和改革开放的正解，他们屈服于眼前事变的压力，抛弃了改革开放的社会主义方向，并欲渐用另一种改革开放观取而代之。在这种误解的基础上，“摸论”也受到了激烈的批评。

其二，认为小河小沟可以摸着石头过，长江大河还怎么摸着石头过？你根本就摸不着石头，更别说过河了。这种误解或误评认为，“摸论”仅能处理简单、直观的问题，不能处理复杂困难的问题；因此在改革开放初期还可适用，一旦进入了改革开放的攻坚或总成阶段，就不再具备适用性了。这种看法还有一层含义，即处理复杂困难的问题，必须先有一套总体设计或完整的理论以为指导，否则就会成为盲人摸象，终致莫衷一是。换言之，他们认为“摸论”是一种狭隘的经验论，具有很大的局限性，不足为常训。

关于“小河小沟”和“大江大河”的较真，这里要先说几句。到目前为止，人类的搜索技术和方法，对于深达几千米波涛汹涌的汪洋大海，都可摸索绘出精度极高的全景电子海图，遑论江河了。因此，不客气地说，长江大河，照摸不误。至于“摸论”和理论的关系，将在后文论及。

对于各种各样的误解或误评，陈云同志是怎样看的呢？在1988年夏季价格改革闯关的前夕（那是一次预先有总体设计，并经反复测算的价格改革“范例”），陈云对浙江省和中顾委的同志说：“领导干部身负重任，要善于听不同意见，不同意见也会有合理的部分。做工作不能只想快；慢一点，稳当一点，可以少走弯路。走弯路的损失比慢一点、稳当一点的损失大。……有人在报上批评‘摸着石头过河’这句话，但没有讲出道理来；‘九溪十八涧’，总得摸着石头过。‘摸着石头过河’这句话，我没有放弃。”[1]

笔者是在上世纪80年代初听说陈云同志爱讲这句话，但当时对此没有很深的理解，以为只是他老人家的一种形象比喻，说说也就过去了。上面所引那段话的全文，笔者是在约二十年之后才看到的，当时顿觉汗颜。原来陈云同志这么看重这句话，并不是随便说的，其中必有深义。

本来，同样一句话，从不同的人嘴里说出来，在不同的人眼里看上去，其含义有时千差万别，甚至完全相左；有时还有正说、反说和正用、反用之别。如果这句话无关宏旨，不去深究，倒也罢了。但“摸着石头过河”既然是“渐近式改革范式”之总纲，那就只能认真对待了。那么，陈云同志如此看重的这句话，他是怎么界定的，与其他人的界定有何不同？对此，只有请他老人家自己来说，才能讲得清楚。

二、以经解经　正本清源

笔者经过反复阅读和查找相关的文献和经典，将与“摸着石头过河”紧密相关的陈云同志的论述恭录如下，以飨读者。

1944 年 12 月 1 日至 2 日，陈云在《关于财经问题的报告》中说到：“实际第一，书本第二。我们的同志喜欢书本子，讲的和实际不对头，我们一定要实际第一。书本的东西是人家的经验，是过去的经验，外国的经验，上海的经验，我们要总结自己的经验。

“挑担第一，研究第二。要他挑担子，真正做起来。帮助参谋，不负责，涨价，跌价，要他自己挑担子，决定政策，他心里就打算，要负责，这样也容易进步。

“先做工作，后摸规律。好多知识分子同志，到下面去找规律，工作还没有做，哪里去找规律？先做工作再讲，不要先找规律性，找不出的。要好好改变一下。

“许多同志叫研究专家，什么问题都请他去研究，平时他也没有做这个工作，要他去作结论，所作的结论大都是驴唇不对马嘴。有些人不自觉，认为我是研究员，架子很大，这样，研究工作一定做不好。以后第一要挑起担子，你卖盐就研究卖盐的问题，卖布就研究卖布的问题。”[2]

1950 年 4 月 7 日，陈云出席政务院第二十七次会议，在发言中指出：“物价涨不好，跌亦对生产不好；上月物价跌了 15% 。对此要先收后放，先少后多，使物价先跌后涨。要摸着石头过河，稳当点好。”[3]

在文字记载中，这是陈云同志首次使用“摸着石头过河”这句话，其时正值历时十几年的恶性通货膨胀得到全面治理之后，全国工商业调整开始进行之时。

1951年7月20日，陈云在中共中央统战部讨论工商联工作会议上所作的总结中指出："不要一下子打乱同业公会，而宁可采用其他的办法来合理使用经费和人员；等到工商联的工作做得久些，做得好些，并提高了威信，经费和人员的合理使用是可以逐步做到的。即使如此，办法也应该稳妥，这叫摸着石头过河。搞急了是要出毛病的。毛毛草草而发生错误和稳稳当当慢一点相比较，我们宁可采取后者。尤其是处理全国经济问题，更须注意这点，慢两三个月天不会塌，怕什么？"[4]

此时，工商业调整和全国性的通缩治理已经胜利完成，"一五"计划已开始拟定。

1956年11月11日，陈云在八届二中全会的发言中指出："第三类商品在自由市场开放也应该由少而多，一步一步地开放。要经过典型试验，逐步推广。"[5]

1956年11月19日，陈云在商业部部务扩大会议上发言指出："我们做工作，要用90%以上的时间研究情况，用不到10%的时间决定政策。所有正确的政策，都是根据对实际情况的科学分析而来的。有的同志却反过来，天天忙于决定这个，决定那个，很少调查研究实际情况。这种工作方法必须改变。要看到，片面性总是来自于忙于决定政策而不研究实际情况。"[6]

1961年3月6日到8日，陈云在继续听取化工部负责人关于化工、医药、国防尖端工业情况的汇报时指出："看来，一件工作的改革，要先进行试验，不能一下就铺开来搞。搞试验要敢想、敢说、敢做，但在具体做时，必须从实际出发，摸着石头过河。要把试验和推广分开，推广必须是成熟的东西，未成熟之前不能大干。人是需要经验教训的，老头子头发变白，就是碰钉子碰出来的。"[7]

其时，全国经济即将进入三年困难时期之后的调整阶段。

1980年12月16日，陈云出席中共中央工作会议开幕会，并就经济形势与调整问题讲话，他指出：“我们要改革，但步子要稳。因为我们的改革，问题复杂，不能要求过急。改革固然要靠一定的理论研究、经济统计和经济预测，更重要的还是要从试点着手，随时总结经验，也就是要‘摸着石头过河’。开始时步子要小，缓缓而行。这绝对不是不要改革，而是要使改革有利于调整，也有利于改革本身的成功。”[8]

1983年1月28日，陈云复信时任国家体改委副主任周太和，就来信征求对商业流通体制和价格体制改革的意见一事答复说：“因为长期未摸这项工作了，所以提不出什么具体意见。对这个问题总的看法是：第一，体制必须改革。第二，改革必须经过试点。因为试点而使改革的进度慢了，与为了加快改革的进度而不经过试点，以致改得不好，还要回过来重新改，这两种损失相比，前一种比后一种要小些。”[9]

1984年6月30日，陈云在中联部反映美国国务院经济中心顾问爱德乐对我国财经工作提出两条意见的内部材料上批示：“有经历的外国人也是摸着石头过河，所有外国资本家都是如此。凡属危险项目，他们不搞，宁吃利息。这是一个千真万确的道理。”[10]

1984年9月13日，陈云复信赵紫阳，说到：“这几年，农村改革已取得极大的成功，城市改革总的说来，还处在积累经验的过程，广大干部不是都很熟悉。要积极探索，不断总结经验，务使改革健康发展。”[11]

1984年10月8日，陈云出席中央政治局扩大会议，会议讨论通过了《中共中央关于经济体制改革问题的决定》（第七稿）；他在会议发言中指出：“农村改革已经取得了极大的成功，工商业方面的改革也已经有了几年时间的酝酿、试点和实践。……但这次改革涉及范围很广，在进行过程中，一定还会出现一些难以预见的问题。应该像对待农村改革那样，边实践，边总结经验，以便使改革不断完善。”[12]

1985年9月23日，陈云在中国共产党全国代表会议的闭幕会上讲话，他指出：“我们是共产党，共产党是搞社会主义的。现在进行的社会主义经济体制改革，是社会主义制度的自我完善和发展。农村改革已取得明显效果。城市改革，总方向是正确的，具体步骤，正在探索中。要走一步，看一步，随时总结经验。”[13]

1987年7月17日，陈云在同赵紫阳谈话时指出：“我今天主要谈你们现在身负重任和学习哲学这两个问题。……要把党和国家领导好，最要紧的是把领导干部的思想方法搞对头，这就要学习马克思主义哲学。在延安，我当中央组织部长时，毛泽东先后三次当面同我谈要学习哲学，还派教员来帮助我们。毛泽东起草的文件、电报，我都看过，最后得出一个结论，就是要实事求是。这里的关键是把‘实事’看全面。我过去说过，难者在弄清情况，不在决定政策。”[14]

1988年5月12日，陈云在接见薛驹、沈祖伦、铁瑛等同志的谈话中指出：“学习马克思主义哲学，是思想上的基本建设。领导干部身负重任，要善于听不同意见，不同意见里面有合理的部分。做工作，不能只想快。慢一点，稳一点，少走弯路，走弯路的损失比慢一点的损失多。有人批评‘摸着石头过河’不对，但没有讲出道理来。‘九溪十八涧’，总要摸着石头过，总要下河去试一试。‘摸着石头过河’，这话没有错。”[15]

1988年10月8日，陈云同赵紫阳谈话时指出：“在我们这样一个社会主义国家里，学习西方市场经济的办法，看来困难不少。你们正在摸索，摸索过程中碰到一些困难是难免的，还可以继续摸索，并随时总结经验。”[16]

至此，已无须笔者再说什么了，陈云同志的“摸着石头过河”这句话的内涵和外延已经清清楚楚、明白无误了。

三、微言大义　不二法门

“摸着石头过河”这句话，在民间流传已久，最先是由谁讲出来的，其含义如何，已无从考证。但经过陈云同志的阐发和运用，使之具有了全新的意义。笔者认为可从以下三个层次对其深入理解和领会。

在最狭义的层次上，与陈云同志的这句话相对应的是决策理论中的序贯决策分析。它说的是许多决策问题需要多次作出决定，例如一家商店各种商品每月的进货量，一家企业或工厂每月的生产计划，等等，这就构成了序贯决策问题。在这里“序贯”一词的含义是指顺序多次进行，也有人称这类问题为动态决策问题。[17]

在这方面有一个极好的例证，人类的语言体系是一个最为复杂的系统，但它不是由什么人预先设计出来的，而是按照“摸着石头过河”的方式生成、发展和演化的。

在科学和技术的发展层面上，通常要经过以下几个阶段：首先要进行试验，然后是中试，再次是工程放大，最后是产业化或商业化。**只有到了产业化的复制阶段，才会提出总体设计的问题**。这时，“黑箱”已变成了“白箱”。人类在探查和打开“黑箱”的过程中，几乎总是“摸着石头过河”。对此，范例多多，无须多说。

在认识论、方法论或哲学层面上，陈云同志的这句话等价于毛泽东同志的“实践论”。请看下面一段话：“通过实践而发现真理，又通过实践证实真理和发展真理。从感性认识而能动地发展到理性认识，又从理性认识而能动地指导革命实践，改造主观世界和客观世界。实践、认识、再实践、再认识，这种形式，循环往复以至无穷，而实践和认识之每一循环内容，都比较地进到了高一级的程度。这就是辩证唯物论的全部认识论，这就是辩证唯物论的知行统一观。”[18]

大矣哉！“圣人之道不传人”，非不欲传、不能传，实乃难言传、难真传也！

2007 年 5 月 8 日

注释：

[1]《陈云传》，中央文献出版社，2005 年 6 月。

[2]《陈云文集》第一卷，中央文献出版社，2005 年 6 月。

[3]《陈云年谱》中卷，中央文献出版社，2000 年 6 月。

[4]《陈云文选》第二卷，人民出版社，1995 年 5 月。

[5]《陈云文选》第三卷。

[6] 同上。

[7]《陈云年谱》下卷。

[8]《陈云文选》第三卷。

[9]《陈云年谱》下卷。

[10]《陈云年谱》下卷。爱德乐的两条意见是：（一）不同意中国国际金融学会郑州讨论会上提出的外汇储备只需相当于三个月进口额和四百吨黄金就已经足够，甚至可考虑出售一部分黄金首饰的建议。他认为随着对外贸易的发展和引进外资的增加，只留相当于三个月进口额的外汇储备是不够的；一旦国际出现大动乱，外汇就会变得毫无用处，只有黄金才可靠，因此黄金储备不能减少。（二）认为外贸发展计划不能只考虑对中国有利的一面，还应考虑国际金融贸易出现对中国不利一面的可能性。由于外贸要受国际市场和其他国家政策的影响，现在有利的局面可能发生变化，因此，对长期外贸发展计划应注意稳妥性。

[11]《陈云年谱》下卷。

[12] 同上。

[13] 同上。

[14] 同上。

[15] 同上。

[16] 同上。

[17] 陈珽编著：《决策分析》，科学出版社，1987 年 9 月。

[18] 毛泽东：《实践论》。

物能级配准则、经济发展与环境保护

由于传统工业化社会的生产和生活方式加速发展以及全球化，地球上“生态资本”的消耗已超过了它的更新速度。300 年来对生态循环、大气、水文、土地以及物种的多样化等造成的损害，有 50% 以上是在最近 50 年里形成的。例如，像非洲大陆那样大的面积受到沙化的威胁；目前干旱土地每年扩大数百万平方公里；动植物品种灭亡的速度是人类出现前的数千倍；热带雨林——全球气候的屏障——如仍继续不断地被开垦，则将在几十年后消失。

除了大自然的消耗加速以外，环境危机尖锐化的另一个原因在于：全世界的社会不公平与贫困自上世纪 80 年代以来在不断加剧。如果世界上最富裕的 10% 的人口所享有自然财富的程度成为世界人均标准，那么世界马上就会面临生态系统的崩溃。工业化国家约 13 亿人口已经欠下了生态方面的巨大债务，现在仍在消耗着 75% 以上的商业能源和 80% 的原料。这种“富裕”以及传统工业化社会的生产和生活方式是不能推广的，它是以不平等和不负责任为基础的；西方工业化国家不仅吃老本，而且依靠牺牲第三世界的利益来生活。实际上，对于出现如此巨大的环境问题负有主要责任的首先是发达国家。如果发达国家不准备和不能够绝对减少它们的能源和原料消耗，并把大规模消耗资源的技术转让给第三世界，那么发展中国家为追赶发达国家而进行的工业化，完全可能在 21 世纪导致生态系统的崩溃。这种危险性的更深层原因来自于一种在近代已成为进步象征的技术与经济的增长范例。只有从原则上根本改造这种范例，才能避免 21 世纪的环境危机。

环境污染、生态破坏和景观恶化的许多事实都说明，社会—自然系统已开始明显地偏离了动态平衡状态，如果这种趋势继续发展下去，那么它就会成为恶性的不可逆变化。如何在经济发展和环境保护的两难抉择之间，找到一种积极有效的协调方式，这就是本文的主旨。

一、能级平衡理论概述

能级平衡理论[1]认为，能源利用既有“量”的一面，又有“质”的一面。以往人们只看到能源利用的量，比如多少大卡的能，而忽视了能源的“质”。能源的“质”呈梯级状态，我们用能量的级别或等级的高低来反映能量在质上的差别，称之为能级。例如，1000 多度的热能可以用来熔化金属，300 多度的蒸汽可以用来发电，这些可以说是高质能量；而取暖和温室用的热量，温度并不需要太高，只要低质能量就行了。目前我们常常用高质能量，做低质能量就能干的事情；或仅仅使用高质能量部分，而把低质能量浪费了。

目前有许多热电厂，发完电后的热蒸汽被白白地释放掉了；与此同时，城市中的供暖锅炉却在用高质热能来保持室温这是一种双重的浪费。根据能级平衡理论，能量应该高质高用、低质低用。例如在热电联产系统中，把取暖用的锅炉改为高压高温锅炉，用它产生的 1000 多摄氏度高质能量去推动发电机发电，再把排出的废气用于取暖或温室大棚。这样才符合能量梯级利用原理，实现能级匹配用能，从而挖掘出能量的“品质”的潜力。

实际上，一家用户获得了能量供应，并不等于获得了符合它工作需要的级别的能量。对于用户而言，供给能量的级别过高或过低，不适合需要，都会造成浪费。因此，用户获得能量的级别应当适合它的工作需要。这就是能级匹配用能准则，简称能级匹配准则。简言之，全面的节能和用能观点，应该是既要节能，又要能级匹配用能。

下面我们用几种观点来考察一下电热取暖这样一个常见的用能过程。如果由电源输入电炉的电所转换成的热，全部由电炉输给用户室内取暖，那么，用传统的用能和节能观点来评价，其热效率 $\eta_t=100\%$，这当然是最理想的。但这种传统的用能和节能观点，只从数量关系上去考察用能和节能，由此得到的只是一个评价用能过程优劣的准则——能量利用率或热效率 η_t。根据这个准则可以获得所供应能量中有多少得到了利用的信息，但不能获得所供应能量的质量或等级是否符合用户需要的信息。

因此，如果从全面的用能和节能观点来进行评价，除了使用 η_t 这一指标之外，还要用能级匹配准则来做分析。这就是说，除了从数量关系上考察用能过程之外，还要从质量关系上考察用能过程。现假设室温为20℃，环境温度为0℃，我们发现输入的电的能级为1（因为电为纯火用，故电的能级 $\Omega=1$），而用户所需的能级仅为0.068（根据 $1-\frac{T_0}{T_R}$，如取 $T_R=20℃=293K$，$T_0=0℃=273K$，则用户所需能级为 $1-\frac{273}{293}=0.068$），在两者之间有一很大的能级差 $\Delta\Omega=1-0.068=0.932$。因此，从能级匹配的观点看问题，此时供应能量的级别过高，是很不合理的。这个例子说明，既要节能、又要能级匹配的用能和节能观点，并不等同于传统的用能和节能观点。因为前者不仅注意节能，而且注意能级匹配；而后者只注意节能。前者需要用两个准则（η_t 和 $\Delta\Omega$）来进行评价，而后者只用一个准则（η_t）。用两种不同的观点来考察同一用能过程，所得到的结论也就不同。

十分明显，传统的用能和节能观点只考虑了能量的数量一面，而没有考虑能量的质量一面。因而正如上述电热取暖过程所表明的那样，由传统的热效率 η_t，并不能全面反映能量利用的合理性。因为电的能级高（$\Omega=1$），而用户取暖热能的级别很低（$\Omega=0.068$），高质低用，这是极大的浪费。然而这一点，用热效率 η_t 不能得到正确的反映；相反，它还给人们造成一种错觉，由于热效率 $\eta_t = 100\%$，因而误认为电热取暖是最理想的能量利用过程。

现在我们再从能级匹配用能的观点来看一下热电联产系统。由于在冷凝排热中，含有大量的无效热，无效热虽然不能用来做有效功，但可用来取暖和加热；如果用它来满足热用户，这就做到以电满足电用户的需要，以热满足热用户的需要。我们也可将这看成是电用户和热用户联合组成的“用户”，使输入能量与联合用户之间的能级差缩小了（从理论上说，可使 $\Delta\Omega = 0$）。因此，从能级匹配用能的观点看，这种热电联产的热电厂是合理的。

在上述讨论中，涉及到两个不同质的概念和问题。一是热力学完善性，另一是能量利用合理性。前者只涉及到系统本身，后者则涉及系统（设备）、能源、用户和环境四个子系统的大系统的用能过程问题，是关于如何对这个大系统的用能过程做出合理安排的问题。即使对一个热力学上最完善（利用效率为 100%）的系统，也可能对包括子系统在内的大系统的用能过程做出不合理的安排。所以两个不同质的问题必须用不同质的方法去解决。

能级平衡分析法抓住了能量利用不合理的本质，因此能够用它来评价、分析大系统的用能过程合理性。这就是以（自能源和环境向）系统输入能量的能级和用户所需能量的能级间的差值——能级差（$\Delta\Omega = \Omega_{im} - \Omega_u$）——作为能量利用合理性的质量指标。因此，$\Delta\Omega$ 和作为能量利用合理性的数量指标 η_t，两者一起就能全面反映用能过程的质量和数量水平。

二、物级匹配准则

根据上面所说的例子和能级匹配准则，我们发现可以把其中的基本思想推广到其他物品的利用上去。我们称这种推广为物级匹配准则。尽管这种推广要做到十分严格在目前还很困难，但是用它来分析与生活、生产的质量、环境保护有关的很多重要的实际问题，却能使我们对形式上很不相同的问题做出统一的理解。以此为基础，我们就可以采取有力的措施在各个方面处理生产、生活的质量与环境保护的协调问题。

在本节中，我们先对与物级匹配准则有关的概念做出说明，然后阐述物级匹配准则的主要思想，最后对传统工业化社会低效率的技术根源——物级不匹配——的起因进行探讨。

基本概念

要想把能级匹配准则拓广成物级匹配准则，核心的一点就是物品的质量或级别这样的概念是否站得住，以及物级概念的含义是否清晰。

我们先来看一个实际的例子：一个人想从 A 地到 B 地，两地之间的距离 140 米，步行需 10 分钟。现在他可以选择三种方式来实现其目的：一是步行，二是骑自行车，三是乘小汽车。假设没有很强的时间约束——即对于用多少时间从 A 地到 B 地没有要求。那么我们不难看出为了实现同一目的——将一个人在空间上移动 140 米，三种方式所使用的物品级别是明显不同的：第一种方式所使用的物品就是这个人的肌肉，通过肌肉做功来达到位移的目的；第二种方式所使用的物品是肌肉和自行车；第三种方式所使用的物品是小汽车和汽油。

从这个例子可以看出，对于运用某种物品去实现某一目的或过程的效率而言，不仅要考察使用物品的数量——如肌肉、自行车、汽车所含物质的多少，还要考察所用物品的质量——如肌肉做功所需能量的质量、制造自行车和小汽车的物质的质量。传统的效率观点，往往只考虑了某一物品本身制造和使用过程中的数量效率问题，却忽视了这一物品与用户之间是否存在着物级差：用高质物品干低质工作。从这种新的角度看问题，在上述三种方式中，第三种方式的用物过程是最不合理的，因为它所使用的物品与用户之间的物级差最大。

物级这个概念不仅可以通过具体的例子从直观上予以说明，还可以从更一般的角度来进行分析。所谓物级有两层含义：第一层是物品制造和使用过程中所耗费能量的品质，这可以用能级的概念来处理；第二层是物品制造和使用过程中所耗费的非能源资源的品质。因此，物级这个概念的物理背景是十分清楚的。同时，只要选好参照系——如上例中的步行，那么就可以用物级差这个概念分析实际问题。

当确立了物级和物级差这两个概念，从原则上说，我们就完成了从能级匹配准则到物级匹配准则的推广。这里应该说明的是，本文不打算给出物级的严格定义，而是着重于用物级这个概念定性地处理有关问题。

从物品利用的质量水平（物级匹配）的角度看问题，通过对上例的考察，我们可以得到以下认识：

第一，如果供给的物品与用户间存在物级差，则此时物品的利用必然是不合理的。物级差绝对值越大，越不合理；反之，则越合理。这就是物品利用不合理的本质所在。

例如，在很多情况下，用小汽车代替步行或自行车，此时供给物品的物级大大高于用户的物级；因此，从根本上讲，这种方式是不合理的。

第二，如果供给物品与用户间物级差为零，则此时的物品利用才是合理的（如近距离位移中的步行）。

第三，根据前两点，供给物品与用户间的物级差 $\Delta\Omega$ 便可作为反映物品利用合理性的一个定量准则。用 $\Delta\Omega$ 和其他物质利用效率指标作为物品利用合理性的质量和数量水平的两个定量准则，将更为合理和全面。

第四，由此启示我们可以采取措施，使供给物品与用户间物级差降低以至为零的办法，来合理地组织物品利用全过程。即在组织物品利用过程时，要按照“按级用物”和“按级供物”的基本原则，或“物级匹配用物”的基本原则来行事。

舒适的效益与成本

直至目前为止，传统工业化社会中的主要趋势是：用质量越来越高的物品去实现和以往大体相同的基本目的（或任务），即供给物品与用户间的物级差是逐步扩大的。如果物级匹配准则是一种正确的认识，那么对现实生活中的“悖理”行为应该如何给予合理的说明？

产生这种矛盾现象的主要来源有两个：第一，与时间节约因素有关。如在汽车代步的例子中，当位移距离较大，且要求必须在很短的时间内到达，这时步行就根本无法达到目的——在指定的时间内完成一定的位移。如果这种时间节约确实是需要的和合理的，那么这相当于用户需求的物级提高了；因此，应供给高质的物品去满足这种高质的需求。所以，这类现象可以用物级匹配法则予以说明，在它们之间并无真正的矛盾。然而，在传统工业化社会中，有很多情况并非如此，它们来源于下述因素。

第二，由于外在性所造成的评价扭曲。对于两三代人的经济活动而言，环境的阈值和自净能力可视为是无限的，自然资源也可近似地看为取之不尽、用之不竭。在这个前提下，人们希望能够得到日益增多的方便或舒适——围绕着基本目的所形成的新的附加要求，如用机器减轻人的家务劳动以提供更多闲暇。这时，舒适的环境成本或社会代价为零；于是这类现象就归结为上述第一种情况。

然而，对于人类的长期生存和发展而言，环境的阈值和自净能力以及自然资源显然都是非常有限的。在这种情况下，舒适是有环境成本或社会代价的。例如，不论是否有时间要求，外出一律坐小汽车，这当然是很方便的；可是小汽车的大量制造和使用，消耗了大量的能源和矿产，并造成了严重的环境污染，从而破坏了人类长期生存与发展的条件。这可用图 1 来说明。

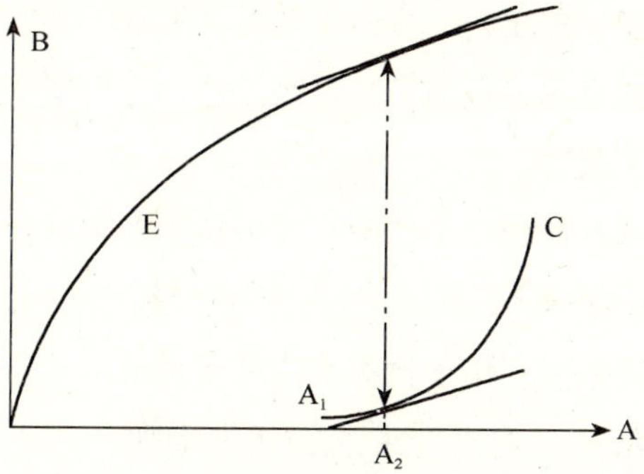

图 1　方便或舒适的效益与成本

在图 1 中，横轴度量物品的使用量和物级，纵轴度量效益与成本。曲线 E 表示由某种物品（或物品组合）的使用所提供舒适的效益。在物品的制造和使用的数量和品质不超过 A_1 点时，它所造成的污染处于环境的阈值和自净能力之内。曲线 C 表示为了不使污染在环境中累积起来所需支付的成本，以使环境质量处于可容忍的限度之内。如果假设环境的阈值和自净能力为无限，则 C =0；这时物品的生产和使用量越大，物级越高，提供的舒适就越多，由此而得到的效益就越高。反之，当 C >0 时（如图 1 中的曲线 C），舒适的净效益在 A_2 点最大；此时舒适的边际效益等于舒适的边际环境成本。可见舒适并不是越多越好，这同时就意味着物品的生产和使用——提供舒适的手段——的量和质并不是越多越高就越好。

当我们考虑到舒适的净效益在 A_2 点达到最大值（在图 1 中等于 A_2 点上两条曲线之差）后，供给物品与用户间物品级差的逐步扩大显然是不合理的。这种悖理行为是这样形成的：当代人为了自己一时的舒适和方便，把环境的成本留给了后人，致使污染逐步累积。

根据物级匹配准则，这时应降低供给物品的质量，这意味着要减少一些舒适度。这样做不仅可以减少很多不必要的支出，而且由此降低了对环境的不良影响，同时也就提高了生活质量——长期的舒适。例如我们多用自己的体能、技能去干些力所能及的事情，这就降低了物级差，从而保存了更多的资源、减少了废弃物。这一方面锻炼了身体，另一方面又使环境得到了改善。

至此，我们可以得到以下结论：在传统工业化社会中，技术上最大的低效率根源在于物级不匹配——杀鸡用牛刀，这种低效率的程度远大于物品制造中的高效率。由于物级不匹配所造成的浪费——其目的在于用日益扩大的物级差去追求有害的舒适度增加——是环境问题的基本成因之一。这种使用中的浪费往往比物品制造中的低效率所造成的浪费更大，后果也更严重。

三、物能级配准则及其应用

现在，我们把前述能级匹配和物级匹配两个准则合成为一个准则，即物能级配准则，它可以表述如下（其中，物能的品“质”或“级”别不加区别）：

高质高用，低质低用，按级供用，复用循环。

以下，我们用物能级配准则来系统剖析几个案例。它们在传统工业化社会中颇具代表性。在某种意义上，甚至可以说其体现了传统工业化社会的基本特征。

1. 运输体系

以汽车为中心的现代运输体系是整个传统工业化社会的支柱之一。美国一个消费者收益的1/4用在汽车上，这些钱比他付在食物上的还要多。美国运输业每年要吞掉全部能量的41%。汽车制造业消费掉美国20%的钢材，12%的铝，10%的铜，51%的铅，95%的镍，35%的锌和60%的橡胶[2]。

现在我们从物级匹配用物的观点来看一看这种运输体系的用物过程的合理性。在城市中，公共汽车和火车至少具有每加仑汽油达150客运里程的潜在燃料利用率。在城际之间的运输中，公共汽车可获得每加仑汽油200客运里程，火车如满载的话，比这个数值可提高一倍。相比之下，平均乘坐1.4位乘客的美国小汽车，每加仑汽油仅达24客运里程，即后者的能源效率仅为前两者的1/6至1/8[3]。

运输体系的任务就是在一定的时间要求内使人和货物达到空间上的位移。在市内客运方面，能源效率最高的方式是自行车，它比小汽车的能源效率高出40倍以上。这是从传统的效率观点看问题。

考虑到推动自行车前进的动力来自于人体的肌肉所释放出的能量，而这种能量的能级很低，粗略地估计一下，它的能级与取暖所需能量的级别在数量级上大致相差不多。而推动小汽车前进的动力来自于汽油的燃烧，这种能量显然是一种高质能量。根据前述公式来衡量，汽油燃烧的能级约在0.77左右。那么两者之间的能级差约在0.7左右。显然，对于市内客运这一过程而言，从传统的效率观点和物级匹配用物的观点看，这一过程的能源效率很低，而且用物过程极不合理。

如果我们把传统工业化社会中以小汽车为主的市内交通运输系统改造成如下方式：以自行车和完善的公共交通体系为主，并辅之以扩大的出租汽车队伍，以供在特殊的情况下使用。那么不仅将大大提高运输体系的能源效率，也将使供给能源与用户所需能源的能级差别大幅度缩小，从而使用能过程更加合理。

现在我们再看看上例中非能源的物质方面的情况。如果忽略自行车用物的消耗，相比于小汽车，那么肌肉的发育和保持仅需在室温下就可进行，但制造小汽车所需的材料大部分要在1000度的高温下进行冶炼。据此，将两者之间的物级差转换成能级差来估算：$\Delta\Omega$约在0.7以上。如果进一步考虑到不同物质的稀缺程度和可更新程度，那么两者之间的差别将更加明显。

显然从一种物级过高的运输体系转变成另一种物级较低的运输体系，不仅使用物过程更加合理，用物效率得以提高；而且在保证基本目的能够实现的前提下，降低了对环境的不良影响，从而也就改善了生活质量。

2. 膳食方式

人类消费食品的主要目的是要摄取一定量、质的热量和营养，以满足有效的体力活动和脑力活动之所需，膳食方式就是满足这种目的的手段。目前世界上有三种主要的膳食方式：第一种是以动物产品为主，以美、加、澳、苏为代表；第二种是动植物产品并重，以日本为代表；第三种是以植物产品为主，以中国为代表。这三种不同方式实现同一目的的有效程度如何呢？下面分别以美、日、中为三种方式的典型来做些比较。

国际上通常用膳食中供给的热量、蛋白质和脂肪三大指标作为衡量膳食营养水平的标准。一般认为，每日人均膳食能提供 2400 千卡热量、75 克蛋白质和 65 克脂肪，就基本达到了需要量。1970 年美国每日人均获得热量 3514 千卡、蛋白质 106 克、脂肪 159 克，分别超过国际标准 46. 4% 、41. 3% 和 144. 6% 。1980 年，日本人均 GNP 相当于美国 1970 年的水平，上述三项指标分别为 2853 千卡，86. 7 克和 80. 6 克，分别超过国际标准 18. 8% 、15. 6% 和 24% 。在上述三项指标方面，美国分别比日本高 661 千卡、19. 3 克和 78. 4 克。造成这些差别的主要原因在于美国人均动物类食品的消费比日本 1980 年高出 164 公斤。

根据 1982 年中国营养调查，以及后几年的变化，估计在 1986 年中国每日人均摄入热量超过 2620 千卡，每日人均摄入蛋白质约 70 克。在热量方面，中国已超过上述国际标准；在蛋白质方面，略低于国际标准。

1990 年美国《健康》杂志发表了兰·依萨卡的文章《中国人的饮食最有益于健康》。该文指出：美国人是可以向中国人学点什么的，特别是在饮食方面。当时完成的一项历时 6 年的研究表明，在世界范围内，中国人的饮食最益于健康。

这项研究发现，美国人每天要比中国人多摄入 50% 的蛋白质，他们从西餐里获取的大部分钙质来源于牛乳制品，而大多数中国人却取之于绿叶蔬菜和所有谷类食物。已知动物蛋白能增加血清胆固醇，而美国人饮食的大部分蛋白质来源于动物。中国人由此摄取的蛋白却只占膳食的 1/10 还少，其血清胆固醇水平很低，男性心脏疾病患病率是美国的 1/16，结肠癌的发病率是美国的 2/15。虽然中国人要比美国人多消耗 20% 的卡路里，他们却没有肥胖、发癌率较低。科学家们说，这意味着卡路里摄入量并不一定就导致肥胖慢性疾病；相反，重要的是那些过量卡路里的来源。人们相信，膳食中的脂肪直接使人患肥胖症，它是所有热量来源中最能导致肥胖的因素。

研究还发现，中国人血清中铁、锌、镁的浓度并不因摄入高纤维饮食而受到影响，即使其纤维摄入量为美国居民的 3 倍。而那些“富贵病”，如癌症、糖尿病、心脏病和骨质疏松症，都与大量摄入动物性食品有关。

研究的初步结果认为，以植物为主的饮食可能更有益于身体健康，并能减少得上述疾病的危险。兰·依萨卡的文章指出，美国人要想变得更健康，除了多食水果、蔬菜，少食肉类，还应减少脂肪摄入量，增加纤维食物。

根据上述事实我们可以得出以下结论：以美国为代表的第一种膳食方式不仅效率低，而且极不合理。道理如下：第一，摄入的数量过高，造成了资源利用上的极大浪费。用 90% 的谷物去喂养牲畜，然后由牲畜提供肉类供人食用，这导致了 10 卡矿物能换取 1 卡食物能的低效率格局。第二，供给食品与用户间的物级差过大，用物过程极不合理。以动物食品为主的膳食方式处于第三营养级，而以植物食品（这是在室温下就能合成的）为主的膳食方式处于第二营养级，依据前述方法，以能级差来估算物级差，则两者间的物级差 $\Delta\Omega$ 约在 0.7 左右。第三，第一种膳食方式不仅用物过程极不合理、用物效率非常低下，而且还有悖于膳食方式作为手段所要实现的基本目的，即应该有益于健康，而不是相反。这就说明，供给物品的质量和数量并不是越高、越多就越好，否则不仅造成浪费，还不利于达到目的。

显然，从一种物级过高的饮食方式转变为另一种物级较低的饮食方式，不仅用物过程更加合理，用物效率得以提高；而且有益于人的健康，提高了生活质量，并大大减少了对环境的有害影响。

四、小结

在第三节前一部分中，我们用物能级配的观点剖析了一个案例。这个案例对于传统的工业化社会的生活和生产方式是有代表性的。我们可以将这里使用的分析方法推广到该社会的其他方面（如衣、用、住、医等），更详细的描述和分析可参见文献［4］。

根据物能级配准则对这些案例所做的剖析，可以得出以下的重要结论：在传统工业化社会中很多生活和生产方式要对环境的破坏负重要责任；而这些生活和生产方式的主要特征又在于其载体的物（能）级过高；这种物（能）级不匹配是使环境恶化的直接的重要根源。

在第二节中，我们分析了过度舒适的环境后果，现在我们再来看一个过度追求质量的例子。为了使水果外形美观、光滑、大小均匀，从而在市场上更有竞争力，现在的果园中大量使用农药和杀虫剂。这已经导致了很严重的环境后果；另一方面，这种外表美观的水果并不比那些不使用农药的水果（外观不那么漂亮）更富于营养，有时甚至更差——因为前者含有残毒。

在传统工业化社会的生活和生产方式中，充满了这种追求过度的质量、过度的舒适的例子；它们是导致物（能）级过高、用物（能）过程极不合理的主要根源，而这种根源的基础又在于过度追求“舒适”和“质量”的社会生产和生活体系，它们完全忽视了由此而致的外在性成本——有害的环境后果的累积性影响。

由此不难看出，与传统的观点相比，用物能级配准则去重新看待已有的问题，会得出多么不同的结论。它全面改变了有关效率的观念，为我们提供了一条处理经济发展、生活质量与环境保护相互协调问题的有效途径。

在本文行将结束的时候，我们要特别指出一点，物能级配准则虽然比传统的效率观点大大前进了一步，但我们还可以从一种更广泛的角度来看待问题，由此可以导出等效原理。

简言之，传统的效率观点仅仅从某种物品本身的性能是否完善来看问题（例如小汽车本身的能源效率、载荷系数）；而物能级配观点则把视野扩展到包括设备（如小汽车）、资源（能源、原材料）、用户和背景集合（如环境温度）这四个子系统的大系统用物（能）过程，探讨如何对这个大系统的用物（能）过程作出合理安排的问题。那么等效原理所关注的问题则是：这个大系统能否被另一个极不相同的大系统取代，或者干脆将其取消，把它所要完成的职能合并到已有的其他大系统中去。

现在我们看一个例子：人的身心状态可以从以下几个方面来把握，如寿命、健康、体力、技巧、智能等，每个方面又都可以用很多具体的指标来加以度量。假设按不同年龄段，并使用某些方法将这些指标综合成一个“人的综合发展指数”，那么就可以根据这个指数，对同一年龄段中不同个人的综合发展程度做出比较和评价。现在假设有两个人的综合发展指数相同，但其中一个人（A）是依靠围棋、武术等活动（包括相应的物品和能量）来达到这一指数的，而另一个人（B）是依靠赛车、摩托艇等活动实现同一指数的。

非常明显的是，尽管两个人的综合发展程度相当，但相应的两组活动及其物品的物（能）级差别却非常悬殊，由此将导致非常不同的环境后果。这样我们就得到一个新的判据：**如果不同的活动及其物品的组**

合在一般的目的方面等效，但却有很不相同的环境效果，那么我们应该采取对环境不良影响最小（或对环境有益影响最大）的那一组活动及其物品组合，而限制或放弃对环境不良影响较大的那些活动及其物品（和能量）的组合，这就是等效原理。从某种意义上说，等效原理是匹配准则的一个推广，它包含了规范研究的内容。对等效原理更详细的描述和分析，请参见文献[4]。

面对本世纪已经来临的环境危机的挑战和科技进步趋势的跃迁（如绿色生产和循环经济），我们需要充分发挥自己的想象力和创造力。对此，匹配准则和等效原理具有很大的启发性，尽管在对很多问题的分析和判断上，它们与传统的观点大相径庭。然而，如果运用历史的与心理的想象力的方法，或许可以尽快开阔我们的思想领域；而同时又能帮助我们认识到，自己曾为之欢欣鼓舞的许多偏见，对于心灵气质不同的另一个时代，将会显得何等之愚蠢。

2008 年 5 月 5 日

注释：

[1] 杨东华著：《火用分析和能级分析》，科学出版社，1986 年。

[2] 杰里米·里夫金著：《熵：一种新的世界观》，上海译文出版社，1987 年 2 月，第 128、129 页。

[3] G. 韦德：《能源与环境变化》，科学出版社，1983 年 5 月，第 162、163 页。

[4] 邓英淘著：《新发展方式与中国的未来》，中信出版社，1991 年 4 月。